Varejo Competitivo

Vol. 11

11º Prêmio Excelência em Varejo PROVAR

Patrocínio: Canal Varejo — Consultoria: Mercado de Bens e Serviços

Realização: PROVAR — Programa de Administração de Varejo

Varejo Competitivo

Vol. 11

Coordenação

Claudio Felisoni de Angelo
José Augusto Giesbrecht da Silveira

Temas

- Aromas ambientais e o consumidor
- Associações entre marca forte e precificação
- Como se decide a compra de vestuário
- Competências organizacionais no varejo
- Formas de pagar materiais de construção
- Marketing de relacionamento em cadeias de vestuário
- Matriz de oportunidades no pequeno varejo alimentar
- Mensuração da qualidade no varejo eletrônico
- O que é preciso para mudar a logística
- O que os brasileiros buscam na *web*
- Recuperação de falhas em serviços do varejo
- Um teste do modelo *store equity*

SAINT PAUL EDITORA

© 2006 by Saint Paul Editora Ltda.
1ª edição — 2006

Coordenação editorial: José Cláudio Securato
Revisão: Roney Giometti
Capa: Fabrício Alex Ramires Vargas
Diagramação: Rodrigo Camargo Piva

Impresso no Brasil / Printed in Brazil
Depósito legal da Biblioteca Nacional conforme Decreto nº 1.825, de 20 de dezembro de 1907.

Todos os direitos reservados — É proibida a reprodução total ou parcial de qualquer forma ou por qualquer meio. A violação dos direitos do autor (Lei nº 5.988/1973) é crime estabelecido pelo artigo 184 do Código Penal.

Dados internacionais de catalogação na publicação (CIP)
(Câmara Brasileira do Livro, SP, Brasil)

Varejo competitivo, vol. 11 / coordenação Claudio Felisoni de Angelo, José Augusto Giesbrecht da Silveira. — São Paulo: Saint Paul Editora, 2006.

Bibliografia.
ISBN: 85-98838-31-4
ISBN: 978-85-98838-31-1

1. Varejo I. Angelo, Claudio Felisoni de.
II. Silveira, José Augusto Giesbrecht da.

06-8113   CDD-658.87

Índices para catálogo sistemático:

1. Comércio varejista: Administração 658.87
2. Varejo competitivo: Administração 658.87

Saint Paul Editora Ltda.
Rua Arizona, nº 685 – Brooklin — São Paulo — SP — CEP 04567-002
www.saintpaul.com.br — editora@saintpaul.com.br

Saint Paul Ltda. é uma empresa do Grupo Saint Paul Institute of Finance S.P. Ltda.

Comissão de seleção dos premiados

Presidente da comissão — Claudio Felisoni de Angelo — FEA/USP
Eduardo de Almeida Salles Terra — Canal Varejo
Fernando F. Fernandes — Booz Allen Hamilton
Gilberto A. Martins — FEA/USP
José Augusto G. da Silveira — FEA/USP
João Carlos Lazzarini — ACNielsen
Luiz Paulo Lopes Fávero — PROVAR/FIA
Neusa Maria Bastos Fernandes Santos — PUC/SP
Ronaldo Zwicker — MBA Varejo — PROVAR/FIA

Coordenadora da Secretaria Técnica do PROVAR: Janaina Pinheiro

Organizações associadas ao PROVAR

Ability
ACNielsen
Booz Allen Hamilton
Canal Varejo
Carrefour
Casas Pernambucanas
Claro
Couromoda
Drogasil
Fininvest
Folha de S.Paulo
GS1 Brasil
GTECH
KPMG
Makro Atacadista
Redecard
Santander Banespa
Serasa
UOL
Visanet

Apresentação

No vasto campo das Ciências Sociais, no qual se incluem a Economia e as disciplinas da Administração, a produção acadêmica muitas vezes "corre atrás" da realidade – com a permissão do uso da linguagem futebolística. Exemplo: parques temáticos inventam a tarifa em dois estágios (um preço para o ingresso e outro para cada uma das atividades) e logo os acadêmicos começam a produzir artigos sobre o apreçamento em dois estágios. Outro exemplo: os cartões de crédito, de débito e de lojas se popularizam, e na esteira dessa popularidade surgem os trabalhos dos economistas sobre os mercados de dois lados. No caso dos cartões, um dos lados são os estabelecimentos que aceitam os cartões e o outro, os portadores de cartões. Mais um exemplo, um pouco mais antigo, porém bem mais abrangente: os produtos indiferenciados dos mercados de concorrência perfeita começam a se diferenciar e logo dois acadêmicos brilhantes, uma inglesa, Joan Robinson, e um norte-americano, Edward Chamberlin, trabalhando independentemente, na década de 1930 do século passado, dão início à teoria da concorrência monopólica. Essa é a teoria dos mercados, na qual provedores de produtos bastante próximos entre si, mas com algum grau de diferenciação, como duas marcas de sabonetes, competem por consumidores que os vêem como diferentes em pelo menos alguns aspectos. Quase todos os produtos que se alojam atualmente nas gôndolas de um supermercado competem em mercados de concorrência monopólica e evidenciam a importância prática dos estudos sobre o tema.

Na administração de varejo de bens e serviços, que congrega conhecimentos provenientes da Administração, da Economia, de Finanças, da Contabilidade, da Sociologia, da Antropologia, da Psicologia e de várias outras áreas de conhecimento, também se passa o mesmo. Em grande parte, a produção de conhecimento acadêmico é deflagrada pela importância que temas, arranjos organizacionais, inovações, experiências e preocupações com a gestão dos empreendimentos ganham no dia-a-dia da prática comercial. Dessa forma, este volume, bem como os dez que o precederam na série *Varejo Competitivo*, que se propõem a trazer para o leitor conhecimento sobre o varejo que está acabando de sair do forno, reflete a interação entre o que está surgindo na prática e a correspondente análise acadêmica. Os tópicos que mais têm acendido o interesse de comerciantes e consumidores – e, por tabela, dos estudiosos da administração de varejo – freqüentam as páginas da série *Varejo Competitivo* e deste livro, em particular.

Uma das realidades mais marcantes do varejo atual são as vendas por meio da internet. É fenômeno recente, tanto no Brasil como no resto do mundo, mas que tem crescido exponencialmente. O varejo sem loja, dentro do qual pode ser inserido o comércio pela internet, é atividade que já existia há muitas décadas, mas que foi radicalmente transformada pelo novo formato. Dois dos artigos desta coletânea têm como *leit motiv* a internet. Porém, como o que é vendido, quer na loja quer no varejo sem loja, tem de ser entregue ao comprador, a logística não perdeu a importância que sempre tem tido. Assim, um dos artigos do livro se ocupa de seu aperfeiçoamento.

Outra característica forte do varejo atual são os cuidados com o comprador. Ficou definitivamente para trás, se é que tenha chegado a haver, o tempo em que o importante era "empurrar" a mercadoria para o cliente. Agora, além da mercadoria em si, de qualidade adequada, obviamente, é necessário rodeá-la com serviços, antes, durante e depois da venda propriamente dita. Há neste volume dois artigos que se centram em torno dos serviços no varejo. Um sobre recuperação de falhas em serviços varejistas, outro sobre o nível adequado desses no pequeno comércio alimentar.

Já se foi o tempo em que o formato mais moderno do varejo de bens eram as grandes lojas de departamento. Era assim até meados do século passado ou um pouco mais, apesar de alguns analistas saudosistas se referirem até bem recentemente ao "alto varejo" quando queriam falar das grandes lojas de departamentos. Elas foram substituídas, na linha de frente do varejo, por supermercados, criação norte-americana, hipermercados, inovação francesa, e shopping centers, outra invenção norte-americana. Todos esses três últimos formatos se esparramaram pelo mundo e têm participação de destaque na atual composição do *mix* de formatos varejistas na maioria dos países. Ultimamente, têm ainda surgido empreendimentos que juntam em um mesmo local um grande supermercado, uma grande loja de roupas e um grande estabelecimento de comercialização de materiais de construção, manutenção doméstica e decoração. Isso mostra que a modernização, depois de revigorar o comércio de alimentos, está se voltando para a área do vestuário e dos materiais de construção. Neste volume, espelhando essa preocupação dos varejistas com esses dois segmentos, há dois trabalhos sobre comercialização de vestuário e um sobre o comércio de materiais de construção.

Os outros quatro trabalhos deste livro abordam questões também muito importantes para o varejo e atuais, porém pertencentes a temas de abrangência mais delimitada. Um dos artigos versa sobre a influência exercida por marca comercial forte nas políticas de apreçamento. Outro trabalho procura ajudar a compreender os efeitos dos aromas no ambiente da loja sobre o comportamento de compra dos consumidores. Um outro utiliza técnicas estatísticas com o intuito de identificar competências organizacionais no varejo brasileiro. O derradeiro trabalho do volume – mas apenas nesta brevíssima seqüência de citações e evidentemente não no mérito – apresenta o modelo *store equity* e os resultados de um teste dele em meio varejista brasileiro.

Há ainda outro reflexo da realidade sobre os textos deste volume que merece ser destacado aqui. O fato é que existem pesquisadores realizando trabalhos de qualidade sobre o varejo em muitos estados brasileiros e não somente nos grandes centros. O reflexo dessa realidade no livro é que os 12 trabalhos que o compõem são assinados por autores residentes em nove estados da Federação (AM, BA, MG, PR, RJ, RN, RS, SC, SP) e nem sempre nas respectivas capitais. Os organizadores da série *Varejo Competitivo* se envaidecem por achar que têm algo a ver com a difusão do interesse pelos estudos sobre varejo entre os acadêmicos e os profissionais da área no Brasil!

Antes de fechar esta sucinta apresentação, não poderíamos de deixar de externar agradecimentos a pessoas e organizações sem as quais a série *Varejo Competitivo* não se teria tornado realidade. Entre as pessoas, primeiramente, incluem-se as várias centenas de autores que nestes 11 anos de vida do empreendimento têm submetido trabalhos para participar do Prêmio PROVAR de Excelência em Varejo. A cada ano, os 12 melhores trabalhos concorrentes se transformam nos capítulos do correspondente volume da série. Ainda entre as pessoas, temos de agradecer especialmente aos membros da comissão que julga os 12 trabalhos escolhidos para publicação, destacando primeiro, segundo e terceiro colocados na premiação do ano. Essa comissão, que tem experimentado pequenas mudanças em sua composição ao longo dos anos, é formada por professores e profissionais da área e está sempre discriminada na quarta capa do correspondente volume. Sem seu trabalho valioso, a adjudicação dos prêmios seria muito mais subjetiva! Entre as organizações que têm permitido que a série sobreviva e se fortaleça, incluímos inicialmente as empresas do varejo e de áreas afins que têm patrocinado o PROVAR – Programa de Administração de Varejo. A série *Varejo Competitivo* é um dos esforços editoriais do PROVAR com o intuito de difundir os mais recentes trabalhos de qualidade sobre varejo de bens e serviços produzidos no país. As atuais empresas associadas ao PROVAR são: Ability, ACNielsen, Booz Allen Hamilton, Canal Varejo, Carrefour, Casas Pernambucanas, Claro, Couromoda, Drogasil, Fininvest, Folha de S.Paulo, GS1 Brasil, GTech, KPMG, Makro Atacadista, Redecard, Santander Banespa, Serasa, UOL e Visanet. Por fim, entre as organizações, cabem agradecimentos especiais às entidades que vêm apoiando a publicação dos volumes da série. Neste ano, essas entidades foram: Canal Varejo – Consultoria: Mercado de Bens e Serviços e Saint Paul Editora.

Professor Doutor Claudio Felisoni de Angelo

Professor Doutor José Augusto Giesbrecht da Silveira

Prefácio

O varejo determina e traduz fatores culturais e sociais de comportamento, o que faz dele um setor econômico multifacetado da mais alta importância. Exige evolução constante, logo demanda máxima atenção à evolução das práticas, novas abordagens, inovações tecnológicas e capacitação dos profissionais. É um desafio diário e ter ou não sucesso depende da capacidade criativa e do pleno entendimento das profundas mudanças ocorridas nas relações comerciais, nos últimos anos.

Com a globalização e a abertura de mercado, o varejo convive não só com uma forte concorrência como, também, com consumidores mais exigentes, cientes de que, em vez de ser escolhidos, eles é que escolhem o lugar onde comprar. A busca da excelência levou as empresas não só a agregar valor aos produtos e aos serviços, mas, principalmente, a embasar os seus relacionamentos em respeito e confiança.

Nos 32 anos em que o Grupo Carrefour atua no Brasil, o seu compromisso tem sido – e assim continuará – com a prática de um comércio socialmente responsável, que respeite as características de seus diferentes consumidores e procure antecipar e atender a suas expectativas e necessidades. "Fidelizar" cada consumidor é um longo e trabalhoso caminho, mas altamente compensador, como mostram as reflexões das 11 edições da série *Varejo Competitivo*, lançadas pelo PROVAR — Programa de Administração de Varejo.

No cenário de um trabalho que se repete e se renova a cada dia, a parceria entre a academia e o varejo é de alta importância, razão pela qual é extremamente prazeroso escrever este prefácio. A série *Varejo Competitivo* é um amplo e consistente apoio para o conhecimento do mercado e o desenvolvimento do segmento.

Aproveitem a leitura!

Jean-Marc Pueyo

Diretor-superintendente do Grupo Carrefour Brasil

Sumário

1 — Falhas e recuperações de serviço no varejo: uma análise da percepção dos clientes 21
Stela Cristina Hott Corrêa — Viviane Vilas Boas Ferreira — Victor Manoel Cunha de Almeida
1. Introdução 23
2. Revisão de literatura 24
2.1. Falhas e recuperações de serviço 24
2.2. Falhas e recuperações no varejo 27
3. Metodologia 28
3.1. Coleta de dados 29
3.2. Análise 29
3.3. Limitações 29
4. Apresentação e análise dos resultados 30
4.1. Falhas de serviço no varejo 30
4.1.1. Análise das falhas 32
4.2. Recuperações de serviço no varejo 33
4.2.1. Análise das recuperações 36
4.3. Correspondência de falhas e recuperações no varejo 38
5. Conclusões 39
Bibliografia 42

2 — Matriz de oportunidades para avaliação do nível de serviço da distribuição no pequeno varejo alimentar 47
Domingos Fernandes Campos — Anielson Barbosa da Silva — Tereza de Souza
1. Introdução 49
2. Fundamentação teórica 50
3. Metodologia 53
4. Resultados do estudo 56
4.1. Percepção do serviço pelos varejistas 58
4.2. A matriz de oportunidades 61
4.3. Avaliação da matriz de oportunidades 63
4.3.1. A matriz de oportunidades da empresa A 64
4.3.2. A matriz de oportunidades da empresa D 66
5. Considerações finais 68
Bibliografia 70

3 — *Store equity*: testando um modelo conceitual no varejo 73
Dalton Jorge Teixeira — Caio Cesar Giannini Oliveira — Magda Carvalho Pires
1. Introdução 75
1.1. Observação 76
1.2. Justificativa 76
2. Fundamentação teórica 77
2.1. Conceito e componentes do *store equity* 77
2.1.1. Efeito diferencial 77
2.1.2. Conhecimento da loja 78
2.1.3. Respostas dos consumidores 78
2.2. Imagem da loja 78
2.3. Lealdade à loja 79
2.4. Lembrança da loja 81
2.5. Percepção da qualidade 82
2.6. Operacionalização do *costumer-based store equity* 83
2.6.1. Definição dos termos da pesquisa 84
3. Objetivos da pesquisa 85
4. Metodologia 85
4.1. População da pesquisa 85
4.2. Técnica de amostragem e determinação do tamanho da amostra 86
4.3. Operacionalização da pesquisa 86
5. Coleta e tratamento dos dados 87
5.1. Análise descritiva dos dados coletados 87
5.2. Análise estatística dos dados coletados 87
5.2.1. Modelo de mensuração 88
5.2.2. Modelo estrutural 89
6. Conclusão 92
6.1. Implicações acadêmicas 92
Bibliografia 92

4 — Impacto de aromas ambientais sobre o comportamento do consumidor no varejo 97
Márcio André Kny — Walter Meucci Nique
1. Introdução 99
2. Referencial teórico 101
2.1. Dimensões da atmosfera de loja 102
2.2. Estímulos olfativos 104
2.3. Emoção 105
3. Hipóteses do estudo 107
4. Método 109
5. Resultados 112
5.1. Teste das hipóteses 114
6. Considerações finais 118
Bibliografia 120

5 — Nem tudo que reluz é ouro: associações entre a força da marca e a precificação no varejo 127
Roberto Brazileiro Paixão — Adriano Leal Bruni — Rodrigo Ladeira
1. Introdução 129
2. A precificação e as associações com a marca 132
3. A metodologia 136
4. A análise dos resultados 139
5. Considerações finais 147
Bibliografia 150

6 — Investimentos no relacionamento com consumidores e suas conseqüências: um estudo em lojas de departamentos de vestuário 153
Arthur Leidens — Paulo Henrique Muller Prado
1. Introdução 155
2. O modelo teórico proposto 156
3. Método 160
4. Apresentação e discussão dos resultados do modelo estrutural 161
4.1. Teste do modelo estrutural proposto e verificação das hipóteses 164
5. Considerações finais 174
Bibliografia 176

7 — Mudanças na logística de redes varejistas: capacitações e recursos necessários 181
Márcia Maria Penteado Marchesini — Rosane Lúcia Chicarelli Alcântara
1. Introdução e justificativa 183
2. Logística 184
2.1. Conceituação e delimitação do escopo e do conteúdo da logística 184
2.2. As capacitações e os recursos logísticos identificados na literatura 185
3. Resultados e análises 191
3.1. Agrupamento de capacitações e recursos logísticos para a apresentação dos resultados 191
3.2. Análise das capacitações e dos recursos logísticos existentes 193
3.2.1. Análise das capacitações e dos recursos para o setor varejista 193
3.2.2. Análise dos grupos de capacitações e de recursos para o setor varejista 199
4. Conclusão 202

8 — Entretenimento, cultura, informação, o que realmente os internautas brasileiros buscam na *web*? 205
Cristiano Oliveira Maciel — Olga Maria Coutinho Pépece
1. Introdução 207
2. O consumidor no ambiente virtual 208
3. As motivações no comportamento do consumidor 209
4. Os atributos como elementos de avaliação 210
5. Metodologia 214

5.1. Avaliação das escalas de mensuração 217
5.2. Procedimentos para o desenvolvimento da taxonomia 220
5.3. Perfil dos grupos da classificação 223
5.3.1. Jovens hedonistas 224
5.3.2. Descomprometidos 224
5.3.3. Intelectuais 225
6. Considerações finais 226
Bibliografia 227

9 — Análise da Etailq como instrumento para mensurar a qualidade no varejo eletrônico 231
Valter Afonso Vieira — Luiz Antonio Slongo

1. Introdução 233
2. Referencial teórico 234
3. Estudos sobre qualidade na internet 234
4. Método de pesquisa 239
5. Análise dos resultados 240
6. Considerações finais 249
Bibliografia 250

10 — O comportamento do consumidor de vestuário: uma avaliação do processo decisório de compra 255
Flávia Adriana Bordim — Luciano Zamberlan — Lurdes Marlene Seide Froemming

1. Introdução 257
2. O processo decisório de compra 258
2.1. Reconhecimento da necessidade 260
2.2. Procura de informações 261
2.3. Avaliação das alternativas 261
2.4. Decisão de compra 262
2.5. Avaliação pós-compra 263
3. Procedimentos metodológicos 264
4. Apresentação e análise dos resultados 266
4.1. Caracterização da amostra 266
4.2. Análise descritiva 266
4.3. Resultados do teste T 272
5. Conclusão 277
Bibliografia 278

11 — Técnica multivariada de análise fatorial para identificar competências organizacionais no setor varejista brasileiro 281
Antonio Geraldo Harb — Carlos Ricardo Rossetto — Iana Cavalcante de Oliveira

1. Introdução 283
2. Competências organizacionais 284
3. Procedimentos metodológicos 287
3.1. População e tamanho da amostra 288

4. Levantamentos preliminares 289
4.1. Elaboração e validação dos questionários 289
5. Resultados e discussões 290
5.1. Análises descritivas 290
5.2. Análise das diferenças entre as médias 291
5.3. Análises multivariadas 295
5.3.1. Análise de confiabilidade das escalas 295
5.3.2. Análise fatorial 296
6. Conclusões 301
Bibliografia 302

12 — As formas de pagamento no comércio de material para construção e a importância do crédito sob a visão de varejistas, consumidores e operadoras de crédito 305
Alexandre Augusto Penteado — Antonio Sérgio Zampieri — Osvaldo Ávila Neto
1. Introdução 307
2. O varejo de material de construção 308
2.1. Faturamento do setor de material de construção 309
3. Crédito 310
3.1. O conceito de crédito 310
3.2. Aspecto econômico-financeiro 310
3.3. Aspecto social 311
3.4. As formas de pagamento e a situação do crédito no varejo
de material de construção 312
3.4.1. O cheque pré-datado 313
3.4.2. Cartões de crédito 313
3.4.3. Cartões próprios da loja 313
3.4.4. Financiamentos: bancos públicos e privados, financeiras,
financiamento direto da loja ao consumidor 314
4. Método 314
5. Conclusão 325
Bibliografia 328

1

Falhas e recuperações de serviço no varejo: uma análise da percepção dos clientes

Stela Cristina Hott Corrêa

Viviane Vilas Boas Ferreira

Victor Manoel Cunha de Almeida

Resumo

O presente estudo investigou as falhas e recuperações de serviço no varejo a partir da perspectiva do cliente e examinou a intenção futura de compra após a ocorrência de uma experiência de falha seguida de recuperação, bem como avaliou a (in)satisfação do cliente com o processo. Utilizando-se a técnica do incidente crítico, foram obtidos 149 questionários válidos, os quais revelaram um quadro com 12 tipos de falhas, 33 recuperações positivas e 116 recuperações desfavoráveis. Os resultados sugerem a insatisfação dos clientes com as atuais práticas de recuperação, bem como evidenciam baixa intenção de recompra. São várias as implicações gerenciais deste estudo. O varejista deveria conhecer melhor os seus clientes, de forma a desenvolver operações de serviço e adotar estratégias de recuperação de serviço condizentes com suas expectativas. O varejista deveria também dedicar esforços para integrar suas operações à cadeia de abastecimento, estabelecer uma comunicação compatível com sua disponibilidade de serviço, e manter sua equipe de contato treinada, motivada e focada no cliente.

1. Introdução

Albrecht e Zemke (2002), sintetizam a essência do serviço como sendo um pedido de ajuda: "ajude-me". No ambiente de varejo, esse pedido de ajuda poderia ser traduzido como: "ajude-me com meus embrulhos", "ajude-me com a minha entrega", "ajude-me com a montagem de meus produtos", "ajude-me com meu financiamento" etc. O varejo de bens, além da venda de produtos, oferta inúmeros serviços junto com a mercadoria vendida. Esses serviços agregam valor aos produtos e podem diferenciar e gerar vantagem competitiva para o varejista (PARENTE, 2000; LEVY e WEITZ, 1998). Furtar-se de oferecê-los significa perder clientes, que procurarão a "ajuda" de que precisam em outro lugar.

Devido à simultaneidade entre a produção e o consumo, o controle de qualidade dos serviços está sujeito à contínua interferência dos envolvidos no processo. Assim, nem sempre é muito fácil para um vendedor, caixa ou empacotador ajudar seu cliente a comprar a mercadoria escolhida. Inúmeros problemas podem surgir: o produto pode estar com defeito, a máquina do cartão de crédito pode estar com defeito, as embalagens para presente podem não agradar ao cliente, o vendedor pode estar desmotivado para o atendimento, a entrega do produto pode atrasar etc. Os problemas podem levar à exclusão da loja do conjunto de opções de compra do cliente ou ainda comprometer a imagem da loja, em virtude de publicidade negativa (WEUN, BEATTY e JONES, 2004).

Os problemas que surgem durante o desempenho dos serviços recebem o nome de falhas de serviço. Corrigi-las significa alcançar o "paradoxo da recuperação"

(ZEITHAML e BITNER, 2003, p. 162), situação em que o cliente inicialmente insatisfeito com o serviço passa a um estágio de satisfação e manifesta disposição para compras futuras ao perceber um esforço de reparação que excede suas expectativas. Desprezar a oportunidade de recuperação é deixar o cliente ainda mais insatisfeito.

Cabe ao varejista, portanto, conhecer as expectativas de seus clientes para estabelecer estratégias de recuperação de serviços compatíveis com suas expectativas. Logo, o conhecimento da percepção dos clientes quanto às falhas e estratégias de recuperação de serviço torna-se o ponto de partida para o desenvolvimento de estratégias de recuperação geradoras de clientes fiéis no varejo. Sendo assim, constituíram objetivos deste estudo: a) a identificação, sob o ponto de vista do cliente, dos tipos de falhas e recuperações de serviço praticados no varejo; b) a avaliação da satisfação do cliente com as estratégias de recuperação; e c) a investigação sobre as intenções de realização de compras futuras nas lojas em que os clientes experimentaram essas ocorrências.

O presente estudo está organizado conforme segue. Inicialmente é apresentada a literatura pertinente ao assunto, com destaque para os conceitos de falhas e recuperações de serviço e suas ocorrências no varejo. Depois, é detalhada a metodologia de pesquisa utilizada para coleta e análise dos dados, bem como suas limitações. A seguir, são apresentados os resultados relativos aos tipos de falhas e recuperações encontrados, avaliações da satisfação e retenção. E, finalmente, são expostas as conclusões e as implicações gerenciais.

2. Revisão de literatura

2.1. Falhas e recuperações de serviço

Tradicionalmente, os serviços têm sido definidos como ações, esforços ou desempenhos que são fornecidos como soluções para os problemas dos clientes (GRÖNROOS, 1995). Na composição de uma solução, serviços e bens comumente são combinados, uma vez que um serviço totalmente puro, sem a adição de bens tangíveis, geralmente não ocorre. A venda de bens tangíveis também comumente se faz acompanhar de elementos de serviço (HOFFMAN e BATESON, 2003).

Zeithaml e Bitner (2003, p. 29) explicam que serviços são "atuações" e que serviço ao cliente é "o serviço prestado para dar apoio ao grupo de produtos principais de uma empresa". Como responder a indagações, oferecer orientações para o uso de um produto e agendar manutenções. Diz-se que ocorrem falhas de serviço quando surgem problemas durante a sua entrega (MICHEL, 2001), e recuperações de serviço quando "ações são tomadas por uma empresa em resposta a uma falha de serviço" (HOFFMAN, KELLEY e CHUNG, 2003, p. 352).

Falhas e recuperações de serviço têm sido largamente estudadas. Numa perspectiva, as pesquisas atêm-se a observar o comportamento futuro dos clientes após estes experimentarem situações de falhas seguidas de sua recuperação; em outra, identificam tipologias de falhas e recuperações, e ainda, observam a percepção dos funcionários diante delas.

Swanson e Kelley (2001) investigaram se consumidores cujas falhas de serviço foram satisfatoriamente corrigidas tinham propensão a fazer uma propaganda boca a boca positiva de sua experiência. Por sua vez, Weun, Beatty e Jones (2004) estudaram a falha sob o ponto de vista de sua gravidade. Mattila (2004) analisou a existência de relação entre falhas de serviço e lealdade do consumidor, considerando o comprometimento afetivo desses com o provedor de serviço como uma variável interveniente da relação.

Mais especificamente, Karatepe e Ekiz (2004) identificaram que o pedido de desculpas e o fornecimento de explicações têm efeito positivo sobre a satisfação e a lealdade. Priluck (2003) investigou se a lealdade do consumidor, traduzida pelo marketing de relacionamento, poderia abrandar uma falha de produto seguida de uma recuperação inadequada de serviço.

Utilizando o modelo Servqual[1] para a pesquisa da qualidade em serviços, Bebko (2001) comparou encontros problemáticos de serviço com encontros de serviço que não apresentam problemas e concluiu que é mais fácil alcançar as expectativas dos consumidores em serviços menos intangíveis. Outros trabalhos mostraram que os consumidores avaliam o processo de falha e recuperação de serviços segundo a sua percepção de justiça (HOFFMAN e KELLEY, 2000; RUYTER e WETZELS, 2000; CRANAGE, 2004; SHOEFER e ENNEW, 2005).

Outra perspectiva de pesquisa tem sido utilizada para investigar aquelas falhas que surgem de um comportamento deliberadamente danoso por parte do cliente que, abusivamente, causa problemas para a empresa, seus empregados ou outros consumidores (HARRIS e REYNOLDS, 2004). Reynolds e Harris (2005) descreveram as formas e os motivos das reclamações deliberadamente ilegítimas, originadas de falhas de serviço também ilegítimas, ou fraudulentas.

Sob o aspecto da identificação de tipologias, o trabalho de Bitner, Booms e Tetreault (1990) foi o primeiro a identificar os tipos de comportamento do pessoal de contato gerador de incidentes favoráveis e desfavoráveis para os consumidores de serviços de linhas aéreas, restaurantes e hotéis. Os comportamentos foram classifica-

---

[1] O Servqual é uma escala multidimensional para a medição das percepções e avaliações dos clientes sobre a qualidade dos serviços. Para um exame mais detalhado do método, ver Parasuraman, Zeithaml e Berry (1988).

dos em três grupos: (1) resposta dos funcionários às falhas no sistema de entrega do serviço; (2) resposta dos funcionários às necessidades e pedidos especiais dos clientes; e (3) ações espontâneas e não solicitadas dos funcionários.

Hoffman, Kelley e Rotalsky (1995) propuseram uma tipologia própria de falhas e estratégias de recuperação para o setor de restaurantes. Nessa tipologia, os três grandes grupos de falhas de serviço são os mesmos identificados por Bitner, Booms e Tetreault (1990). Porém, os subgrupos a eles associados e as estratégias de recuperação refletem as características particulares do setor estudado pelos autores. Posteriormente, os restaurantes foram novamente objeto de estudo para a elaboração de uma tipologia para falhas e estratégias de recuperação de serviços (MACK et al., 2000). Hoffman, Kelley e Chung (2003) identificaram também os tipos de falhas e estratégias de recuperação de serviço relacionados ao gerenciamento do servicescape[2] da indústria da hospitalidade. Foram encontrados três grandes grupos de falhas (problemas mecânicos, de limpeza e de design) e três grandes grupos de estratégias de recuperação (respostas compensatórias, respostas orientadas para ação e outras respostas).

Lewis e McCann (2004) investigaram as diferenças perceptuais entre hóspedes que viajam a lazer e hóspedes que viajam a trabalho em relação à descrição dos tipos de falhas e estratégias de recuperação de serviço experimentadas, avaliação de suas magnitudes, e suas intenções futuras em relação ao hotel.

Um grupo de pesquisadores tem se dedicado a estudar as falhas e estratégias de recuperação nos encontros de serviço sob o ponto de vista do funcionário de contato. Chung-Herrera, Goldschmidt e Hoffman (2004) investigaram em que medida consumidores e funcionários apresentam similaridades e diferenças nas suas percepções sobre falhas e recuperações de serviços. Por sua vez, Yavas et al. (2003) identificaram o impacto potencial das variáveis organizacionais sobre o desempenho do pessoal de contato durante seu esforço de recuperação de falhas de serviço. As variáveis organizacionais consideradas por esses autores são a orientação organizacional para serviços, excelência de serviços para os consumidores, treinamento em serviços, empowerment, trabalho em equipe, ambigüidade de papéis e comprometimento organizacional.

As diferenças culturais, no comportamento e atitudes dos funcionários de contato, em situações de falhas e recuperação de serviço foram abordadas por Lorenzoni e Lewis (2004). Para isso, as autoras estudaram funcionários italianos e britânicos de companhias aéreas.

---

[2] O servicescape refere-se ao ambiente no qual os serviços são entregues e onde a empresa e o cliente interagem. Ele consiste em instalações interiores, exteriores e outros elementos tangíveis. Para entender os relacionamentos ambiente-usuário em organizações de serviço, ver Bitner (1992).

Bitner, Booms e Mohr (1994) ampliaram seu estudo original sobre fontes de satisfação e insatisfação em encontros de serviço do ponto de vista do consumidor, realizando uma pesquisa para explorar quais seriam essas fontes sob o ponto de vista do funcionário de contato. Pesquisando os mesmos setores do estudo de Bitner, Booms e Tetreault (1990), os autores identificaram uma fonte adicional para a insatisfação do consumidor que é a própria má conduta do consumidor. Assim, eles adicionaram um quarto grupo à tipologia desenvolvida em 1990, o qual foi denominado de Comportamento de Clientes Problemáticos.

2.2. Falhas e recuperações no varejo

Apesar de as instituições varejistas apresentarem múltiplos critérios para sua classificação (PARENTE, 2000; LEVY e WEITZ, 1998; POLOIAN, 2003), nota-se em todas elas a entrega de determinado nível de serviço, ou seja, em algumas os componentes de serviço são maiores e em outras são menores (ALBRECHT e ZEMKE, 2002), de forma que o varejo pode ser amplamente entendido como um serviço, cujos elementos ofertados provêm serviços que aumentam o valor da mercadoria vendida. Essa lista de serviços aos clientes é extensa, sendo muitos os exemplos citados (MENEZES e ANGELO, 1999; SILVEIRA, 1999), isso sem falar dos serviços relacionados à cadeia de suprimentos (ANGELO e SIQUEIRA, 2000).

Assim, apesar de originariamente os trabalhos sobre falhas e recuperações de serviço terem como objeto de pesquisa negócios, clientes e funcionários de empresas cujas ofertas centrais são serviços, tais como companhias aéreas, hotéis, restaurantes e bancos, alguns autores orientaram seu *locus* de pesquisa para o varejo, dadas suas inúmeras possibilidades de serviços ao cliente.

As falhas de serviço no varejo surgem com erros que prejudicam de alguma forma o cliente, comprometendo seu processo de compra em qualquer que seja o estágio em que ele se encontre. Por sua vez, todo esforço em reverter essa situação constitui uma recuperação, quais sejam trocas, devoluções, pedidos de desculpas ou consertos. Brown, Cowles e Tuten (1996) procuraram observar o impacto das recuperações como uma estratégia de relacionamento no varejo, e Wong e Sohal (2003) buscaram identificar as percepções dos consumidores de varejo com relação a encontros de serviço positivos e negativos.

Um esquema tipológico para falhas e estratégias de recuperação de serviço no varejo foi proposto por Kelley, Hoffman e Davis (1993). As categorias das falhas encontradas por esses autores repetem os três grupos identificados por Bitner, Booms e Tetreault (1990), porém com alguns subgrupos diferenciados, já que o varejo possui muitos aspectos tangíveis derivados dos bens comercializados, os quais não são observados na prestação exclusiva de serviços (Quadro 1).

Quadro 1 — Falhas de serviço no varejo

Grupo 1	Trata das falhas originadas nas respostas dos funcionários a erros no sistema de entrega do serviço ou no próprio produto, como serviços lentos, falta de produto, erros de embalagem, falhas no sistema de precificação ou produtos defeituosos. Em suma, são aquelas relacionadas à imperfeição no projeto do serviço.
Grupo 2	Relaciona-se às falhas decorrentes das respostas dos funcionários às necessidades ou pedidos especiais dos clientes. Elas ocorrem quando os clientes fazem requisições particulares, que fogem do roteiro de entrega do serviço, e os funcionários são incapazes de atendê-las convenientemente.
Grupo 3	Diz respeito às ações espontâneas dos funcionários, aquelas atitudes não desejadas pelos clientes. Incluem-se aqui situações constrangedoras criadas pelos funcionários ou a sua desatenção para com o cliente.

Fonte: adaptado de Kelley, Hoffman e Davis (1993).

Kelley, Hoffman e Davis (1993) propuseram as seguintes estratégias de recuperação de serviço no varejo: Desconto; Correção; Intervenção do Gerente/Outro Funcionário; Correção *Plus;* Troca; Desculpas; Reembolso; Cliente Iniciou a Correção; Crédito na Loja; Correção Insatisfatória; Potenciação da Falha; e Não Recuperação. Cinco dessas 12 categorias de estratégias de recuperação foram avaliadas desfavoravelmente pelos clientes, sendo consideradas como inaceitáveis. Estas são: Cliente Iniciou a Correção, Crédito na Loja, Correção Insatisfatória, Potenciação da Falha e Não Recuperação. Na verdade, conforme esses autores ressaltam, a Não Recuperação não constitui uma recuperação de fato.

Posteriormente, surgiram outras tipologias para falhas e recuperações de serviço no varejo, destacando-se o trabalho de Figueiredo, Ozório e Arkader (2002) ao observar o impacto das estratégias de recuperação sobre a fidelização dos clientes, e o estudo de Forbes, Kelley e Hoffman (2005) identificando uma tipologia para falhas e estratégias de recuperação de serviço no comércio eletrônico.

3. Metodologia

A técnica do incidente crítico (FLANAGAN, 1954) tem sido largamente empregada para investigar situações de falhas e recuperações nos encontros de serviço. A preferência por essa metodologia vem da possibilidade que ela oferece para descrição detalhada de situações particulares que se desviam tanto negativamente quanto positivamente de seu padrão de normalidade.

No presente trabalho optou-se pela utilização da técnica do incidente crítico, pois os serviços ao cliente ofertados pelo varejo possibilitam a criação de inúmeras situações que fogem dos moldes esperados pelo cliente. A ocorrência de uma falha com recuperação insatisfatória é um desvio negativo da normalidade, enquanto a ocorrência de uma falha com recuperação satisfatória é um desvio positivo.

3.1. Coleta de dados

O instrumento para coleta de dados foi desenvolvido a partir das recomendações propostas por Flanagan (1954) e de acordo com o modelo utilizado por Kelley, Hoffman e Davis (1993). Os entrevistados descreveram livremente suas situações de compras com experiências de falhas seguidas de recuperações, além de avaliar sua satisfação com a recuperação empregada numa escala que ia de 1 (muito insatisfeito) a 10 (muito satisfeito). Os respondentes também foram solicitados a informar seu desejo em continuar comprando no estabelecimento onde ocorreu a falha.

A amostragem foi por conveniência. Os pesquisadores conduziram entrevistas pessoais entre os meses de maio e junho de 2005. Foram obtidos 187 questionários respondidos, dos quais 149 consistiam em relatos válidos, com descrição completa e detalhada de incidentes ocorridos no varejo de bens das cidades mineiras de Ipatinga, Coronel Fabriciano e Timóteo.

3.2. Análise

As falhas e recuperações foram codificadas obedecendo-se a tipologia proposta por Kelley, Hoffman e Davis (1993). Esse processo foi realizado inicialmente por um dos pesquisadores, que deixou de lado aqueles incidentes que não permitiram uma clara classificação segundo as regras decisórias propostas por esses autores. Em seguida um segundo pesquisador classificou novamente todos os relatos pelo mesmo critério, deixando de lado aqueles que não se enquadravam em nenhum dos tipos propostos por Kelley, Hoffman e Davis (1993). As discrepâncias entre as classificações desses dois pesquisadores foram resolvidas através da reflexão conjunta sobre cada um dos incidentes. Os incidentes que foram deixados de lado também sofreram a análise conjunta dos pesquisadores e também obtiveram enquadramento na tipologia de Kelley, Hoffman e Davis (1993).

3.3. Limitações

Algumas limitações emergem dos procedimentos acima descritos. Primeiro, dadas as características da amostragem, os resultados da pesquisa não estão sujeitos a generalizações para outros contextos. Segundo, dada a subjetividade a que está sujeito o processo classificatório, o qual se baseia nos conhecimentos teóricos e idéias pré-concebidas dos pesquisadores, a confiabilidade dos resultados pode estar comprometida. E, terceiro, apesar de ter sido solicitado aos respondentes que eles relatassem casos com menos de seis meses, não é possível garantir a atualidade das informações recebidas.

4. Apresentação e análise dos resultados

4.1. Falhas de serviço no varejo

As falhas identificadas por esta pesquisa estão apresentadas na Tabela 1. A seguir, são discutidos cada um dos grupos e subgrupos encontrados.

a) Grupo 1 – Respostas dos Funcionários a Problemas no Sistema de Prestação de Serviço

Falhas de Política: essas falhas surgem na política adotada pela loja, a qual foi considerada injusta pelos clientes. Em alguns casos, os incidentes classificados nessa categoria envolveram situações de pagamento, nos quais o cliente não poderia efetuar uma compra com cheque em virtude de a conta ter menos de seis meses ou porque o cheque não era da região, ou, ainda, ele só poderia comprar mediante aprovação cadastral. Houve também um caso em que o cliente não exigiu a nota fiscal no ato da compra e, quando retornou ao estabelecimento para exigi-la, a loja não a entregou alegando que ela tinha de ter sido solicitada no mesmo dia da compra.

Serviços Lentos ou Indisponíveis: os incidentes classificados nessa categoria envolvem situações em que o varejista fez seu atendimento de forma lenta, seja porque o produto não estava disponível na loja, seja porque o atendente não tinha habilidade suficiente para realizar o serviço, tornando-o demorado, ou porque os sistemas eletrônicos estavam lentos.

Falha no Sistema de Precificação: essa falha surge quando o preço indicado no produto ou na prateleira está em desacordo com o valor lido pelo *scanner* no código de barras, ou quando o produto não está cadastrado no sistema.

Erros de Empacotamento: essa falha decorre de trocas do produto durante seu empacotamento.

Falta do Produto: essa categoria reúne incidentes nos quais o produto não foi encontrado pelo cliente na loja. Em um deles, o varejista anunciou uma promoção e quando o cliente chegou à loja para comprar o produto ele já havia acabado, e, em outro, o produto foi vendido, mas ele não estava disponível em estoque para entrega imediata.

Produtos Defeituosos: esse subgrupo descreve aquelas falhas originadas em produtos comprados com defeitos ou deteriorados, ou que em pouco tempo já não estavam funcionando.

Problemas na Reserva: nenhuma das falhas relatadas no presente estudo pôde ser classificada nessa categoria. Seriam falhas decorrentes de erros do varejista ao fazer reservas de produtos.

Alterações e Consertos: essa categoria incluiu falhas que surgiram durante o conserto de um produto. São exemplos o caso em que o cliente solicitou um ajuste no produto e, quando retornou à loja, o produto estava com outro problema, o caso em que a mercadoria foi levada para o conserto e retornou com o mesmo problema, ou até mesmo situações em que o conserto não foi realizado.

Má Informação: esse subgrupo reúne casos em que o cliente tomou decisões erradas de compra porque o varejista não lhe passou informações suficientes sobre o produto ou porque essas estavam incorretas. Todos esses incidentes revelaram que o cliente se sentiu ofendido ou enganado por receber informações incorretas, gerando situações constrangedoras.

b) Grupo 2 – Respostas dos Funcionários às Necessidades ou Pedidos Especiais dos Clientes

Pedido ou Requisições Especiais: esse subgrupo de falha relata incidentes em que as mercadorias não estavam prontamente disponíveis ao cliente para atender a seu pedido especial por exigir um tempo maior de preparação ou entrega, quando vinham de outro lugar.

Erros Admitidos pelos Clientes: nenhuma das falhas relatadas no presente estudo foi classificada nessa categoria.

c) Grupo 3 – Ações Espontâneas e Não Solicitadas dos Funcionários

Cobrança Indevida: essa falha apresenta situações em que os clientes foram cobrados indevidamente.

Acusação de Roubo: nenhuma das falhas relatadas no presente estudo foi classificada nessa categoria.

O Funcionário Gerou Situações Constrangedoras: esses incidentes envolvem situações nas quais os funcionários foram descuidados ou julgaram equivocadamente seus clientes apenas pela aparência.

Falha na Atenção dos Funcionários: os incidentes dessa categoria incluem situações nas quais o vendedor simplesmente não atende o cliente, deixando-o em espera, apesar de saber que ele aguarda o atendimento.

4.1.1. Análise das falhas

A análise da Tabela 1 evidencia que, na perspectiva dos clientes, a maior parte das falhas surge no sistema de prestação do serviço (72,5%). Nesse sistema, os maiores problemas são de produtos defeituosos (26,9%) e políticas varejistas inadequadas (14,8%). Essa constatação está alinhada com os resultados dos estudos de Kelley, Hoffman e Davis (1993) e de Figueiredo, Ozório e Arkader (2002). Isoladamente, as demais falhas relacionadas ao sistema de entrega do serviço dos varejistas têm poucas ocorrências, porém, no conjunto, os serviços lentos e indisponíveis, a má informação, os problemas de alterações e consertos, a falta de produtos e os erros de empacotamento respondem por 19,4% do total de falhas encontradas.

A seguir, as ações espontâneas e não solicitadas dos funcionários representam a segunda maior fonte de problemas para os clientes do varejo (24,2%). Dessas, os clientes relatam mais freqüentemente os casos de situações constrangedoras (11,4%) e a falha na atenção dos funcionários (10,7%). Esse resultado está em desacordo com o encontrado por Kelley, Hoffman e Davis (1993), os quais identificaram nas cobranças indevidas o maior número de falhas desse grupo. Esse resultado também está em desacordo com o estudo de Figueiredo, Ozório e Arkader (2002), que identificou na falha de atenção do funcionário o maior número de problemas desse grupo.

Pelo fato de não terem sido descritos casos de problemas na reserva de mercadorias, erros admitidos pelos clientes e acusação de roubo, não se deve inferir que tais casos não ocorram no varejo. Pode ser que tais falhas ocorram com menor freqüência ou que os clientes tenham menor percepção delas, deixando de mencioná-las durante as entrevistas.

Tabela 1 — Falhas de serviço no varejo de bens do Vale do Aço — a percepção dos clientes

Categoria das falhas	Quantidade	%
Grupo 1. Respostas dos funcionários a problemas no sistema de prestação de serviço		
1. Falhas de política	22	14,8%
2. Serviços lentos ou indisponíveis	9	5,0%
3. Falhas no sistema de precificação	17	11,4%
4. Erros do empacotamento	2	1,3%
5. Falta do protocolo	4	2,7%
6. Produtos defeituosos	40	26,9%
7. Problemas na reserva de mercadorias	0	0,0%
8. Alterações e consertos	5	3,4%
9. Má informação	9	6,0%
Grupo 1. Total	108	72,5%
Grupo 2. Respostas dos funcionários a necessidades e pedidos especiais dos clientes		
10. Pedidos ou requisições	5	3,4%
11. Erros admitidos pelo cliente	0	0,0%
Grupo 2. Total	5	3,4%
Grupo 3. Ações espontâneas e não solicitadas dos funcionários		
12. Cobrança indevida	3	2,0%
13. Acusação de roubo	0	0,0%
14. Situações constrangedoras	17	11,4%
15. Falha na atenção dos funcionários	16	10,7%
Grupo 3. Total	36	24,1%
Total	149	100,0%

4.2. Recuperações de serviço no varejo

A Tabela 2 apresenta as estratégias de recuperações de serviço identificadas neste estudo. A tabela foi elaborada observando uma ordem decrescente de satisfação do cliente com as estratégias empregadas para a recuperação de serviço. As estratégias foram agrupadas em dois grandes grupos de recuperações, assim denominados: Recuperações Positivas e Recuperações Desfavoráveis.

a — Recuperações Positivas

Correção *Plus*: houve apenas um caso classificado nesse tipo de recuperação. Ela é caracterizada por uma situação em que o varejista realiza não só uma simples correção, mas surpreende o cliente ao corrigir a falha oferecendo mais vantagens para ele. No caso encontrado, o cliente narra que foi à loja em busca de um produto anunciado em promoção, porém, como ele já havia acabado, a loja lhe vendeu uma marca considerada melhor pelo preço da mercadoria anunciada na promoção. A média de satisfação com essa recuperação foi de 10 e a retenção do cliente foi de 100%.

Troca: a troca refere-se aos casos de substituição de produtos defeituosos por outros em perfeito estado. Foram encontrados 13,4% de casos utilizando essa recuperação. A média de satisfação para esse tipo de recuperação foi 8,0 e a retenção do cliente foi de 80%.

Correção: a recuperação de serviços é classificada como correção quando a falha experimentada pelo cliente é simplesmente corrigida pelo varejista, sem que nenhuma das outras práticas tenha sido empregada. Por exemplo, o conserto de um produto ou as explicações para a política seguida pela loja. A média de satisfação para esse tipo de recuperação foi 6,3 e a retenção do cliente foi de 58,3%.

b — Recuperações Desfavoráveis

Reembolso: esta recuperação consiste na devolução do dinheiro pelo produto reapresentado à loja com defeito. A média de satisfação para esse tipo de recuperação foi 5,0 e a retenção do cliente foi de 66,7%.

Crédito na Loja: essa recuperação consiste na realização de um crédito na loja no valor correspondente ao do produto que está sendo apresentado com defeito. Nesse caso, o varejista não troca o produto, mas permite ao cliente comprar qualquer outro produto tendo o valor do produto devolvido como crédito. Houve apenas um caso nessa categoria de recuperação. O cliente ficou insatisfeito e informou que não mais compraria naquela loja.

Intervenção do Gerente/Outro Funcionário: essa recuperação ocorre quando qualquer solução para a falha somente é dada se houver a interferência de um gerente ou outro funcionário no processo. Foram identificados 16,1% de casos utilizando essa recuperação. A satisfação média com a recuperação aplicada foi de 4,6. A retenção do cliente foi de 45,8%.

Aumento Gradual da Falha: essa recuperação ocorre quando o varejista aumenta gradualmente a falha durante seu processo de correção. Um exemplo dessa situação foi o caso de um cliente que comprou um par de óculos e quando foi utilizá-lo percebeu que a armação estava com folga, então retornou à loja para solicitar seu reparo. Quando ele foi retirar os óculos do conserto percebeu que uma das lentes estava trincada. A loja o responsabilizou pelo problema. A média de satisfação para esse tipo de recuperação foi de 3,9 e a taxa de retenção foi de 28,6%.

Correção Insatisfatória: essa estratégia de recuperação consiste numa correção que tenha deixado o cliente insatisfeito. A média de satisfação para esse tipo de recuperação foi de 2,9. Essa estratégia de recuperação ocorreu em 12,1% dos incidentes encontrados. A taxa de retenção do cliente foi relativamente alta (50%).

Desculpas: no pedido de desculpas, os varejistas tentam corrigir o problema pedindo desculpas ao cliente. Nota-se que os clientes entrevistados não ficaram satisfeitos com essa recuperação, pois sua satisfação com o seu emprego foi 2,4. Não obstante, a retenção dos clientes foi de 55,6%.

Não Recuperação: essa situação ocorre quando o varejista não faz nada para solucionar o problema do cliente. A média de satisfação para esse tipo de recuperação foi de 2,1 e a taxa de retenção foi de 30,2%.

O Cliente Iniciou a Correção: houve um caso em que a falha foi corrigida mediante a iniciativa do cliente. Ele não ficou satisfeito com a situação e declarou que não mais compraria nessa loja.

Desconto: não foram encontrados casos nos quais o cliente tenha recebido um desconto financeiro pela falha cometida pelo varejista. A falta de ocorrências de descontos não significa que essa recuperação não seja praticada. Pode ser que sua freqüência seja muito baixa na região estudada ou que os entrevistados não a vejam com maior significado a ponto de se recordar dela.

Tabela 2 — Recuperações de serviço no varejo de bens do Vale do Aço — a percepção dos clientes

Categoria de recuperação	Quantidade	%	Satisfação c/ a recuperação (a)	Retenção % (b)
Recuperações Positivas				
1. Correção plus	1	0,7%	10,0	100,0%
2. Troca	20	13,4%	8,0	80,0%
3. Correção	12	8,0%	6,3	58,3%
Subtotal	33	22,1%	8,1	72,7%
Recuperações Desfavoráveis				
4. Reembolso	3	2,0%	5,0	66,7%
5. Crédito na loja	1	0,7%	5,0	0,0%
6. Intervenção do gerente/outro funcionário	24	16,1%	4,6	45,8%
7. Aumento gradual da falha	7	4,7%	3,9	28,6%
8. Correção insatisfatória	18	12,1%	2,9	50,0%
9. Desculpas	9	6,0%	2,4	55,6%
10. Não recuperação	53	35,6%	2,1	30,2%
11. O cliente iniciou a correção	1	0,7%	1,0	0,0%
12. Desconto	0	0,0%	0,0	0,0%
Subtotal	116	77,9%	3,4	38,8%
Total	149	100,0%	4,0	46,3%

a — A satisfação dos clientes com as recuperações foi avaliada numa escala de 1 (muito insatisfeito) a 10 (muito satisfeito).
b — Porcentagem de retenção é a relação do número de entrevistados que indicam que ainda fazem compras na loja de varejo envolvida no incidente e o número de incidentes relatados.

4.2.1. Análise das recuperações

Observando a Tabela 2 supra, verifica-se que o cliente está muito insatisfeito com as recuperações desfavoráveis empregadas pelo varejo pesquisado para correção de suas falhas de serviço. Porém, apesar da insatisfação geral (média de 3,4), a taxa média de retenção observada foi relativamente alta (38,8%). A princípio, esse resultado parece contraditório, mas pode ser explicado pela baixa concorrência apresentada na região, ou porque, conforme foi revelado por muitos entrevistados, apesar de não corrigir bem seus problemas, a loja ainda fornece o serviço de crédito, o que faz com que eles continuem a comprar nela.

Kelley, Hoffman e Davis (1993) denominam o grupo de recuperações desfavoravelmente avaliadas pelos clientes de "estratégias de recuperação inaceitáveis".

Comparando ambos os resultados, verifica-se que a lista de categorias identificada no presente trabalho é mais extensa que a encontrada por aqueles autores: Reembolso, Crédito na Loja, Intervenção do Gerente/Outro Funcionário, Aumento Gradual da Falha, Correção Insatisfatória, Desculpas, Não Recuperação e O Cliente Iniciou a Correção.

Nesse grupo, deve ser dada especial atenção às recuperações mais freqüentes: Não Recuperação (35,6%), Intervenção do Gerente/Outro Funcionário (16,1%), e Correção Insatisfatória (12,1%). A Não Recuperação significa que o varejo não tem feito nada para solucionar os problemas de seus clientes, ou seja, essa estratégia não é de fato uma recuperação. Porém, ela foi a prática que apareceu com maior freqüência no conjunto total das recuperações. Por sua vez, a Correção Insatisfatória reúne aquelas situações nas quais a falha foi agravada. A Não Recuperação e a Correção Insatisfatória juntas totalizam quase metade das ocorrências pesquisadas. Isso mostra que o varejo pesquisado não implementa uma política articulada de recuperação de serviço.

Por sua vez, a Intervenção do Gerente ou de Outro Funcionário aparece não somente como a segunda recuperação mais freqüente no grupo de estratégias desfavoráveis, mas também a segunda mais freqüente no quadro total de recuperações. Isso pode estar ocorrendo pela falta de autonomia dos funcionários de contato para solucionar as falhas de serviço ou porque os clientes não acreditam que eles tenham autoridade e competência para solucionar seus problemas, ou ainda porque eles desejam que seus problemas sejam solucionados com maior imparcialidade. De qualquer forma, o uso dessa recuperação torna o processo de recuperação de serviços mais lento, o que também gera insatisfação nos clientes.

Observa-se também nesse grupo que o pedido de Desculpas e o Reembolso, apesar de impedirem que o cliente abandone seu hábito de compra na loja, deixam o cliente bastante insatisfeito. Talvez isso ocorra porque o pedido de desculpas nem sempre soluciona de fato todos os tipos de problemas, como o caso de um produto defeituoso. E, no caso do reembolso, a insatisfação talvez surja porque o cliente fique frustrado em não adquirir o produto de sua preferência.

No caso das falhas de serviço corrigidas com o fornecimento de crédito ou mediante a iniciativa do cliente, ocorre não apenas a insatisfação do cliente com sua utilização, mas também seu completo afastamento da loja. Isso revela que o cliente quer ser tratado com maior deferimento e cortesia. Ele não quer manter um relacionamento forçado com o estabelecimento comercial, nem mesmo ser o articulador das soluções de seus problemas.

Por outro lado, as recuperações de serviço que satisfazem aos clientes do varejo estudado representam apenas 22,1% dos casos observados, porém elas geram

72,7% de taxa de retenção. Esse resultado está alinhado com a literatura, no sentido de que o cliente satisfeito com a política de recuperação volta a patrocinar a loja (BROWN, COWLES e TUTEN, 1996; FIGUEIREDO, OZÓRIO e ARKADER, 2002; WONG e SOHAL, 2003). De acordo com Swift (2001, p. 8) "se a organização puder manter seus clientes, (...), eles serão mais lucrativos a longo prazo", e ainda, "custa menos manter os clientes atuais do que obter novos".

Das recuperações positivas, a que aparece com maior freqüência é a Troca. Isso é esperado, já que os produtos defeituosos constituíram as falhas mais freqüentemente encontradas no varejo estudado. Por fim, comparando-se os resultados de satisfação e retenção entre a simples correção (6,3 e 58,3%) e a correção *plus* (10,0 e 100%), verifica-se o ganho que o varejo estudado tem quando oferece algo mais como recuperação para suas falhas de serviço, corroborando os resultados dos estudos baseados no paradigma da desconfirmação de expectativas (OLIVER, 1997).

4.3. Correspondência de falhas e recuperações no varejo

A Tabela 3 relaciona as estratégias de recuperações com as falhas de serviço no varejo. Inicialmente, observa-se que em 68% dos casos as falhas de política não são reparadas pelo varejo pesquisado. Isso leva a crer que há desinteresse do varejista pesquisado em adotar um sistema de entrega de serviço com foco no cliente.

Observa-se também que a intervenção gerencial ou de outro funcionário foi a prática de recuperação de serviço mais utilizada para solucionar problemas no sistema de precificação.

Os casos de produtos defeituosos foram solucionados em 50% das vezes com recuperações positivas, nas quais prevalece o uso da troca. Porém, na outra metade foram utilizadas recuperações desfavoráveis com prevalência para a não recuperação. Esse fato também mostra o desinteresse do varejo pesquisado pelo cliente, já que para o problema mais freqüentemente encontrado na pesquisa não são oferecidas soluções, ou quando muito essas são insatisfatórias.

Com relação à falha de atenção dos funcionários e às situações constrangedoras por eles criadas, repete-se a ausência de recuperação. No caso das situações constrangedoras, ocorrem também muitos pedidos de desculpas, mas, ainda assim, essa informação só vem corroborar o descaso do varejo estudado para com seus clientes, já que estes demonstraram insatisfação com o uso dessa recuperação.

Por fim, nota-se que o varejo estudado não tem seguido um padrão regular na aplicação das estratégias de recuperação de suas falhas de serviço, sugerindo que as ações para correção dessas podem estar sendo empregadas de improviso, sem um planejamento e treinamento prévio da equipe de contato.

Tabela 3 — Falhas X Recuperações no varejo de bens do Vale do Aço

Categoria das falhas	Recuperações											
	1	2	3	4	5	6	7	8	9	10	11	12
Grupo 1. Respostas dos funcionários a problemas nos sistemas de prestação de serviço												
1. Falhas de política		1			4		2		15			
2. Serviços lentos ou indisponíveis		1			2		2	2	2			
3. Falhas no sistema de precificação		3	1		7		3	1	2			
4. Erros de empacotamento		1			1							
5. Falta do produto							2		2			
6. Produtos defeituosos		17	3	2	1	3	2	3	8	1		
7. Problemas na reserva												
8. Alterações e consertos						1	2	2				
9. Má informação	1		1			1		1	5			
Grupo 1 Total	1	18	9	3	1	19	4	15	3	34	1	0
Grupo 2. Respostas dos funcionários a necessidades e pedidos dos clientes												
10. Pedidos ou requisições			1				1		2	1		
11. Erros admitidos pelos clientes												
Grupo 2 Total	0	0	1	0	0	0	1	0	2	1	0	0
Grupo 3. Ações espontâneas e não solicitadas dos funcionários												
12. Cobrança indevida			1						2			
13. Acusação de roubo												
14. O funcionário gerou situações constrangedoras		1	1			2	2	1	4	6		
15. Falha na atenção dos funcionários		1				3		2		10		
Grupo 3 Total	0	2	2	0	0	5	2	3	4	18	0	0
Total	1	20	12	3	1	24	7	18	9	53	1	0

5. Conclusões

O presente trabalho, sendo exploratório, ajuda a ampliar o entendimento sobre as práticas do varejo no contexto brasileiro, uma vez que desenha um quadro tipológico para as ocorrências de falhas e recuperações de serviço varejista fora do eixo Rio de Janeiro — São Paulo (FIGUEIREDO, OZÓRIO e ARKADER, 2002), possibilitando conhecer as práticas mais empregadas a tal respeito em centros de consumo não metropolitanos. Porém, apesar de os resultados aqui apresentados expandirem o conhecimento sobre o varejo brasileiro, a metodologia de pesquisa utilizada limita as conclusões relacionadas à região estudada, não sendo possível fazer generalizações. Feita essa ressalva, as conclusões são alinhadas a seguir.

Inicialmente, foi observado que as falhas originadas no sistema de prestação de serviço foram as ocorrências mais freqüentemente identificadas pelos clientes do varejo estudado. De acordo com Grönroos (1995), problemas comprometedores do resultado final do processo de produção do serviço, ou seja, daquilo que o cliente fica quando esse processo termina, são problemas relacionados à dimensão técnica da qualidade do serviço. Portanto, de acordo com os resultados encontrados, é possível concluir que o varejo pesquisado deve aprimorar a qualidade total do serviço ofertado projetando e desenvolvendo formatos e padrões de serviço que correspondam às expectativas e prioridades de seus clientes. Isso diminuiria consideravelmente problemas com os produtos defeituosos, as falhas de política, o sistema de precificação, serviços lentos ou indisponíveis, falta de produto ou alterações e consertos.

Particularmente, em relação às falhas relacionadas aos produtos defeituosos e à falta de produto, embora esta última tenha ocorrido em menor número, verifica-se que para minimizá-las, o varejo pesquisado tem necessidade de selecionar melhor seus fornecedores, mantendo maior integração com eles. Esse resultado foi verificado por Ângelo e Siqueira (2000), os quais mostraram ser inexistente no Brasil a integração das informações trocadas entre os membros da cadeia de abastecimento e o varejo, particularmente, supermercados.

Outrossim, os problemas relacionados à má informação podem ser contornados alinhando-se as promessas feitas através da comunicação externa às operações da loja, informações, políticas e procedimentos adotados pelo pessoal de contato. Qualquer discrepância entre os serviços prometidos e os que são passíveis de ser realizados pode aumentar as expectativas dos clientes, as quais serão utilizadas na avaliação da qualidade dos serviços prestados, podendo ter um efeito negativo sobre ela. Esse resultado pode prejudicar a imagem da loja através de uma propaganda boca a boca negativa (SWANSON e KELLEY, 2001).

Os resultados também indicam existir deficiências nas políticas de recursos humanos. A desatenção dos funcionários para com os clientes, bem como o grande número de situações constrangedoras por eles geradas, revela a sua incompreensão para com os papéis que deveriam desempenhar e sua desmotivação. A solução para esses problemas envolve o recrutamento de profissionais com perfil adequado para o cargo, definição clara de tarefas, treinamento focado nas expectativas do cliente, e aplicação de sistemas justos de remuneração, avaliação e recompensas.

Pior do que incorrer em falhas de serviço é não as corrigir ou corrigi-las imperfeitamente. Zeithaml e Bitner (2003) mostram que a estratégia de recuperação de serviço vai além das ações adotadas em resposta a uma falha de serviço, reunindo os seguintes passos: assegurar-se de que não haja falhas, acolher e estimular reclamações, agir rapidamente, tratar os clientes de forma justa, aprender com as experiências de recuperação, e aprender com os clientes perdidos. O varejo pesquisado apresenta mais da metade dos incidentes sem recuperação com o agravamento da falha ou com a correção insatisfatória. Isso leva a crer que inexiste uma estratégia de recuperação de serviços nesse varejo, e que ela deve ser buscada, pois, conforme foi observado pela taxa média de retenção (46,3%), a fidelidade nesse mercado é relativamente baixa.

A recorrência freqüente ao gerente ou a um colega de trabalho para solução das falhas de serviço permite concluir que a equipe de contato deva receber maior autoridade e treinamento compatível com as operações dos serviços e a recuperação de suas falhas. Isso deve aumentar a motivação do pessoal da linha de frente, reduzir o tempo de atendimento aos clientes e aumentar a satisfação geral com a recuperação das falhas de serviço.

Por sua vez, o pedido de desculpas, se por um lado é uma ação que denota cortesia, por outro pode deixar o cliente muito insatisfeito se o seu problema não for resolvido. Assim, ele deve ser adotado como regra de cordialidade do pessoal de contato, mas não como medida exclusiva para recuperação de serviço.

A observação das práticas de crédito na loja e reembolso também indica que o que o cliente quer é sair da loja com o produto escolhido. Sair da loja com uma compensação financeira pelo problema vivenciado soluciona parcialmente a falha que ele teve durante a compra, sendo pouco para deixá-lo satisfeito.

A baixa retenção do varejo pesquisado aliada à insatisfação geral dos clientes com as recuperações desfavoráveis indica que esse setor deve procurar construir relacionamentos duradouros com seus clientes. Essa conclusão é corroborada pela observação do índice de satisfação e da taxa de retenção encontrada para a correção *plus*, cujo efeito foi em sentido oposto. Diversas práticas de marketing de relacionamento podem ser utilizadas para isso (McKENNA, 1992; OLIVER, 1997; ANGELO e GIANGRANDE, 1999; SWIFT, 2001).

Em síntese, os resultados deste trabalho sugerem que recuperações positivas de falhas de serviços têm um impacto positivo sobre a satisfação e a retenção de clientes do varejo de cidades não metropolitanas, notadamente da região do Vale do Aço, em Minas Gerais. Porém, o grande número de recuperações insatisfatórias, aliado a uma baixa taxa de retenção, sugere que se esse setor investisse no entendimento dos clientes poderia construir relacionamentos mais longos, desenvolvendo operações de serviço condizentes com as suas expectativas, adotando estratégias eficazes de recuperação de serviço, mantendo uma equipe de contato treinada, motivada e com poder para solucionar suas falhas de serviço, integrando-se a seus fornecedores, e estabelecendo comunicações compatíveis com as suas operações de serviço.

Bibliografia

ALBRECHT, Karl; ZEMKE, Ron. **Serviço ao Cliente:** a reinvenção da gestão do atendimento ao cliente. Rio de Janeiro: Campus, 2002.

ANGELO, Cláudio F. de; GIANGRANDE, Vera (Coord.). **Marketing de Relacionamento no Varejo**. São Paulo: Atlas, 1999.

ANGELO, Cláudio F. de; SIQUEIRA, João P. Lara de. Avaliação das condições logísticas para a adoção do ECR nos supermercados brasileiros. **Revista de Administração Contemporânea,** v. 4, n. 3, p. 89-106, set./dez. 2000.

BEBKO, Charlene P. Service encounter problems: which service providers are more likely to be blamed?. **Journal of Services Marketing**, v. 15, n. 6, p. 480-495, 2001.

BITNER, Mary Jo. Servicescapes: the impact of physical surroundings on customers and employees. **Journal of Marketing**, v. 56, n.. 2, p. 57-71, Abr. 1992.

BITNER, Mary Jo; BOOMS, Bernard H.; TETREAULT, Mary Stanfield. The service encounter: diagnosing favorable and unfavorable incidents. **Journal of Marketing**, v.54, p. 71-84, Jan. 1990.

BITNER, Mary Jo; BOOMS, Bernard H.; MOHR, Lois, A. Critical service encounters: the employee's viewpoint. **Journal of Marketing**, v. 58, p. 95-106, Oct. 1994.

BROWN, Stephen W.; COWLES, Deborah L.; TUTEN, Tracy L. Service recovery: its value and limitations as a retail strategy. **International Journal of Service Industry Management,** v. 7, n. 5, p. 32-46, 1996.

CHUNG-HERRERA, Beth G.; GOLDSCHMIDT, Nadav; HOFFMAN, K. Douglas. Customer and employee views of critical service incidents. **Journal of Services Marketing**, v. 18, n. 4, p. 241-254, 2004.

CRANAGE, David. Plan to do it right: and plan for recovery. **International Journal of Contemporary Management**, v. 16, n. 4, p. 210-219, 2004.

FIGUEIREDO, Kleber F.; OZÓRIO, Giovana B.; ARKADER, Rebecca. Estratégias de recuperação de serviço no varejo e seu impacto na fidelização dos clientes. **Revista de Administração Contemporânea,** v. 6, n. 3, p. 55-73, set./dez. 2002.

FLANAGAN, John C. The critical incident technique. **Psychological Bulletin**, v.51, n. 4, p. 327-358, july 1954.

FORBES, Lukas P.; KELLEY, Scott W.; HOFFMAN, K. Douglas. Typologies of e-commerce retail failures and recovery strategies. **Journal of Services Marketing**, v. 19, n. 5, p. 280-292, 2005.

GRÖNROOS, C. **Marketing:** gerenciamento e serviços: a competição por serviços na hora da verdade. Rio de Janeiro: Campus, 1995.

HARRIS, Lloyd C.; REYNOLDS, Kate L. Jaycustomer behavior: an exploration of types and motives in the hospitality industry. **Journal of Services Marketing**, v. 18, n. 5, p. 339-357, 2004.

HOFFMAN, K. Douglas; KELLEY, Scott W.; ROTALSKY, Holly M. Tracking service failures and employee recovey efforts. **Journal of Services Marketing**, v. 9, n. 2, p. 49-61, 1995.

HOFFMAN, K. Douglas; KELLEY, Scott W. Perceived justice needs and recovery evaluation: a contingency approach. **European Journal of Marketing**, v. 34, n. 3/4, p. 418-432, 2000.

HOFFMAN, K. Douglas; BATESON, John E. G. **Princípios de Marketing de Serviços:** conceitos, estratégias e casos. 2. ed. São Paulo: Pioneira Thomson Learning, 2003.

HOFFMAN, K. Douglas; KELLEY, Scott W.; CHUNG, Beth C. A CIT investigation of servicescape failures and associated recovery strategies. **Journal of Services Marketing**, v. 17, n. 4, p. 322-340, 2003.

KARATEPE, Osman M.; EKIZ, Erdogan H. The effects of organizational responses to complaints on satisfaction and loyalty: a study of hotel guests in Northern Cyprus. **Managing Service Quality**, v. 14, n. 6, p. 476-486, 2004.

KELLEY, Scott W.; HOFFMAN, K. Douglas; DAVIS, Mark A. A typology of retail failures and recoveries. **Journal of Retailing,** v. 69, n.4, Winter 1993.

LEVY, M.; WEITZ, B. A. **Administração de Varejo**. São Paulo: Atlas, 2000.

LEWIS, Barbara R.; McCANN, Pamela. Service failure and recovery: evidence from the hotel industry. **International Journal of Contemporary Hospitality Management**, v. 16, n. 1, p. 6-17, 2004.

LORENZONI, Natalia; LEWIS, Barbara R. Service recovery in the airline industry: a cross-cultural comparison of the attitudes and behaviours of British and Italian front-line personnel. **Managing Service Quality**, v. 14, n. 1, p. 11-25, 2004.

MACK, Rhonda et al. Perceptions, corrections and defections: implications for service recovery in the restaurant industry. **Managing Service Quality**, v. 10, n. 6, p. 339-346, 2000.

McKENNA, R. **Maketing de Relacionamento:** estratégias bem sucedidas para a era do cliente. 8. ed. Rio de Janeiro: Campus, 1992.

MATTILA, Anna S. The impact of service failures on customer loyalty. **International Journal of Service Industry Management**, v. 15, n. 2, p. 134-149, 2004.

MENEZES, Edgard J. C.; ANGELO, Claudio F. de. Utilização do mix de serviços como estratégia para diferenciação competitiva no varejo. In: ANGELO, C. F.; GIANGRANDE, V. (Coord.). **Marketing de Relacionamento no Varejo**. São Paulo: Atlas, 1999.

MICHEL, Stefan. Analyzing service failures and recoveries: a process approach. **International Journal of Service Industry Management**, v. 12, n. 1, p. 20-33, 2001.

OLIVER, Richard L. **Satisfaction**: a behavioral perspective on the consumer. Boston: Irwin/McGraw-Hill, 1997.

PARASURAMAN, A.; ZEITHAML, Valarie A.; BERRY, Leonard L. SERVQUAL: a multiple-item scale for measuring consumer perceptions of service quality. **Journal of Retailing**, v. 64, n. 1, Spring 1988.

PARENTE, Juracy. **Varejo no Brasil:** gestão e estratégia. São Paulo: Atlas, 2000.

POLOIAN, L. G. **Retailing Principles**: a global outlook. [S.I.]: Fairchild Publications, 2003.

PRILUCK, Randi. Relationship marketing can mitigate product and service failures. **Journal of Services Marketing,** v. 17, n. 1, p. 37-52, 2003.

REYNOLDS, Kate L.; HARRIS, Lloyd C. When service failure is not service failure: an exploration of the forms and motives of "illegitimate" customer complaining. **Journal of Services Marketing**, v. 19, n. 5, p. 321-335, 2005.

RUYTER, Ko de; WETZELS, Martin. Customer equity considerations in service recovery: a cross-industry perspective. **International Journarl of Service Industry Management**, v. 11, n. 1, p. 91-108, 2000.

SCHOEFER, Klaus; ENNEW, Christine. The impact of perceived justice on consumers' emotional responses to service complaint experiences. **Journal of Services Marketing**, v. 19, n. 5, p. 261-270, 2005.

SILVEIRA, José A. G. da. Serviços do Varejo. In: ANGELO, C. F.; GIANGRANDE, V. (Coord.). **Marketing de Relacionamento no Varejo,** São Paulo: Atlas, 1999.

SWANSON, Scott R.; KELLEY, Scott W., Service recovery attributions and word-of-mouth intentions. **European Journal of Marketing,** v. 35, n. 1 e 2, p. 194-211, 2001.

SWIFT, Ronald. **CRM Customer Relationship Management**: o revolucionário marketing de relacionamento com o cliente. Rio de Janeiro: Campus, 2001.

WEUN, Seungoog; BEATTY, Sharon E.; JONES, Michael, A. The impact of service failure severity on service recovery evaluations and post-recovery relationships. **Journal of Services Marketing**, v. 18, n. 2, p. 133-146, 2004.

WONG, Amy; SOHAL, Amrik. A critical incident approach to the examination of customer relationship management in a retail chain: an exploratory study. **Qualitative Market Research: An International Jounal,** v. 6, n. 4, p. 248-262, 2003.

YAVAS, Ugur et al. Antecedents and outcomes of service recovery performance: an empirical study of frontline employees in Turkish banks. **International Journal of Bank Marketing**, v. 21, n. 5, p. 255-265, 2003.

ZEITHAML, Valarie A.; BITNER, Mary Jo. **Marketing de Serviços:** a empresa com foco no cliente. 2. ed. Porto Alegre: Bookman, 2003.

2

Matriz de oportunidades para avaliação do nível de serviço da distribuição no pequeno varejo alimentar

Domingos Fernandes Campos

Anielson Barbosa da Silva

Tereza de Souza

Resumo

Este artigo tem como objetivo propor uma matriz de oportunidades para avaliação do nível de serviço de distribuição no pequeno varejo alimentar, na área urbana de uma cidade de porte médio do Nordeste brasileiro. Foi realizado um estudo de tipo *survey* com respostas válidas de 201 pequenos varejistas. Além de apreender o grau de importância conferido a um conjunto de atributos do serviço logístico e do serviço do marketing, o estudo avaliou o nível de satisfação dos varejistas em relação aos dez principais distribuidores da região. A partir dessa avaliação, foi desenvolvida uma matriz de oportunidades que pode auxiliar os fornecedores na avaliação do serviço prestado aos clientes, levando em consideração duas dimensões: o grau de importância atribuído e os *gaps* relacionados às melhores práticas do mercado. Os resultados apresentam uma contribuição estratégica para as organizações, na medida em que incorporam indicadores externos para avaliação de seu posicionamento no mercado, a partir dos níveis de satisfação dos clientes, o que pode auxiliar na redução dos *gaps* existentes entre suas práticas atuais e o *benchmarking* estabelecido pelas melhores práticas.

1. Introdução

As organizações precisam desenvolver competências para enfrentar os crescentes desafios do mercado e assumir um posicionamento diferenciado em relação a seus concorrentes, pois atuam em um ambiente cada vez mais competitivo. A logística é um fator essencial que precisa estar alinhado à estratégia das organizações. O desenvolvimento das competências logísticas deve estar sintonizado com as necessidades dos clientes e as condições objetivas internas da empresa. O desempenho da logística está umbilicalmente ligado ao marketing; o esforço para satisfazer as necessidades dos clientes envolve tanto atributos da logística quanto do marketing.

Uma das condições básicas para o desenvolvimento de uma competência essencial está vinculada aos benefícios percebidos pelo cliente (cf. PRAHALAD e HAMEL, 1990), o que reforça a necessidade de avaliar o nível de serviço prestado como um dos aspectos para a construção de uma vantagem competitiva. Esse não é um processo fácil de ser operacionalizado e envolve alguns questionamentos: como avaliar o nível de serviço prestado ao cliente? Quais são os indicadores utilizados nessa avaliação? Qual a contribuição do nível de serviço na avaliação do posicionamento competitivo da empresa no mercado? A resposta dessas questões está vinculada à apreciação de uma série de aspectos que serão abordados em seguida. A logística e o marketing são duas áreas importantes nesse processo.

Este artigo tem como objetivo apresentar os resultados de uma pesquisa exploratória acerca da distribuição no pequeno varejo alimentar e propor uma matriz de oportunidades como orientação para o alinhamento de estratégias voltadas para a satisfação dos clientes. Os resultados provêm de um estudo de tipo *survey* realizado com 201 pequenos varejistas atuantes numa área urbana de 480 mil habitantes. O material coletado permitiu identificar e avaliar a importância que os pequenos varejistas atribuem a um conjunto de dimensões do serviço ao cliente, incluindo atributos do nível de serviço logístico e do nível de serviço do marketing. No estudo foi incluída uma avaliação da percepção dos pequenos varejistas sobre o serviço oferecido por seus principais fornecedores. Foram identificados e avaliados os dez fornecedores mais importantes com atuação na distribuição do varejo alimentar da região.

Uma matriz de oportunidades foi desenvolvida para auxiliar as organizações a efetuar uma avaliação de seu posicionamento no mercado, a partir da percepção dos clientes sobre o nível de serviço prestado por dez empresas que atuam no setor. A proposta foi desenvolvida a partir do grau de importância atribuído pelos clientes a dez fatores vinculados à distribuição e, também, dos *gaps* relativos às melhores práticas do mercado. As seções seguintes tratam dos esforços já realizados por pesquisadores da área, com fundamentação teórica, abordando alguns estudos que discutem o posicionamento da empresa no mercado, com destaque para a distribuição física e o nível de serviço ao cliente. Em seguida, a metodologia aplicada, os resultados e as considerações finais.

2. Fundamentação teórica

A gestão da cadeia de suprimentos é definida como uma coordenação sistêmica e estratégica de funções tradicionais do negócio e das táticas que permeiam cada empresa particular e os negócios dentro da cadeia de suprimentos, com a finalidade de aperfeiçoar o desempenho em longo prazo das empresas-membros e da cadeia de suprimentos como um todo. A cadeia de suprimentos é composta por relações diretas de uma organização com seus fornecedores e clientes; por relações indiretas — mas não menos importantes — com fornecedores de seus fornecedores e clientes de seus clientes; e por relações estendidas com outras organizações que desempenham papéis importantes como operadores logísticos, *brokers*, provedores de serviços de teledados, agentes aduaneiros e empresas de pesquisa de mercado (MENTZER; *et al.*, 2001).

Os processos na cadeia suprimentos tendem a ser sistêmicos e integrados. O nível de serviço prestado aos clientes não está condicionado apenas aos relacionamentos desenvolvidos na direção fornecedor-cliente. As relações a montante são decisivas para que o serviço prestado aos clientes atinja níveis satisfatórios. O ambiente competitivo coloca ênfase cada vez maior no nível de serviço e torna-se crucial sintonizar a oferta do serviço com as expectativas do cliente. Para Innis e La Londe (1994), a satisfação do cliente é um dos objetivos-chave do marketing na maioria das empresas e acrescentam que a coordenação interfuncional deveria ser incentivada para permitir que o marketing e a logística trabalhassem juntos, de modo a fornecer uma combinação ótima do serviço ao cliente final. Bowersox e Closs (2001, p. 67) ratificam esse posicionamento ao indicar que "o desempenho da logística em um ambiente competitivo depende de sua compatibilidade com a estratégia de marketing da empresa".

No varejo, a oferta de níveis de serviço adequados assume um papel-chave para o mercado. Ellram, La Londe e Weber (1999) apontaram três grandes desafios para a logística do varejo nos anos recentes: a) os varejistas devem viabilizar e implantar a idéia que o serviço ao cliente deveria se expandir para toda a cadeia de suprimentos; b) os gestores da logística do varejo deveriam estar preparados para os efeitos do rápido crescimento da tecnologia, particularmente o crescimento explosivo da tecnologia de informação; c) a gestão da cadeia de suprimentos deveria ser desenvolvida e integrada para explorar estratégias de aperfeiçoamento do serviço ao cliente e do gerenciamento dos estoques. Entregar ao cliente um produto livre de defeitos de forma mais rápida e mais segura que a concorrência não é mais visto como uma vantagem competitiva, mas simplesmente uma exigência para estar no mercado (MENTZER, FLINT e HULT, 2001).

Por outro lado, a percepção do cliente em relação às atividades de prestação de serviços, que é mais visível no momento da distribuição física, deve considerar atributos vinculados a disponibilidade, desempenho e confiabilidade (BOWERSOX e CLOSS, 2001). Se a percepção do cliente em relação a esses três fatores atingir níveis de excelência, existe a possibilidade de a empresa criar uma vantagem competitiva sustentável. Para Green (2001), as organizações precisam desenvolver competências essenciais como um conjunto de conhecimentos técnicos e habilidades que possuem influências nos produtos e serviços múltiplos e fornecem vantagem competitiva. As competências que diferenciam a empresa perante concorrentes e clientes e constituem a razão de sua sobrevivência (RUAS, 2001). Há três condições para se identificar uma competência essencial para a organização: a) saber se a competência é percebida pelo cliente como um benefício real; b) verificar se outras empresas têm dificuldade para imitar a competência; c) descobrir se a competência cria – e se pode ser utilizada em – novas oportunidades de negócio (PRAHALAD e HAMEL, 1990).

Essas considerações indicam que a logística integrada ao cliente assume um papel estratégico para as organizações. Para Didonet *et al.* (2002, p. 1), tratar a logística "como uma ferramenta estratégica e alinhá-la às estratégias empresariais ganha importância, na medida em que a concorrência fica mais acirrada e as organizações vêem a necessidade de superar suas ineficiências para beneficiar clientes e reduzir custos". Bowersox e Closs (2001) utilizam o termo competência logística como um recurso estratégico essencial para o planejamento da prestação do serviço ao cliente. "As empresas que desenvolvem competência logística superior estão estrategicamente colocadas para desfrutar uma vantagem competitiva difícil de ser igualada em desempenho de serviço e custo" (BOWERSOX e CLOSS, 2001, p. 392).

É difícil estabelecer uma clara fronteira entre os efeitos provocados na satisfação ao cliente pelos atributos do marketing e da logística. Em certos casos, nem sequer é possível distinguir com toda clareza se o atributo é eminentemente associado ao serviço do marketing ou da logística. Quando se trata, por exemplo, de um atributo do tipo acessibilidade – facilidade de comunicação do cliente com as várias instâncias e áreas funcionais de seus fornecedores –, não se pode estabelecer, *a priori*, que esse elemento do nível de serviço move-se por uma área ou por outra. Por outro lado, o que os gestores pensam ser realmente bom para o cliente não se coaduna necessariamente com aquilo que é desejado por eles. Clientes e fornecedores podem divergir na forma e no conteúdo. O trabalho de Marr (1994) revela uma avaliação interessante entre pontos de vista dos gestores e dos clientes sobre um conjunto de atributos do marketing e da logística, mostrando, ademais, que essas divergências podem se estender entre os próprios gestores, dependendo de sua área funcional.

Mentzer, Gomes e Krapfel (1989) argumentam que existem dois elementos no serviço de entrega: serviço do marketing ao cliente e serviço realizado através da distribuição física. Eles reconhecem a natureza complementar dos dois elementos para satisfazer ao cliente e propõem uma estrutura integrativa do serviço ao cliente. Gestores de diferentes áreas funcionais de um mesmo fornecedor têm uma visão diferente das necessidades do serviço necessário para seus clientes. Clientes de distintos segmentos têm diferentes apreciações do nível de serviço prestado por um mesmo fornecedor. O nível de serviço planejado por um fornecedor não é aquele que consegue ser oferecido a seu cliente. O que o fornecedor pensa que o cliente deseja não é o realmente desejado.

O nível de satisfação do cliente é resultado da oferta de atributos de marketing e de logística, mas o conhecimento deles e o grau de influência de cada um não são, normalmente, claros ou conhecidos. Hijjar (2001) discute a necessidade da busca de indicadores externos e apresenta dois motivos importantes para se obter informações a partir da perspectiva do cliente: a identificação dos reais níveis de satisfação dos clientes e a minimização dos *gaps* de percepção entre a empresa e o cliente. Mentzer, Flint e Hult (2001) assinalam que os pesquisadores fornecem freqüentemente uma lista de dimensões dos serviços da logística para as quais os clientes dão forma às suas percepções. Essas operacionalizações ignoram os processos, isto é, o ordenamento temporal dos atributos que estão sendo testados. Constatam, ademais, que esses processos variam para negócios de diferentes segmentos.

Para Emerson e Grimm (1998), o serviço ao cliente é complexo e é compreendido por elementos multifacetados. O efeito de cada elemento na satisfação é crucial para os gestores, de modo que os recursos limitados podem ser devotados aos elementos mais críticos do serviço ao cliente. Eles encontraram forte sustentação em seus estudos para duas hipóteses significativas na distribuição no pequeno varejo: quanto mais indireta é a presença do cliente no canal e quanto menor for o cliente, mais importante é o serviço da logística para sua satisfação.

A literatura tem oferecido um leque variado de dimensões e atributos do nível de serviço logístico e do nível de serviço do marketing. Os trabalhos de La Londe e Zinszer (1976), La Londe, Cooper e Noordewier (1988), Mentzer, Gomes e Krapfel (1989), Griffis et al. (2004), e Innis e La Londe (1994) apresentam um conjunto extenso dessas dimensões. No Brasil, vários trabalhos têm sido desenvolvidos na área do varejo alimentar, como os de Fleury e Lavalle (1997), Hijjar (2001) e Lavalle et al. (2003). Por outro lado, as experiências relatadas sobre a distribuição no pequeno varejo é escassa. O artigo de Murphy, Daley e Knemeyer (1999) relata a comparação entre experiências logísticas de pequenas e grandes empresas e destaca que a literatura que descreve práticas logísticas com pequenas empresas é exígua.

3. Metodologia

Os resultados aqui apresentados provêm de um estudo do tipo *survey* realizado com pequenos varejistas do ramo alimentar, na área urbana, de uma cidade de porte médio do Nordeste brasileiro. O estudo tem natureza exploratória e o interesse principal é o conhecimento dos elementos que contribuem mais significativamente para o nível de satisfação dos pequenos varejistas da região, no que se refere a suas necessidades e suas percepções em relação às principais empresas distribuidoras com atuação no estado.

A elaboração do questionário foi realizada em três estágios. O primeiro considerou a experiência de um dos autores em trabalhos de consultoria logística para algumas das empresas de distribuição no setor. Havia uma ênfase muito forte para a tomada do preço como vantagem competitiva. As tentativas de aperfeiçoamento do nível de serviço, quando ocorriam, se fundavam no *feeling,* sem se saber efetivamente que atributos deveriam ser trabalhados e qual o nível de importância que os clientes lhes atribuíam. Isso se configura no que Mentzer, Flint e Hult (2001) chamam de ênfase no fornecedor e não no cliente.

O segundo estágio da elaboração do instrumento de coleta dos dados objetivou promover um levantamento dos atributos que são mais freqüentemente apontados na literatura em relação ao nível de satisfação do cliente. No terceiro estágio, buscou-se uma das empresas com distribuição intensiva no pequeno varejo do estado com o intuito de se realizarem sessões de *brainstorm* para discutir e analisar as variáveis que integrariam o questionário e, ao mesmo tempo, de que ela cedesse sua base de clientes para o estudo. Nesse estágio, três encontros foram realizados com intervalo de uma semana entre eles. No primeiro, foi apresentado o escopo da pesquisa e solicitou-se que cada um dos participantes apontasse atributos do nível de serviço logístico, importantes para o nível de satisfação do cliente do pequeno varejo; e, ademais, que indicasse outras questões relevantes que pudessem oferecer um bom quadro analítico do canal. O procedimento de ausculta assemelha-se em sua essência ao aplicado por Marr (1994), Mentzer, Flint e Hult (2001) e Stank, Daugherty e Ellinger (1997).

No encontro seguinte, o coordenador relatou uma síntese das proposições iniciais do grupo acrescentada de atributos complementares da literatura logística. Buscou-se nessa sessão consolidar um conjunto de atributos que pudessem ser apreciados e avaliados pelos pequenos varejistas. A lista final agregou atributos considerados importantes do ponto de vista da literatura e do ponto de vista do grupo.

No terceiro encontro foram apresentadas as questões vinculadas a cada atributo, formatadas para o questionário final. Nesse momento, foram realizados pequenos ajustes. Ao grupo de gestores não foi atribuído poder de veto para nenhum dos atributos importantes colocados na literatura. Isso quer dizer que a inclusão ou não de um atributo foi de responsabilidade exclusiva dos pesquisadores. Num estudo dessa natureza, o índice de respostas é limitado pelo número de questões envolvidas. As sessões realizadas com os gestores promoveram o enriquecimento do estudo, por meio da introdução de questões relevantes para a pesquisa, da linguagem adequada do questionário e da própria visão de quem tem contato diário e trata dos problemas com os clientes do pequeno varejo. O Quadro 1 apresenta a lista dos atributos que foram objeto de avaliação neste artigo.

Quadro 1 — Lista de atributos com avaliação de importância e percepção

Lista de atributos com avaliação do grau de importância e do nível de serviço dos fornecedores percebidos pelos varejistas
1. Qualidade do atendimento oferecida pelos vendedores (cordialidade, clareza e presteza nas informações).
2. Regularidade do prazo de entrega (receber no dia prometido pelo fornecedor).
3. Qualidade do serviço de entrega (informação, atenção, cordialidade, agilidade, presteza).
4. Assistência pós-venda (tratamento de avarias, trocas, devoluções, reclamações).
5. Entrega completa com todos os itens, sem erros de quantidade, sem produtos trocados, mercadoria vencida, avariada, e sem erros na nota fiscal.
6. *Merchandising* (arrumação, limpeza, reposição de prateleiras, mostradores, gôndolas, material promocional e outras orientações).
7. Acesso fácil e direto aos funcionários de seu fornecedor (supervisores e gerente comercial, pessoal da área de entregas, da área financeira, diretores).
8. Flexibilidade (diferentes possibilidades de negociação de preços e prazos, desconto por quantidade e descontos promocionais).
9. Pedidos extras, fora dos dias de visita, de diferentes produtos e quantidades.
10. Limite de crédito oferecido (valor máximo para compra a prazo).

No questionário foram incluídas duas perguntas para cada atributo apresentado no Quadro 1. A primeira argüia da importância que o varejista conferia ao atributo em função de seu negócio. A avaliação da importância do atributo foi realizada usando-se uma escala Likert de cinco pontos (muito importante, importante, medianamente importante, pouco importante e não importante). A segunda solicitava que o varejista avaliasse seus fornecedores em relação ao mesmo atributo. Foi apresentada ao cliente uma lista fechada com as dez principais empresas distribuidoras na área de alimentos, produtos de limpeza e higiene pessoal com atuação amplamente difundida no estado. Cada respondente pôde fazer sua avaliação atribuindo uma nota que variava em números inteiros de 0 a 5. A lista das dez maiores empresas foi obtida da relação dos 100 maiores contribuintes do imposto sobre circulação de mercadorias (ICMS) no estado em 2004.

A formatação inicial do questionário foi submetida a um pré-teste envolvendo 40 pequenos varejistas. A amostra para o pré-teste foi escolhida aleatoriamente dentre pequenos varejistas atuantes na área de alimentos, limpeza e higiene pessoal, em quatro bairros diferentes. Uma equipe com três assistentes de pesquisa foi treinada para a aplicação do questionário. Os assistentes poderiam entregar os formulários e recebê-los preenchidos em outro momento ou poderiam fazer a aplicação no momento da entrega. Em ambos os casos, os aplicadores foram orientados para conferir se todas as questões haviam sido respondidas e receber um *feedback* do respondente com relação ao grau de dificuldade, incompreensão do texto ou qualquer outro problema que pudesse conduzir a um preenchimento incorreto do questionário. Com os resultados, pequenos ajustes foram realizados no questionário e promoveu-se uma discussão das dificuldades encontradas pelos assistentes da pesquisa. A equipe de aplicadores foi orientada a dirigir-se diretamente ao proprietário ou ao gerente do negócio.

O fornecedor mantinha canais de distribuição diferenciados para clientes especiais e pequenos varejistas. O canal de clientes especiais – atacados, médios e grandes supermercados e redes de farmácias e drogarias – tinha equipe de vendas e esquema de entrega diferenciados. O critério de separação era potencial e por valores médios de compra. O presente estudo envolveu apenas o canal do pequeno varejo. Todos os pequenos varejistas atuam numa área urbana com população estimada de 480.000 habitantes. Nessa área, a empresa-suporte mantinha um cadastro de aproximadamente 660 clientes. A base de clientes cedida contemplava apenas clientes do pequeno varejo que realizaram compras nos três últimos meses anteriores ao início da pesquisa, perfazendo um total de 340 clientes.

O questionário foi encaminhado aos 340 clientes através da equipe responsável pela sua aplicação. A base dos clientes da empresa-suporte já veio estratificada por tamanho, considerado pela empresa-suporte como potencial e pela média de compras. Não há consenso na literatura sobre variáveis, limites e faixas para classificação das empresas por tamanho. O posicionamento por uma variável como número de empregados pode ser diferente do posicionamento por faturamento. Os conceitos de pequena, média e grande empresa têm significados distintos em distintas economias e não são consenso nem dentro do próprio país. A entidade americana Small Business Administration (SBA) considera 500 empregados como o limite entre pequenas e grandes empresas (MURPHY; DALEY e KNEMEYER, 1999). O estudo desses autores, ao comparar a logística de pequenas e grandes empresas, usou o número de 100 empregados como marca divisória. No Brasil, dificilmente os limites assumiriam essa ordem de grandeza. Após a coleta dos dados, foi elaborado um banco de dados com todas as respostas consideradas inicialmente válidas. Todo tratamento estatístico foi realizado utilizando-se o Statistical Package for the Social Science (SPSS), versão 12.0.

4. Resultados do estudo

Os resultados aqui apresentados refletem a apuração de 201 respostas válidas, representando um taxa de retorno de 59,12% do total de clientes da base de dados original. A classificação reflete o agrupamento de respostas por natureza do negócio. A classificação da natureza obedeceu a critérios locais de nominação dos estabelecimentos pela população. Os resultados indicaram que 56,7% dos estabelecimentos que participaram da pesquisa foram classificados como mercadinho/mercearia e 28,3% como padaria/loja de conveniência. A diferença entre o primeiro e o segundo grupo é que o segundo constitui-se também em uma indústria de panificação e costuma conter um *mix* de produtos mais limitado que os mercadinhos. Foram identificados outros estabelecimentos, como farmácias e lanchonetes, que comercializam produtos alimentares mas não usualmente classificados no varejo alimentar.

Quatro medidas foram utilizadas para determinar o porte das empresas pesquisadas. As medidas são: número de funcionários, número de caixas (*checkouts*), faixa de faturamento bruto mensal e a área de vendas. O Quadro 2 apresenta a distribuição dos estabelecimentos por número de funcionários e por número de caixas. O Quadro 3 mostra a distribuição de estabelecimentos pela área de vendas e pelo faturamento bruto mensal.

Quadro 2 — *Distribuição por número de funcionários e por número de caixas*

Nº de funcionários	Quantidade	%	Nº de caixas	Quantidade	%
5 ou menos	128	64,0	1	153	76,5
6 a 10	52	26,0	2	31	15,5
11 a 20	12	6,0	3	12	6,0
mais de 20	8	4,0	4 ou mais	4	2,0

Nos quadros apresentados, pode-se verificar que os varejistas se caracterizam por ter, em sua maioria, um número de empregados na faixa de 1 a 5 pessoas (64,0%), operam uma caixa (76,5%), disponibilizam uma área de vendas de até 100 metros quadrados e faturam entre 10.000 e 50.000 reais por mês. A média global de empregados por estabelecimento foi de 6,09 funcionários. O número médio de caixas por varejista foi de 1,35 caixa e a área média de vendas, 112,7 metros quadrados. Admitindo o ponto médio da faixa de faturamento para cada respondente, poder-se-ia afirmar que o faturamento médio mensal por estabelecimento seria de 34.723,62 reais.

Quadro 3 — Distribuição por área de vendas e por faturamento

Área de vendas (m²)	Quantidade	%	Faturamento mensal (R$ 1.000)	Quantidade	%
100 ou menos	132	67,7	Menos de 10	56	28,1
101 a 200	40	20,5	10 a 50	106	53,3
201 a 350	15	7,7	50 a 100	34	17,1
mais de 350	8	4,1	100 a 500	3	1,5

Com esses dados, é possível calcular três importantes medidas de produtividade no segmento do varejo alimentar. O faturamento por metro quadrado de área de vendas atingiria o valor de 308,11 reais. O faturamento médio mensal por caixa seria de 25.721,20 reais e por funcionário, 5.701,74 reais. Se forem consideradas as faixas de produtividade utilizadas em estudo do Sebrae (2004), os três índices de produtividade podem ser considerados baixos. O Quadro 4 compara os índices obtidos neste estudo com as faixas de produtividade referidas. Os três índices obtidos ficaram num padrão de baixa produtividade.

Quadro 4 — Comparação de índices de produtividade

Índice de produtividade	Índice utilizado no estudo Sebrae			Índice obtido na pesquisa
	Excelência	Padrão	Baixo	
Faturamento por m²	> 800,00	800,00 - 600,00	< 600,00	R$ 308,11
Faturamento por caixa	> 90.000,00	90.000,00 - 75.000,00	< 75.000,00	R$ 25.721,20
Faturamento por funcionário	> 20.000,00	20.000,00 - 15.000,00	< 15.000,00	R$ 5.701,74

4.1. Percepção do serviço pelos varejistas

Os varejistas foram instados a avaliar seus fornecedores em relação à lista dos dez atributos apresentada no Quadro 1. Depois de estabelecer o grau de importância do atributo, o respondente pôde avaliar, a partir de uma lista fechada, os dez fornecedores mais importantes com distribuição no varejo alimentar no estado. Sete deles estão na lista do *ranking* da Abad (2005) dos 100 maiores distribuidores do Brasil em 2005. Os demais não constam na lista por não disponibilizar seus resultados, mas pelo faturamento anual também fariam parte dela. A soma total do faturamento anual dos distribuidores avaliados no ano de 2004 foi próximo dos 3 bilhões de reais (de 2.825.736.000 reais). Cada distribuidor recebeu uma nota inteira variando de 0 a 5. O Quadro 5 mostra as médias obtidas para cada fornecedor em cada atributo. As melhores práticas de mercado (maior média em cada atributo) estão marcadas em negrito

Quadro 5 — Avaliação dos fornecedores em cada atributo e ranking global

Atributo	Médias das avaliações das empresas distribuidoras									
	A	B	C	D	E	F	G	H	I	J
Assistência pós-venda	2,77	3,44	2,99	3,34	**4,21**	3,36	3,65	3,49	3,44	3,75
Entrega completa	3,89	4,21	4,03	4,00	**4,36**	4,00	4,22	4,14	4,09	4,23
Negociação de preços e prazos	3,08	3,10	3,14	3,30	3,45	3,22	3,17	3,02	3,26	**3,48**
Merchandising	1,76	2,04	2,59	1,77	2,75	2,31	2,45	2,45	2,35	**2,91**
Atendimento dos vendedores	3,69	3,96	3,77	**4,24**	4,23	3,89	4,06	3,99	3,93	4,12
Regularidade do prazo de entrega	3,08	4,27	3,79	4,38	**4,51**	3,91	4,25	4,12	3,89	4,35
Serviço de entrega	3,86	4,03	3,91	4,28	**4,36**	4,06	4,22	4,09	4,04	**4,36**
Pedidos extras	3,30	3,69	3,53	3,88	3,71	**3,89**	3,62	3,51	3,63	3,77
Acesso direto ao fornecedor	2,98	3,37	3,31	3,30	**3,46**	3,29	3,36	3,32	3,39	**3,46**
Limite de crédito oferecido	4,47	4,55	4,65	**4,79**	**4,79**	4,61	4,63	4,63	4,71	4,75
Argumento Σ Avaliações	32,87	36,64	35,72	37,27	39,84	36,52	37,62	36,76	36,74	39,19
***Ranking* do serviço**	10	7	9	4	1	8	3	5	6	2

É importante considerar que cada varejista tem uma expectativa em relação ao nível de serviço oferecido por seus fornecedores em cada atributo e ela não se coloca necessariamente no patamar da pontuação máxima ou nos níveis das melhores práticas. Embora de difícil apreensão, os níveis de satisfação desejados pelos clientes em cada atributo poderiam ser estabelecidos por um processo investigativo mais específico. Assim mesmo, os referenciais médios globais (prática de mercado) e as melhores práticas são de grande utilidade para os fornecedores no planejamento de suas políticas de atendimento aos clientes, balizando as ações gerenciais nas áreas comercial e logística.

Quadro 6 — Resumo dos índices incluindo as melhores práticas.

Atributo	Grau de Importância	Média Global	Piores Práticas	Melhores Práticas	Máximo Pontos
Assistência pós-venda	3,9450	3,48	2,77	4,21	5,00
Entrega completa	3,9353	4,14	3,89	4,36	5,00
Negociação de preços e prazos	3,9100	3,23	3,02	3,48	5,00
Merchandising	3,8408	2,41	1,76	2,91	5,00
Atendimento dos vendedores	3,8259	3,99	3,69	4,24	5,00
Regularidade do prazo de entrega	3,8200	4,09	3,08	4,51	5,00
Serviço de entrega	3,7711	4,12	3,86	4,36	5,00
Pedidos extras	3,7000	3,64	3,30	3,89	5,00
Acesso direto ao fornecedor	3,3869	3,34	2,98	3,46	5,00
Limite de crédito oferecido	3,3800	4,66	4,47	4,79	5,00

O Quadro 6 resume para cada atributo o grau de importância, as práticas de mercado dadas pelas médias globais de avaliação do desempenho de todos os fornecedores, as piores e melhores práticas do mercado e a máxima pontuação. A comparação dos índices obtidos por um fornecedor com os resultados apresentados é reveladora do seu posicionamento no mercado e serve de base para o replanejamento das políticas e ações focadas no nível de satisfação de seus clientes. A Figura 1, apresentada a seguir, estabelece um quadro comparativo do posicionamento de um fornecedor em relação a quatro balizamentos oferecidos pelo mercado, revelando as lacunas (gaps) existentes entre essas práticas.

Figura 1 — Diferentes gaps percebidos pelos clientes

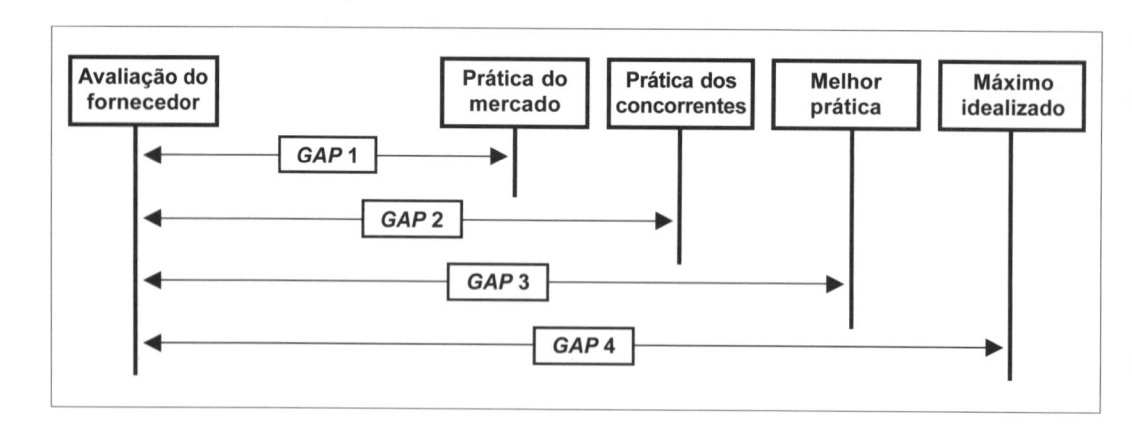

A avaliação das percepções dos clientes produz um rico conjunto de informações sobre os níveis de serviço prestados. Na medida em que foram avaliados os dez mais importantes fornecedores do pequeno varejo alimentar da região, foi possível estabelecer a prática de mercado, a prática dos concorrentes e as melhores práticas em cada um dos atributos avaliados. Os varejistas avaliaram seus fornecedores, um a um, conferindo-lhes uma nota de inteira de 0 a 5 em cada atributo. Para cada fornecedor, em cada atributo, foi apurada a média das avaliações. O Quadro 5 apresentou um resumo das avaliações. O fornecedor que tem a melhor média (assinalada em negrito) em um atributo pode ser considerado como referência (*benchmarking*) para o mercado naquele atributo específico. O conjunto formado pelas médias mais altas dos atributos corresponde às melhores práticas.

A prática de mercado corresponde à média obtida da avaliação de um atributo, independentemente de quem seja o fornecedor. Ela revela a média das percepções de todos os clientes em relação a todos fornecedores para cada atributo. Por sua vez, a prática da concorrência é obtida quando do quadro geral das avaliações de um atributo são retiradas as avaliações em relação a um determinado fornecedor. A média das avaliações dos demais corresponderá à prática média dos concorrentes obtida para aquele atributo. A prática média da concorrência indica a lacuna que um fornecedor tem em relação à prática da concorrência.

A partir da avaliação individual dos fornecedores em determinado atributo, é possível obter-se a posição de cada um deles em relação ao mercado. A Figura 1 mostrou os *gaps* existentes entre a percepção dos clientes sobre um fornecedor e o conjunto global de percepções. O *gap* 1 revela o distanciamento entre a prática do fornecedor e a prática média do mercado. O *gap* 2 mostra quão distante estão as práticas de um fornecedor em relação às de seus concorrentes. O *gap* 3 traduz quanto um fornecedor precisaria avançar para alcançar a melhor prática de mercado em determinado atributo. Finalmente, o *gap* 4 situa o fornecedor em relação ao máximo escore possível na escala de avaliação. Se a estratégia a ser tomada por uma empresa é fundamentada no nível de serviço prestado ao cliente, as informações sobre os *gaps* são vitais para a concepção das alternativas a ser empreendidas. Se a estratégia tem outro embasamento, as informações, na pior das hipóteses, posicionariam a empresa em relação à concorrência. A análise da importância dos atributos conjugada com a análise dos *gaps* proporciona ao gestor a elaboração de uma matriz de oportunidades para cada fornecedor.

4.2. A matriz de oportunidades

A matriz de oportunidades leva em consideração os graus de importância conferidos pelos clientes ao atributo e os *gaps* existentes. O grau de importância é conferido ao atributo independentemente de quem seja o fornecedor. O *gap* em cada atributo varia de fornecedor para fornecedor e depende da avaliação que cada um recebeu de seus clientes. Nesta análise serão considerados os *gaps* em relação às melhores práticas do mercado. O balizamento oferecido pelas melhores práticas é, para o fornecedor, o mais significativo dentre as opções mostradas na Figura 1. Dois argumentos jogam a favor dessa escolha. Primeiro, porque a referência reflete uma posição reconhecida como *benchmarking* para o mercado; segundo, porque não se trata de uma referência idealizada; sendo um nível de serviço já alcançado por uma empresa concorrente no mercado, a viabilidade de seu alcance fica demonstrada. O *benchmarking* pode ser definido como "um procedimento sistemático para identificação da melhor prática e para a modificação do conhecimento existente, de modo a alcançar um desempenho superior" (BOWERSOX e CLOSS, 2001, p. 386).

A combinação da importância do atributo com o tamanho do *gap* revela quatro situações extremas. A primeira conjuga alta importância com alto *gap*, destacando ótimas oportunidades de melhoria (primeiro quadrante). Aqui estão as oportunidades com alto potencial de alcance e com alta repercussão na percepção dos clientes. No extremo diametralmente oposto, tem-se baixa importância com baixos *gaps*, indicando que os clientes perceberam esses atributos como menos importantes e há pouco a alcançar em relação às melhores práticas. Nesse quadrante (terceiro), há pouco a avançar porque os *gaps* são menores e as repercussões seriam baixas em função da menor importância dos atributos na forma percebida pelos varejistas.

Figura 2 — Matriz de oportunidades reguladas pela percepção dos clientes

Grau de importância		
ALTO	Segundo Quadrante **Pouco a alcançar com alta repercussão**	Primeiro Quadrante **Muito a alcançar com alta repercussão**
BAIXO	Terceiro Quadrante **Pouco a alcançar com baixa repercussão**	Quarto Quadrante **Muito a alcançar com baixa repercussão**
	BAIXO　　　*Gap* em relação às melhores práticas　　　ALTO	

O segundo quadrante conjuga alta importância com baixos *gaps*, o que é um indicador prioritário, mas há pouco a alcançar em relação às melhores práticas. Nesse segmento, os diferenciais em relação às melhores práticas são pequenos; contudo, a expectativa era que repercutisse muito favoravelmente nos clientes varejistas. O quarto quadrante contempla baixa importância com alto *gap*; há muito o que alcançar em relação às melhores práticas, mas isso não é prioritário. Significa que há um longo caminho a percorrer, todavia, do ponto de vista da percepção dos clientes, o esforço repercutiria menos. A Figura 2 mostra os quadrantes, refletindo na vertical a importância em ordem decrescente, e na horizontal o tamanho dos *gaps* em ordem crescente.

É importante assinalar que a matriz de oportunidades apenas sugere rumos com base na percepção externa manifestada pelos clientes. Como pano de fundo aparece a questão custo *versus* benefício, isto é, onde se deve investir para aperfeiçoar a política de serviço ao cliente, de forma que eles percebam positivamente o esforço realizado. Quando essa situação é confrontada com questões internas de cada fornecedor, tanto podem surgir aspectos reafirmadores dos rumos apresentados pela matriz como fatores restritivos de ordem tecnológica ou organizacional.

Apesar da delimitação funcionalista da matriz em quadrantes, ela tem a intenção de fornecer uma estrutura para avaliação do posicionamento da empresa em relação aos concorrentes, tomando como parâmetro os *gaps* em relação às melhores práticas e o grau de importância atribuído a cada fator. Entretanto, os autores reconhecem que as necessidades logísticas de serviço ao cliente são dinâmicas pelas modificações que o produto e o setor podem sofrer ao longo do tempo, e também pela variação na percepção do cliente em relação ao serviço prestado. Qualquer aperfeiçoamento a ser introduzido deverá levar em conta as restrições impostas pela cultura e pelos recursos internos disponíveis; isso aponta, também, para a necessidade de realização de estudos longitudinais. A seguir, são analisadas duas matrizes elaboradas para fornecedores específicos.

4.3. Avaliação da matriz de oportunidades

O Quadro 5 apresentou o *ranking* das empresas distribuidores avaliadas pelo estudo. Duas empresas foram escolhidas para o desenvolvimento e análise da matriz. Foi escolhido o distribuidor com posição mais desfavorável na avaliação global, empresa **A**, *ranking* 10, e a empresa **D**, *ranking* 4, representando um distribuidor com posição intermediária dentre os demais. A eleição teve apenas fito ilustrativo. Os Quadros 7 e 8 apresentam um sumário da avaliação das empresas e seus *gaps* em relação à média da concorrência, melhores práticas (*benchmarking*) e os máximos idealizados.

Para a formação da matriz de oportunidades, os atributos são ordenados na vertical, em ordem decrescente, segundo o grau de importância atribuído pelos clientes. É importante observar que essa ordem permanece inalterada para qualquer uma das empresas avaliadas, dado que os clientes conferem importância ao atributo independentemente da empresa que o esteja oferecendo. Por outro lado, na horizontal, os atributos são ordenados de forma crescente segundo os *gaps* constatados pelo balizamento em relação às melhores práticas. Essa ordem poderá variar de uma empresa para outra, dependendo das notas de avaliação dadas pelos clientes, segundo sua percepção.

4.3.1. A matriz de oportunidades da empresa A

Com base nos resultados apresentados no Quadro 7, foi montada a matriz de oportunidades da empresa **A**. O menor *gap* observado em relação às melhores práticas foi o do atributo limite de crédito e o maior, assistência pós-venda. Isso significa que o melhor desempenho da empresa **A**, em relação ao *benchmarking*, foi no limite de crédito e o pior, na assistência pós-venda. No primeiro quadrante, recaem 3 atributos: assistência pós-venda, *merchandising* e atendimento dos vendedores; no segundo, entregas completas e flexibilidade de negociação de preços e prazos. No terceiro quadrante, coincidem: serviço de entrega, acesso direto ao fornecedor e limite de crédito; no quarto, regularidade do prazo de entrega e pedidos extras. A empresa **A** teve todos os atributos com *gap* maior que zero; isso é uma indicação que a empresa não é referência de melhor prática para nenhum dos atributos. É possível constatar que, à exceção do atributo flexibilidade de negociação de preços e prazos, todos os outros atributos referenciaram as piores práticas do mercado A Figura 3 mostra a matriz de oportunidades, incluindo os fatores e uma apreciação sucinta da situação da empresa em cada quadrante.

2 — Matriz de oportunidades para avaliação do nível de serviço da distribuição no pequeno varejo alimentar

*Quadro 7 — Gaps da empresa **A***

Atributo	Grau de Importância	Avaliação de A	Em relação às melhores práticas	Em relação à prática dos concorrentes	Em relação ao máximo idealizado
Assistência pós-venda	3,9450	2,77	1,44	0,76	2,23
Entrega completa	3,9353	3,89	0,47	0,27	1,11
Flexibilidade preços/prazos	3,9100	3,08	0,40	0,16	1,92
Merchandising	3,8408	1,76	1,15	0,69	3,24
Atendimento dos vendedores	3,8259	3,69	0,55	0,32	1,31
Prazo de entrega regular	3,8200	3,08	1,43	1,08	1,92
Serviço de entrega	3,7711	3,86	0,50	0,28	1,14
Pedidos extras	3,7000	3,30	0,59	0,37	1,70
Acesso direto ao fornecedor	3,3869	2,98	0,48	0,39	2,02
Limite de crédito oferecido	3,3800	4,47	0,32	0,21	0,53

Pela matriz de oportunidades da empresa **A**, os atributos que recaíram no primeiro quadrante devem receber a máxima prioridade nas diretrizes de aperfeiçoamento de sua política de serviço ao cliente. Atuando sobre os itens marcados com ☆, em consonância com a percepção dos clientes, a empresa **A** potencializaria ao máximo a repercussão de seu serviço nos clientes. Os atributos assistência pós-venda, *merchandising* e atendimento dos vendedores estão no grupo dos cinco maiores *gaps* (maiores oportunidades de crescimento de benefícios) e no grupo dos cinco atributos com maior importância (maior repercussão).

De forma diametralmente oposta, a menor prioridade seria investir no aperfeiçoamento do serviço através dos atributos marcados com ◎: serviço de entrega, acesso direto ao fornecedor e limite de crédito. Os três fazem parte dos menores *gaps* (em tese, a empresa teria um caminho menor a percorrer em relação às melhores práticas) e do grupo a que relativamente os clientes dariam menor importância.

*Figura 3 — Matriz de oportunidades para a empresa **A***

1º Quadrante ☆ Maiores *gaps* nos mais importantes atributos Pode alcançar maiores benefícios melhorando: *Assistência pós-venda* (**P**), *Merchandising* (**P**), *Atendimento dos vendedores* (**P**).	Assistência pós-venda									☆
	Entrega completa	⇕								
	Flexibilidade de preços e prazos	⇕								
	Merchandising								☆	
	Atendimento dos vendedores					☆				
2º Quadrante ⇕ Menores *gaps* nos mais importantes atributos. Pode alcançar algum benefício em: *Entregas completas* (**P**), *Flexibilidade*.	Regularidade do prazo de entrega									🔧
	Serviço de entrega				⊘					
	Pedidos extras								🔧	
	Acesso direto ao fornecedor			⊘						
3º Quadrante ⊘ Menores *gaps* nos menos importantes atributos Improvável alcançar benefícios em: *Serviço de entrega* (**P**), *Acesso direto* (**P**), *Limite de crédito* (**P**).	Limite de crédito oferecido	⊘								
	Melhor Prática (**M**) Pior Prática (**P**)	Limite de crédito oferecido	Flexibilidade preço/prazo	Entrega completa	Acesso direto ao fornecedor	Serviço de entrega	Atendimento dos vendedores	Pedidos extras	Merchandising	Regularidade do prazo de entrega	Assistência pós-venda
4º Quadrante 🔧 Maiores *gaps* nos menos importantes atributos Pode alcançar algum benefício em: *Prazo entrega regular* (**P**), *Pedidos extras* (**P**)	**Matriz de oportunidades empresa A**									

Os itens marcados do segundo quadrante, entregas completas e flexibilidade de negociação de preços e prazos, estão entre os atributos com menores *gaps* e bem cotados do ponto de vista da importância atribuída pela percepção dos clientes. Por outro lado, no quarto quadrante, coincidem os atributos regularidade do prazo de entrega e pedidos extras; estão entre os maiores *gaps*, mas, segundo a percepção dos clientes, adquirem uma prioridade menor.

4.3.2. A matriz de oportunidades da empresa D

O Quadro 8 apresenta os elementos necessários para a montagem da matriz de oportunidades da empresa **D**. Os atributos limite de crédito oferecido e qualidade do atendimento dos vendedores tiveram *gaps* iguais a zero; isso significa dizer que a empresa **D** é *benchmarking* na oferta desses serviços. O maior *gap* observado em relação às melhores práticas foi para o *merchandising*, significando que nesse atributo a empresa teve o pior desempenho.

No primeiro quadrante, recaem os atributos *merchandising*, assistência pós-venda, entrega completa e flexibilidade de negociação de preços e prazos. Pela matriz de oportunidades da empresa **D**, esses atributos devem receber a máxima prioridade nas diretrizes de aperfeiçoamento de sua política de serviço ao cliente. Atuando sobre os itens marcados com ☆, em consonância com a percepção dos clientes, a empresa **D** potencializaria ao máximo a repercussão de seu serviço nos clientes. Os quatro atributos entre os maiores *gaps* (maiores oportunidades de crescimento de benefícios) e entre os atributos com maior relevância para os clientes.

Quadro 8 — Gaps da empresa **D**

Atributo	Grau de Importância	Avaliação de D	Em relação às melhores práticas	Em relação * à prática dos concorrentes	Em relação ao máximo idealizado
Assistência pós-venda	3,9450	3,34	0,87	0,14	1,66
Entrega completa	3,9353	4,00	0,36	0,15	1,00
Flexibilidade preços/prazos	3,9100	3,30	0,18	-0,08	1,70
Merchandising	3,8408	1,77	1,14	0,68	3,23
Atendimento dos vendedores	3,8259	4,24	0,00	-0,27	0,76
Prazo de entrega regular	3,8200	4,38	0,13	-0,31	0,62
Serviço de entrega	3,7711	4,28	0,08	-0,17	0,72
Pedidos extras	3,7000	3,88	0,01	-0,25	1,12
Acesso direto ao fornecedor	3,3869	3,30	0,16	0,04	1,70
Limite de crédito oferecido	3,3800	4,79	0,00	-0,13	0,21

* Os *gaps* negativos indicam que a empresa já presta um serviço superior ao da concorrência.

Três atributos coincidem no terceiro quadrante. Regularidadde do prazo de entrega, serviço de entrega e pedidos extras, marcados com ◎, seriam os atributos com menor prioridade para o aperfeiçoamento do serviço. Os três fazem parte do grupo dos menores *gaps* (menor potencial a desenvolver em relação às melhores práticas) e do grupo de atributos com menor importância na percepção dos clientes (o aperfeiçoamento alcançaria repercussão menor). Ainda no terceiro quadrante, recaiu o atributo limite de crédito, sobre o qual a empresa **D** detém a melhor prática.

No segundo quadrante coincidiu o atributo qualidade do atendimento dos vendedores, sobre o qual a empresa **D** também detém a melhor prática de mercado. Restou, no quarto quadrante, o acesso direto ao fornecedor, com relevância menor em relação aos outros atributos e com um *gap* relativamente alto. A Figura 4 mostra a matriz de oportunidades construída. Um olhar mais apurado permite constatar que a empresa **D**, no atributo limite de crédito, respondeu com a melhor prática do mercado; já no quesito assistência pós-venda, seu desempenho ficou entre os mais baixos. A comparação dessas informações com o grau de importância dos dois atributos sugere que as prioridades estão invertidas – assistência pós-venda foi o campeão no *ranking* de importância e limite de crédito foi o último. Na melhor das hipóteses, caberia um redirecionamento dos esforços de aperfeiçoamento do nível de serviço.

Figura 4 — Matriz de oportunidades para a empresa D

1º Quadrante ☆ Maiores *gaps* nos mais importantes atributos Pode alcançar maiores benefícios melhorando: Merchandising, *Assistência pós-venda*, *Entrega completa*, *Flexibilidade*.	Assistência pós-venda									☆	
	Entrega completa			⇕				☆			
	Flexibilidade preço/prazo		⇕				☆				
	Merchandising										☆
	Atendimento vendedores				M						
2º Quadrante ⇕ Menores *gaps* nos mais importantes atributos. Pode alcançar algum benefício em: *Atendimento dos vendedores* (M).	Prazo de entrega regular					⊘					
	Serviço de entrega					⊘					
	Pedidos extras				⊘						
	Acesso direto ao fornecedor							⚐			
3º Quadrante ⊘ Menores *gaps* nos menos importantes atributos Improvável alcançar benefícios em: *Prazo de entrega regular*, *Serviço de entrega*, *Pedidos extras*, *Limite de crédito* (M).	Limite de crédito	M									
	Melhor Prática (M) Pior Prática (P)	Limite de crédito	Atendimento vendedores	Pedidos extras	Serviço de entrega	Prazo de entrega regular	Acesso direto fornecedor	Flexibilidade preço/prazo	Entrega completa	Assistência pós-venda	Merchandising
4º Quadrante ⚐ Maiores *gaps* nos menos importantes atributos Pode alcançar algum benefício em: *Acesso direto*.	**Matriz de oportunidades empresa D**										

5. Considerações finais

A matriz de oportunidades não representa uma verdade absoluta sobre as prioridades a ser definidas para cursos alternativos de aperfeiçoamento do serviço ao cliente. Ela representa, antes de tudo, com base na percepção dos clientes, um ordenamento para uma análise mais profunda e mais focada nos elementos que compõem o nível de serviço. Do ponto vista real, há outras condições internas da empresa que podem apoiar ou restringir o aperfeiçoamento desse ou daquele atributo. No entanto, a racionalidade oferecida pela matriz de oportunidades reflete os indicadores externos tão necessários à tomada de decisão. A matriz de oportunidades pode ser considerada um *input* para a avaliação das práticas de gestão do serviço ao cliente, para o planejamento logístico e de marketing — tomando o posicionamento da empresa em relação a seus concorrentes —, e para delinear cursos alternativos nas estratégias empresariais.

No caso do nível de serviço, a matriz ajuda a organização a formular uma estratégia logística que pode contribuir para a criação de uma vantagem competitiva. Os resultados apresentam uma contribuição para as organizações, na medida em que o estudo propõe uma matriz de oportunidades com indicadores externos para avaliação de seu posicionamento no mercado a partir dos níveis de satisfação dos clientes, o que pode contribuir para o desenvolvimento de uma estratégia para reduzir os *gaps* existentes entre suas práticas atuais e o *benchmarking* estabelecido pelas melhores práticas do mercado.

A matriz de oportunidades foi desenvolvida a partir da avaliação do posicionamento de cada empresa, tomando como referência os *gaps* em relação às melhores práticas e o grau de importância atribuído pelos clientes a cada um dos dez atributos que representam o nível de serviço prestado pelos fornecedores que atuam no setor de varejo. Pesquisas adicionais utilizando a matriz precisam considerar as configurações do setor e também as especificidades das empresas pesquisadas, o que pode levar a mudança nos atributos utilizados na avaliação do nível de serviço.

O estudo representa a percepção de agentes externos à organização, que é um indicador da expectativa do mercado em relação ao nível de serviço prestado pela empresa, servindo como parâmetro de avaliação do posicionamento da empresa em relação a seus concorrentes. A análise desse posicionamento é um insumo importante na formulação de uma estratégia, visando ao estabelecimento de uma política de serviço ao cliente pautada no planejamento logístico da distribuição. A matriz auxilia a organização a fazer uma auto-avaliação das práticas de gestão utilizadas pela empresa na distribuição física, contribuindo para a implementação de ajustes nos processos gerenciais vinculados à logística e ao marketing, como o objetivo de alcançar um nível de serviço ao cliente capaz de ajudar a empresa a se tornar *benchmarking* para o mercado.

Bowersox e Closs (2001) indicam que as convicções básicas do *benchmarking* envolvem a busca do aperfeiçoamento contínuo das operações de uma organização e a necessidade de identificação e estudo das melhores práticas do mercado. A primeira convicção envolve melhorias no ambiente interno, enquanto a segunda requer uma avaliação externa. A matriz de oportunidades proposta neste estudo está vinculada à segunda convicção, e considera-se que ela pode ser um insumo importante na avaliação interna do planejamento logístico e de marketing praticado pela empresa, o que pode implicar em ajustes nessas áreas, com o intuito de desenvolver uma competência logística como um recurso estratégico, uma vez que essa competência está intimamente relacionada ao nível de serviço oferecido pela organização.

Como afirmam Bowersox e Closs (2001, p. 86), "o serviço prestado ao cliente é o elemento essencial no desenvolvimento de uma estratégia logística". Os resultados sugerem que tanto atributos do serviço do marketing quanto atributos do serviço logístico são determinantes para o nível de satisfação ao cliente e que as dimensões logísticas assumem um grau maior de importância quando postas lado a lado. Os pequenos varejistas constituem o elo com menor poder na cadeia de distribuição do segmento alimentar. A condição do pequeno varejista se enquadra nas hipóteses levantadas e sustentadas pelo estudo de Emerson e Grimm (1998), no qual, quanto menor for o cliente e mais indireta for sua presença no canal, mais influentes serão os atributos logísticos no serviço ao cliente.

O estudo realizado pode contribuir para auxiliar tanto as empresas distribuidoras como os pequenos varejistas, uma vez que desenvolve um processo de avaliação do nível de serviço prestado ao cliente, além de propor uma matriz de avaliação do posicionamento das empresas no mercado a partir da percepção do cliente. Nesse sentido, a matriz de oportunidade pode ser utilizada na avaliação das estratégias logísticas articuladas com as estratégias mercadológicas.

Recomenda-se o desenvolvimento de estudos adicionais em outros segmentos do setor varejista utilizando a matriz de oportunidade para avaliar o posicionamento competitivo a partir da percepção do cliente.

Bibliografia

ABAD. Ranking 2005. **Revista Distribuição**, v. 13, n. 147, p. 70-173. São Paulo, 2005.

ACNIELSEN. **ACNielsen Censo 2000**: estrutura do varejo brasileiro. São Paulo, 2000.

BOWERSOX, D.J.; CLOSS, D.J. **Logística Empresarial**: o processo de integração da cadeia de suprimentos. São Paulo: Atlas, 2001.

DIDONET, S.R.; OLIVEIRA, L. C. P.; ROCHA, R. A. A utilização da logística como ferramenta estratégica: o caminho seguido e os resultados obtidos por uma empresa gaúcha do segmento metal-mecânico. In: ENANPAD, 26, 2002, Salvador/BA. **Anais...** Salvador/BA, ANPAD, 2002, 1 [CD-ROM].

ELLRAM, L. M.; LA LONDE, B. J.; WEBER, M. M. Retail logistics. **International Journal of Physical Distribution and Logistics Management**, v. 29, n. 7/8, p. 477-494, 1999.

EMERSON, C.; GRIMM, C. The relative importance of logistics and marketing customer service: a strategic perspective. **Journal of Business Logistics**, v. 19, n. 1, p. 17-32, 1998.

FLEURY, Paulo F.; LAVALLE, C. Avaliação do serviço de distribuição física: a relação entre a indústria de bens de consumo e o comércio varejista. **Tecnologística**, mai/jun, 1997.

GREEN, P. **Desenvolvendo Competências:** como vincular sistemas de recursos humanos a estratégias organizacionais. São Paulo: Qualitymark, 2001.

GRIFFIS, S. E.; COOPER, M.; GOLDSBY, T. J.; CLOSS, D. J. Performance measurement: measure selection based upon firm goals and information reporting needs. **Journal of Business Logistics**, v. 25, n. 2, p. 95-118, 2004.

HIJJAR, Maria F. Diagnóstico externo do sistema logístico: utilizando pesquisas de serviço do cliente para identificação de oportunidades de melhorias. **Tecnologística**, n.70, 2001.

IBGE, Censo 2000. Disponível em: http://www.ibge.gov.br/censo/. Acesso em 20 fev. 2006.

INNIS, D. E.; LA LONDE, B. J. Customer service: the key to customer satisfaction, customer loyalty, and market share. **Journal of Business Logistics**, v. 15, n. 1, p. 1-28, 1994.

LA LONDE, B. J.; COOPER, M.C.; NOORDEWIER, T.G. **Customer service: a management perspective**, Council of Logistics Management, Oak Brook, IL, 1988.

LA LONDE, B. J.; ZINSZER, P. H. **Customer service: meaning and measurement** (Chicago: National Council of Physical Distribution Management), 1976.

LAVALLE, C.; FIGUEIREDO, K.; HIJJAR, M. F.; ARKADER, R. Evolução do desempenho logístico das indústrias de bens de consumo: uma análise sob a perspectiva do varejista. **Tecnologística**, vol. 8, n.93, p. 72-79, 2003.

MARR, N. E. Do managers really know what service their customers require? **International Journal of Physical Distribution & Logistics Management**, v. 24, n. 4, p. 24-31, 1994.

MENTZER, J. T.; FLINT, D. J. G.; HULT, T. M. Logistics service quality as a segment-customized process. **Journal of Marketing**, v. 65, n. 4, p. 82-104, *2001*.

MENTZER, J. T.; DEWITT, W.; KEEBLER, J. S.; et al. Defining supply chain management. **Journal of Business Logistics**, v. 22, n. 2, p. 1-25, 2001.

MENTZER, J. T.; GOMES, R.; KRAPFEL, R. Physical distribution device: a fundamental marketing concept. **Journal of the Academy of Marketing Science**, v. 17, p.53-62, 1989.

MURPHY, P.; DALEY, J.; KNEMEYER, M. Comparing logistics management in small and large firms: an exploratory study. **Transportation Journal**, v. 38, n. 4, p. 18-25, 1999.

PRAHALAD, C.K.; HAMEL, G. The core competences of the corporation. **Harvard Business Review,** p. 79-91, May-June, 1990.

RUAS, R. Desenvolvimento de competências gerenciais e contribuição da aprendizagem organizacional. In: FLEURY, M.T.L.; OLIVEIRA Jr. M.M. **Gestão Estratégica do Conhecimento:** integrando aprendizagem, conhecimento, competências. São Paulo: Atlas, 2001. **Sebrae, Estudo de minimercados/lojas de vizinhança – Palmas/TO**, 2004. Disponível em: http://www.biblioteca.sebrae.br/bte/bte.nsf/minimercado.pdf. Acesso em: 20 fev. 2006.

STANK, T. P.; DAUGHERTY, P. J.; ELLINGER, A. E. Voice of the customer: the impact on customer satisfaction. **International Journal of Purchasing and Materials Management,** v. 4, p. 2-9, 1997.

3

Store equity: testando um modelo conceitual no varejo

Dalton Jorge Teixeira

Caio Cesar Giannini Oliveira

Magda Carvalho Pires

Resumo

Entender o comportamento dos compradores não é mais o suficiente para os varejistas desenvolverem suas estratégias de marketing. A literatura de marketing tem devotado considerável atenção no desenvolvimento da idéia de como os consumidores retêm a imagem de uma loja em particular em sua mente. Hartman e Spiro (2005) procuraram desenvolver, a partir do conceito de imagem de Martineau (1958), um novo atributo denominado de *store equity* – definido como o efeito diferencial do conhecimento de uma loja na resposta do consumidor às atividades de marketing dessa loja. O atributo tem seu conceito embasado na proposição de valor de marca no consumidor de Keller (1993). Este trabalho propõe e realiza um teste de um modelo no qual a lealdade à loja, a qualidade percebida, a lembrança da loja e a imagem da loja contribuem para a formação da *store equity* no consumidor em uma loja localizada em Belo Horizonte. O estudo mostra que o modelo *store equity* não é totalmente comprovável. O trabalho apresenta como limitações as dificuldades naturais de um *survey* como pesquisa estruturada e de campo e a verificação empírica realizada leva a questões que abordam a validade do modelo *store equity*.

1. Introdução

Entender o comportamento dos compradores não é mais o suficiente para os varejistas desenvolverem suas estratégias de marketing. É necessário saber o que está subentendido no processo de compra do consumidor; se ele realmente procura entender suas forças e fraquezas e aproveitar as vantagens e oportunidades do mercado, minimizando riscos (GREENBERG, 2004 p. 1).

Para Hartman e Spiro (2005), desde a introdução do conceito de imagem de loja de Martineau (1958) no desenvolvimento da personalidade do varejo, os pesquisadores de marketing têm devotado considerável atenção no desenvolvimento da idéia de como os consumidores retêm a imagem de uma loja em particular em sua mente (HARTMAN e SPIRO, 2005, p. 1112).

De acordo com diversos pesquisadores (KELLER, 1993; HARTMAN e SPIRO, 2005; MARTINEAU, 1958), a imagem da loja é definida na mente do comprador pelas qualidades favoráveis e por uma aura de atributos psicológicos.

Hartman e Spiro (2005, p. 11130) procuraram desenvolver, a partir do conceito de imagem, um novo atributo denominado de *store equity*, que é definido como o efeito diferencial do conhecimento de uma loja na resposta do consumidor às atividades de marketing dessa loja.

Esse atributo tem o conceito embasado na proposição de valor de marca no consumidor de Keller (1993, p. 2). O autor definiu o valor de uma marca baseado no consumidor como o efeito diferencial do conhecimento de uma marca nas respostas do consumidor às ações de marketing da marca. O conceito de efeito diferencial em marcas é definido por Hartman e Spiro (2005, p. 1114) pela comparação da resposta do consumidor às ações de marketing de uma marca com a resposta do consumidor às mesmas ações de marketing de uma empresa de nome fictício ou de uma versão de um produto ou serviço sem marca. Em se tratando de uma loja, Hartman e Spiro (2005) definem como efeito diferencial as respostas que os consumidores mostram acerca de uma loja específica quando comparada a uma categoria genérica de loja ou uma loja sem marca.

A proposta deste trabalho é testar um modelo no qual a lealdade à loja, a qualidade percebida, a lembrança da loja e a imagem da loja contribuem para a formação da *store equity* no consumidor em uma loja localizada em Belo Horizonte.

1.1. Observação

A obra de Hartman e Spiro (2005) é referencial principal para o desenvolvimento deste trabalho por se tratar de obra seminal de abordagem sobre *costumer-based store equity* na literatura de marketing. Faz-se necessário salientar que os autores, em seu trabalho, utilizam todo o texto na discussão do constructo sem, no entanto, apresentar uma constatação ou validação empírica desse estudo. Portanto, este trabalho pode ainda apresentar algum tipo de viés pelo fato de a produção acadêmica ainda não mostrar diferentes fontes que possam servir de parâmetro para os resultados descritos neste trabalho.

1.2. Justificativa

O trabalho seminal sobre *store equity* de Hartman e Spiro (2005), que serviu de base teórica para esta pesquisa, é um trabalho de cunho eminentemente teórico e não apresenta, em seu contexto, uma pesquisa empírica para validar o constructo sobre *store equity*. Dessa forma, justifica-se a iniciativa de tentar, através da presente pesquisa, executar um teste desse modelo em uma loja localizada em Belo Horizonte.

2. Fundamentação teórica

2.1. Conceito e componentes do *store equity*

A partir do conceito de Keller (1993) de *brand equity*, Hartman e Spiro (2005) afirmam que o *store equity* é medido levando-se em conta a maneira como os compradores reagem a determinada loja. Tal processo compreende, portanto, o entendimento do *costumer-based store equity*, que, para Hartman e Spiro (2005), é o valor agregado que as lojas apresentam aos compradores e os benefícios que esses compradores recebem dessa loja.

Bons índices de *store equity* implicam, dessa forma, que os consumidores têm um alto grau de lembrança da loja, mantêm uma imagem favorável da loja, percebem essa loja como sendo uma empresa de alta qualidade e são leais e favoráveis para com a loja (KIM e KIM, 2004, p. 117).

Store equity representa, assim, uma condição na qual os compradores são familiarizados com a loja e são capazes de – comparativamente – graduar essa loja baseados naquilo que recordam de sua experiência com a loja e a ela associam. Essa definição enfoca o comprador individual e sua reação às estratégias de marketing de uma loja particular (PITTA e KATSANIS, 1995, p. 53). Para Pitta e Katsanis (1995), sem o estabelecimento desse conjunto de conceitos na memória, é impossível construir a imagem da loja e, conseqüentemente, o *store equity*.

O aspecto mais importante da lembrança da loja é a formação da informação na memória. É necessário que exista, prioritariamente, um conjunto de conceitos relacionados aos elementos que o comprador registra em sua experiência de compra para construir a lembrança da loja antes mesmo que a associação da loja com essas características seja formada. Keller (1993, p.2) refere-se a esse grupo de conceitos como sendo *nodes* de memória.

2.1.1. Efeito diferencial

O efeito diferencial, de acordo com Hartman e Spiro (2005), é o primeiro componente da definição de *store equity*. De acordo com os autores, esse componente reflete a capacidade de, subjetiva ou objetivamente, o consumidor comparar alguns aspectos de um determinado elemento a outro elemento de características semelhantes. Hartman e Spiro (2005) lembram ainda que esse componente se refere à comparação pura e simples de uma rede de lojas e outras que porventura o consumidor conheça e consiga estabelecer associação ou relação com a determinada rede.

2.1.2. Conhecimento da loja

O conhecimento da loja é conceituado por Hartman e Spiro (2005) como o nome de uma loja, fixado na memória do consumidor, ao qual uma variedade de associações são encadeadas. A fase teorética para a conceituação de conhecimento da loja é a rede associativa da memória fixada ou encadeada que forma um esquema na memória do consumidor (KELLER, 1993, p. 2).

Paralelamente aos argumentos de marca – *brand equity* – propostos por Keller (1993), o conhecimento da loja compreende, como afirmam Hartman e Spiro (2005, p.1115), a lembrança da loja, medida pela força do nome da loja com um conjunto de conceitos que se relacionam entre si na rede de memória do consumidor, e a imagem da loja, que é medida pelos atributos associados à loja.

2.1.3. Respostas dos consumidores

O terceiro componente do constructo de *store equity* de Hartman e Spiro (2005) se refere às respostas dos consumidores diante das ações de marketing das empresas. Essas respostas podem ser descritas em termos de atitudes, preferências ou escolhas dos consumidores. É a comparação entre as reações dos consumidores ante as ações de uma determinada loja e as reações referentes às ações de outras lojas que permite a definição do *store equity*.

Dessa forma, de acordo com Hartman e Spiro (2005) e Keller (1993), uma loja tem *store equity* positivo quando os consumidores reagem de forma mais favorável às suas ações de marketing quando comparadas às reações dos mesmos consumidores a ações semelhantes de lojas sem identificação ou fictícias.

2.2. Imagem da loja

A imagem da loja pode ser definida como a percepção sobre uma loja, a qual determina respotas diferentes ao consumidor para diferentes lojas. Uma imagem positiva de loja é vital para a definição de um mercado-alvo, determinado pela posição da loja e proporcionando a medida de resposta do mercado (PITTA e KATSANIS, 1995, p.54).

Para Stern *et al.* (2001), pode-se distinguir três perspectivas de pesquisa sobre a imagem de uma loja:

1 — Perspectiva referente às qualidades funcionais. Essa é a perspectiva baseada em atributos tangíveis da loja, através dos quais a loja pode ser comparada objetivamente com a concorrência. Dentro dessa perspectiva, a imagem de uma

loja é considerada um elemento da estratégia do varejo controlável pela administração da loja.

2 — **Perspectiva referente à orientação psicológica.** Essa é a perspectiva que se baseia na imagem projetada na consciência do consumidor e é tratada a partir de constructos cognitivos ou emocionais, relacionada aos sentimentos dos consumidores. Esses sentimentos incluem senso da marca da loja, capacidade de evocação de valor e amizade excitante e interesse. Dessa perspectiva, a imagem da loja é determinada pelo consumidor.

3 — **Perspectiva referente à orientação complexa** – *Gestalt*. De acordo com essa perspectiva, a imagem é reflexo da configuração de atributos funcionais, percepção dos consumidores e atitudes. Essa perspectiva de estudo baseia-se na premissa de que a imagem de uma loja é uma interação dinâmica e complexa que inclui o somatório de atributos funcionais e psicológicos. Isso sugere que as pessoas não formam imagens estáticas de uma loja, mas que formam imagens mentais da loja a partir de estímulos.

Ao discorrer sobre os primeiros estudos realizados sobre essa temática, Enis (1967, p.1) enfatiza que uma importante contribuição sobre o conceito de imagem é dada por Kenneth Bouding em seu livro *The Image*. Seus estudos são datados de 1956 e conceituam imagem como o todo de todas as percepções sensoriais e navios de inter-relação de pensamento associado com uma entidade por uma realidade pelo indivíduo de forma que ele pode pensar na totalidade da entidade em questão (BOUDING, *apud* ENIS, 1967, p. 51) (tradução nossa).

Nesse mesmo texto, de acordo com Barbosa e Teixeira (2005), Bouding recorre a Walter Lippman, que, ao discutir a questão da imagem, afirma que ela é fruto da formação de quadros na mente da pessoa, ou estereótipos para dar significados definidos a coisas. As formas pelas quais uma entidade estimula a formação desses quadros ou dessas imagens ocorrem através de pensamentos, palavras, objetos, pessoas, tradições culturais, além de outros fatores. Para os autores, qualquer coisa que possa gerar experiências individuais pode contribuir para a formação de uma ou mais imagens na mente dos indivíduos.

2.3. Lealdade à loja

Lealdade, de acordo com Dick e Basu (1994), refere-se a uma atitude favorável em relação a uma marca que se manifesta na repetição da compra. É o relacionamento entre uma atitude relativa em relação a uma entidade e um comportamento repetitivo de patronagem. Lessig (1973, p. 72) considerou que tradicionalmente a lealdade de um cliente a uma loja tem sido descrita em termos de comportamento individual, dado pelo número de compras efetuadas em uma determinada loja como um percentual do total de compras desse cliente.

Para Wong e Sohal (2003), lealdade do consumidor pode ser descrita de forma geral ocorrendo quando os clientes repetidamente compram bens ou serviços e têm atitude favorável em relação ao bem ou serviço ou em relação à companhia fornecedora desse bem ou serviço. Sirgy e Samli (1985, p. 269) afirmam que a lealdade à loja é apresentada como resposta comportamental não probabilística expressa em relação ao tempo, pela unidade de tomada de decisão com respeito a uma ou mais lojas alternativas ou a um conjunto de lojas, como função de um processo psicológico. Porém, fica definido que o processo de recompensa mesmo consistente não é um indicador suficiente de lealdade. Alguma forma de comprometimento psicológico da parte do cliente é também um ingrediente necessário para a verdadeira lealdade à loja, como lembram Bloemer e Ruyter (1998). Os autores complementam afirmando que, para um comprometimento com a loja, é uma necessária uma condição para que a lealdade a loja possa ocorrer. No caso de ausência de comprometimento á loja, a lealdade patrona; é meramente espúria. Isto é, o comportamento de repetição de outra visita a loja é diretamente ligada ao principio da inércia. Para Bloemer e Ruyter (1998), portanto, o comprometimento a uma loja pode ser definido como uma firme confissão de um indivíduo com relação a sua escolha de uma loja. Como resultado de um processo decisório explícito extensivo como também um processo avaliativo, um consumidor torna-se comprometido com a loja,e portanto por definição torna-se leal à loja. Quando o processo decisório e o avaliativo não forem explicitados e muito limitados, o consumidor não se torna comprometido com a loja e não pode se tornar leal à loja.

Reynolds, Darden e Martin (1974, p.75) definem lealdade do consumidor como a tendência de uma pessoa de continuar através do tempo a exibir comportamento similar em situações similares às quais ele encontrou anteriormente.

Paralelamente a esse conceito, a lealdade a uma loja refere-se ao comportamento repetitivo de compras em uma determinada loja. Osman (1993, p.135) lembra que o consumidor que é leal a uma loja transforma essa loja em sua prioridade de visita em qualquer evento de compras possível. Para se definir o grau de lealdade a uma loja, o autor propõe a avaliação das seguintes variáveis: percentual de compras de uma específica categoria de produtos a uma dada loja; freqüência de visitas a uma determinada loja em relação a outras lojas dentro de um determinado período de tempo; índice de importância entre as lojas; propensão de o consumidor realizar compras nessa loja no futuro e a recomendação dessa loja pelo consumidor a seus amigos.

Para East *et al.* (1997) *apud* Bloemer e Ruyter (1998), lealdade a uma loja é o percentual de compras de uma categoria específica de produto em uma determinada loja. Já Bloemer e Ruyter (1998) definem lealdade à loja a uma resposta comportamental não randômica, isto é, uma revisita expressa ao longo do tempo por uma unidade de processo decisório (um comprador) com respeito a uma loja ou a um conjunto de lojas, sendo função de um processo psicológico resultando em um compromisso. Esses autores propõem que o compromisso com a loja é a condição necessária para que a lealdade à loja ocorra. Isso seria, então, resultado de um processo decisório explícito e extensivo, bem como um processo avaliativo em que um consumidor se torna compromissado com uma loja e, portanto, se torna leal a essa loja.

Para Schoröder *et al.* (2001, p 311), o conceito de lealdade a uma loja é definido pelo comportamento consciente de compras de um consumidor expresso através do tempo com respeito a uma loja ou a um conjunto de lojas no qual é influenciado pelo comprometimento com essa loja. Os autores definem comprometimento com uma loja como um permanente desejo de manter relacionamento com uma loja. No caso de ausência de comprometimento, um consumidor pode ser considerado mera e espuriamente leal; isso quer dizer que esse comportamento é dirigido pela inércia.

2.4. Lembrança da loja

A lembrança da loja é, de acordo com Keller (1993, p. 3), a habilidade do consumidor de reconhecer o nome da loja pela ativação de associações na memória que formam a imagem da loja para ele. A força da lembrança da loja é refletida pela habilidade de identificar uma loja sob diferentes condições, incluindo aí o reconhecimento da loja ou a habilidade de reconhecer exposições previstas para uma loja quando lhe é fornecido o nome da loja como uma pista, e a recordação da loja ou a habilidade de recuperação quando é dada uma categoria de varejo ou qualquer outra pista.

Para Hartman e Spiro (2005), a lembrança de uma loja exerce um papel importante no processo decisório tendo em vista que pode ser importante para o comprador pensar a respeito de uma loja quando ele pensa sobre qualquer categoria de loja. Os autores afirmam ainda que a lembrança de uma loja pode influenciar na formação e fortalecimento da imagem de uma loja porque o nome da loja é associado a um grupo de conceitos – condição necessária para o estabelecimento da imagem da loja – e, portanto, tem a capacidade de afetar a maneira com a qual as associações de idéias podem estar ligadas ao nome da loja.

2.5. Percepção da qualidade

Qualidade pode ser definida e medida como declarações de confiança ou performance de atributos (CHURCHILL e SUPRENANT, 1982, p. 492). Para Parasuraman et al. (1988, p. 3), qualidade pode ser definida de forma geral como superioridade ou excelência e, por extensão, qualidade percebida pode ser definida como o julgamento do consumidor sobre a excelência total ou superioridade de um bem ou serviço.

Grönroos (1984, p. 38) define qualidade de serviços como um julgamento percebido, resultado de um processo de avaliação no qual os consumidores comparam suas expectativas com o serviço que eles perceberam ter recebido.

A qualidade percebida pelo consumidor tornou-se tópico de pesquisa significante na última década devido a sua relação aparente com a confirmação da satisfação do consumidor. No ambiente de varejo competitivo, a entrega de qualidade de serviço de alta performance foi tratada por muito tempo como estratégia básica de vendas. Gagliano e Hathcote (1994) classificaram os serviços oferecidos pelas empresas de varejo como "serviços de loja" e os enumeram como parte da variedade de mercadorias à disposição do consumidor. Uma loja representa um ambiente de varejo complexo, fornecendo uma mistura de mercadoria e serviços.

Mangold et al. (1993) desenvolveram pesquisa em uma loja de varejo, utilizando uma ferramenta de diagnóstico para identificar os níveis de qualidade de serviços dessa loja com o objetivo de verificar os níveis de qualidade de serviços que a loja oferece e determinar as áreas de serviços consideradas fracas e que necessitavam de mudanças para o alcance de melhoria da qualidade dos serviços. No estudo, emergiram seis dimensões de qualidade de serviços de varejo:1) interação pessoal dos funcionários com os consumidores; 2) políticas de marketing; 3) arranjo físico da loja; 4) promessas de campanha de vendas; 5) solução de problemas; e 6) conveniência.

De acordo com Mangold et al. (1993), a qualidade de serviço de uma empresa varejista é determinada por vários atributos relacionados a habilidade e esforço do administrador da loja. A experiência que o consumidor tem com a loja e as experiências que o consumidor tem com as mercadorias – incluída a capacidade de avaliação da qualidade dessas mercadorias – são, segundo Westbrook (1981) apud Dabkolkar et al. (1996, p. 4), fatores de avaliação da qualidade da loja.

Alguns dos fatores determinantes para o alcance da qualidade de serviços em uma loja incluem a freqüência do serviço demandado pelo consumidor, o layout da loja e a facilidade de transitar pela loja, a manutenção das prateleiras, consistência do estoque disponível e do sistema de entrega em domicílio, o crediário a política de trocas e devoluções de mercadoria, e facilidades de estacionamento e interação com os funcionários da loja.

Dabholkar et al. (1996) propõem que a qualidade de serviço em uma empresa de varejo tem uma estrutura de fator hierárquica. Consumidores percebem a qualidade de serviço no varejo a partir de três níveis: um nível dimensional, um nível global, e um nível substituto-dimensional. Dabholkar et al. (1996) propõem atributos de dimensão como os atributos físicos da loja, o nível de confiança e a interação pessoal.

A primeira dimensão, os aspectos físicos, refere-se às instalações físicas e à conveniência oferecida ao cliente pelo *layout* da loja e de outras das instalações físicas. A segunda dimensão, confiança, tem duas subdimensões nas quais os clientes vêem confiança como uma combinação da manutenção de promessas ao consumidor e a disponibilidade de mercadoria no momento da compra. A terceira interação pessoal é a maneira como os empregados estão empenhados no relacionamento com os clientes da loja.

As lojas de varejo geralmente variam em termos de qualidade das mercadorias comercializadas; e isso tem sido considerado como importante fator na determinação da imagem da loja e das atitudes dos consumidores. Quando os consumidores compram produtos de alta qualidade, que geralmente são mercadorias de preços elevados, eles esperam ter um alto nível de serviços acompanhando a venda dos produtos. Esses serviços agregam valor a esses produtos de alta qualidade e preço. Em contraste, itens de baixa qualidade são geralmente vendidos a baixo preço com baixos custos de funcionamento da loja, o que para o raciocínio do consumidor vem acompanhado de serviços de baixa qualidade (HOMBURG et al. 2002, p. 91).

2.6. Operacionalização do *costumer-based store equity*

Duas abordagens básicas podem ser utilizadas para medir o *customer-based store equity*; elas são métodos complementares e podem ser utilizadas em conjunto. O primeiro método, denominado de abordagem indireta, é o de ter acesso às fontes potenciais do *store equity* pela medição do conhecimento da loja pelo consumidor. O método direto é desenvolvido por meio da análise do impacto do conhecimento da loja nas respostas do consumidor às atividades de marketing da loja Na utilização do método indireto, foram incluídas as medidas de lembrança da loja e lealdade à loja, enquanto o método direto requer a construção de um *design* experimental em que grupos experimentais respondem a um elemento do programa de marketing de uma loja real. O grupo de controle responde ao mesmo elemento do programa de marketing atribuído a um nome fictício de loja ou a uma versão de loja sem nome (HARTMAN e SPIRO, 2005, p. 1117).

2.6.1. Definição dos termos da pesquisa

Store equity — *Store equity* é o valor agregado que as lojas apresentam aos compradores e os benefícios que esses compradores recebem dessa loja, representando, assim, uma condição na qual os compradores são familiarizados com a loja e são capazes de – comparativamente – graduar essa loja baseados naquilo que recordam de sua experiência com a loja e a ela associam.

Lembrança da loja — A lembrança da loja é, de acordo com Keller (1993, p. 3), a habilidade do consumidor de reconhecer o nome da loja pela ativação de associações na memória que formam a imagem da loja para ele.

Imagem da loja — A imagem da loja pode ser definida como o conjunto de percepções de caráter funcional e psicológico sobre a loja pelos consumidores.

Qualidade percebida da loja — A qualidade percebida da loja pode ser definida como o julgamento do consumidor sobre a excelência total ou superioridade dos bens e serviços oferecidos pela loja, compreendendo, portanto, atributos físicos e de experiência percebidos pelo consumidor.

Lealdade à loja — A lealdade a uma loja é representada pelo comportamento de repetição de compras naquele espaço por parte do consumidor, acompanhado de avaliação positiva da qualidade percebida acerca da loja.

As quatro dimensões — 1) lembrança da loja; 2) imagem da loja; 3) qualidade percebida da loja; e 4) lealdade à loja — são consideradas para a formação do *store equity*.

Figura 1 — Os componentes do store equity

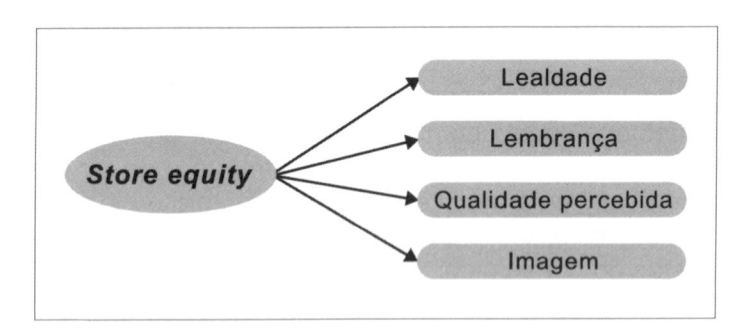

Fonte: elaborada pelos autores.

3. Objetivos da pesquisa

Testar um modelo estruturado a partir das propostas de Hartman e Spiro (2005) no qual a lealdade da loja, a qualidade percebida, a lembrança da loja e a imagem da loja contribuem para a formação do *store equity* no consumidor, levando-se em conta uma loja localizada no Barreiro, um dos maiores bairros de Belo Horizonte.

4. Metodologia

O trabalho foi desenvolvido em duas etapas: na primeira etapa, de natureza qualitativa, foi desenvolvido um estudo exploratório que contou com a participação de um grupo de alunos e alunas do *campus* do Barreiro da PUC-Minas, que visitam com freqüência o Via Shopping para explorar e confirmar o conceito de dimensões e atributos para o desenvolvimento do instrumento de coleta de dados a ser aplicado na segunda etapa da pesquisa. Esta modalidade de estudo possibilita a composição de um diagnóstico da situação investigada, pois trata-se de aprofundar conceitos preliminares, muitas vezes inéditos, que segundo Pinsonneault e Kraemer (1993), possibilitam identificar elementos que dizem respeito, provavelmente, à população-alvo escolhida, considerada como compradores que elegem as lojas, e quais são as características do *store equity*, aprimorando, dessa forma, a formulação e a mensuração dos conceitos. Seu objetivo precípuo é desenvolver as hipóteses e as proposições que irão redundar em pesquisas complementares (YIN, 2001). Na segunda etapa da pesquisa de caráter descritivo foram aplicados 225 questionários estruturados e auto-administrados aos alunos e alunas do *campus* do Barreiro da PUC-Minas.

4.1. População da pesquisa

A população da pesquisa foi constituída por estudantes universitários, com idade superior a 18 anos, que fazem as compras de produtos e serviços para seu uso pessoal ou para o de membros de sua família na loja do centro de compras Via Shopping, localizado no bairro do Barreiro, em Belo Horizonte, Minas Gerais.

A escolha da operacionalização da pesquisa com esse público deve-se ao fato de observar-se que os referidos estudantes mantêm o hábito de freqüentar o Via Shopping – centro de compras onde a loja Emoreira está localizada – em virtude de esse centro abrigar a estação de ônibus que centraliza a distribuição dos passageiros do sistema de transporte coletivo da região onde o *campus* está localizado. A utilização de estudantes em pesquisas como fonte de experimentos voltados para a compreensão do comportamento do consumidor é uma prática bastante difundida na literatura.

As principais vantagens oferecidas da utilização de amostras compostas por estudantes são de economia pelo baixo custo da pesquisa, pela conveniência, pois esse tipo de respondente geralmente tem maior facilidade de seguir instruções rapidamente e de forma mais acurada (Enis et al. 1972, p. 72). Apesar das críticas apontadas por Cunningham et al. (1974) de que os padrões de resposta não refletem com precisão o comportamento de compras de outros tipos de consumidores, Sheth (1970), Enis et al. (1972) e Clevenger Jr et al. (1965) sustentam que a utilização de estudantes em pesquisas não apresentam inconvenientes, pois os resultados encontrados em seus trabalhos revelam um grau de similaridade observada no comportamento dos estudantes com os outros tipos de consumidores em seu processo de compra.

4.2. Técnica de amostragem e determinação do tamanho da amostra

A técnica de amostragem utilizada foi a da amostragem por conveniência, que segundo Malhotra (2006, p. 326) é a técnica utilizada quando a seleção das unidades amostrais é deixada em grande parte a cargo do entrevistador, pois com freqüência os entrevistados são escolhidos porque se encontram no lugar exato no momento certo. Os questionários foram respondidos por 225 alunos, o que vai ao encontro da proposta de Hair et al. (2005, p. 485), na qual o tamanho adequado de uma amostra para o desenvolvimento de equações estruturais deve ser da ordem de 200 elementos. Considerando a recomendação de cinco a dez casos por parâmetro (Hair et al., 2005), o tamanho da amostra de 225 seria, portanto, considerado satisfatório, como posteriormente na análise dos dados foi comprovado.

4.3. Operacionalização da pesquisa

A pesquisa foi executada obedecendo-se às seguintes etapas: elaboração do questionário; pré-teste do questionário; modificações no questionário; aplicação do questionário definitivo.O questionário definitivo foi aplicado a um montante de 225 alunos que fazem ou já fizeram compras na loja Emoreira do Via Shopping – centro de compras localizado no bairro do Barreiro, em Belo Horizonte, Minas Gerais.

A pesquisa de campo foi realizada com base em um questionário estruturado com questões fechadas sobre o comportamento de compras dos respondentes – sempre em referência da loja escolhida. De acordo com a estrutura da pesquisa, cada respondente foi solicitado a preencher o questionário para a loja Emoreira instalada no Via shopping no bairro do Barreiro em Belo Horizonte – da qual ele poderia certamente se lembrar de sua mais recente visita (KIM e KIM, 2004 p.122).

Especificamente na parte 3 do questionário, as questões visavam, por meio de escalas de cinco pontos do tipo Likert, a identificar a importância atribuída pelos respondentes a diferentes aspectos. Malhotra (2001) lembra que a escala de Likert mede, com cinco categorias de respostas que vão de discordo totalmente a concordo totalmente, o grau de concordância ou discordância do respondente para com afirmações relacionadas com os objetos de estímulo. Neste trabalho, a escala foi modificada para variar entre pouco importante e muito importante.

As perguntas do questionário aplicado procuraram identificar a composição dos aspectos preponderantes no composto de valor de uma loja, sua relação com os itens do constructo e com as ações percebidas de marketing da loja e o peso desses itens na decisão de fazer a compra na loja.

A escala de *store equity* foi adaptada das escalas desenvolvidas por Aaker (1996) Kim *et al.* (2003) e Keller (1993). É importante notar que, para a construção da escala utilizada nesta pesquisa, também foram realizadas adaptações de pesquisas referentes à marca de produtos e serviços, como as de Prasad e Dev (2000) e Kim e Kim (2004).

5. Coleta e tratamento dos dados

5.1. Análise descritiva dos dados coletados

Um total de 225 questionários foram respondidos. O montante de mulheres que responderam o questionário foi de 177, o que representa 79% do total de respondentes; e 48 homens responderam o questionário, o que equivale a 21% do total.

Com relação à idade dos respondentes, tem-se que, dentre os 48 homens que responderam o questionário, 25 (52%) têm idade entre 18 e 25 anos, enquanto 20 (42%) têm entre 26 e 35 anos e apenas três (6%) têm 36 anos ou mais. Já entre as mulheres, a distribuição se deu da seguinte forma: 110 (62%) respondentes têm idade que varia de 18 até 25 anos; 58 (33%) respondentes têm entre 26 e 35 anos e 9 (5%) respondentes têm 36 anos ou mais.

A distribuição etária e de sexo entre homens e mulheres que responderam o questionário reflete o público da loja. O *mix* de produtos oferecido pela loja pesquisada contempla de forma mais adequada o público feminino.

5.2. Análise estatística dos dados coletados

O modelo do *store equity* foi estimado seguindo-se a abordagem em duas etapas, sugerida por diversos autores (ANDERSON e GERBING, 1988; KLINE, 1998; HAIR *et al.*, 2005), que consiste na estimação do modelo de mensuração e posterior estimação do modelo estrutural.

O modelo de mensuração, obtido através da análise fatorial confirmatória (CFA), é particularmente útil na validação de escalas para a mensuração de constructos específicos. Para garantir que o constructo seja invariante sob escala (ou seja, os indicadores de um constructo sejam "padronizados" de modo que tornem os constructos comparáveis), uma opção é fixar uma das cargas em cada constructo no valor de 1 (HAIR *et al.*, 2005).

5.2.1. Modelo de mensuração

A matriz de entrada de dados utilizada foi a matriz de correlação policórica, indicada quando as variáveis são medidas ordinais com três ou mais categorias. A normalidade dos dados, suposição que deve ser atendida para a utilização do método de estimação de máxima verossimilhança, foi verificada através do cálculo da assimetria (mede o grau em que a distribuição tende para um dos lados) e curtose (mede o grau de achatamento da curva de distribuição) das variáveis. De acordo com Hoyle (1995), valores de assimetria menor ou igual a 2 e curtose menor ou igual a 7 são suficientes para considerar que a distribuição é normal. A assimetria variou de −1,900 a 0,796 e a curtose de −1,376 a 2,617.

A princípio, os 24 itens seriam utilizados como indicadores dos constructos Lealdade, Lembrança, Qualidade Percebida e Imagem. Porém, uma análise fatorial demonstrou que os itens 8, 9, 20, 21, 22, 25, 26 e 28 do questionário não eram condizentes com tais fatores. A retirada desses itens favoreceu o ajuste do modelo de mensuração.

As medidas de ajuste do modelo demonstraram um ajuste satisfatório, de acordo com as recomendações de Hair (2005). A estatística c^2 foi significativa (c^2=263,06; gl=98; valor-p=0,000), mas a razão entre o qui-quadrado e o número de graus de liberdade (c^2/gl=2,68) é menor que o limite superior de 5. O índice de qualidade do ajuste (GFI=0,913) e o índice de ajuste não normado (NNFI=0,902) foram superiores a 0,90 e, portanto, satisfatórios. O índice de qualidade de ajuste calibrado (AGFI=0,879) se encontra bem próximo ao valor recomendado de 0,90. A raiz do resíduo quadrático médio (SMSR=0,059) e a raiz do resíduo quadrático médio de aproximação (RMSEA=0,056) também se encontram em níveis aceitáveis.

Conforme recomendação de Garver e Mentzer (1999), a mensuração de cada contructo deve ainda ser avaliada quanto à unidimensionalidade, à confiabilidade, à validade convergente e à validade discriminante.

A unidimensionalidade foi analisada através da avaliação dos resíduos padronizados, estimados em análises fatoriais confirmatórias realizadas separadamente por constructos. Nesta avaliação, a unidimensionalidade do constructo foi determinada pela existência de resíduos padronizados relativamente baixos.

A confiabilidade foi analisada pelo cálculo de confiabilidade composta (CO) e de variância extraída (VE), através da soma das cargas das variâncias padronizadas e dos erros de mensuração das variáveis (HAIR et al., 2005). Os valores encontrados para Lealdade (CO=0,63; VE=0,40), Lembrança (CO=0,65; VE=0,28), Qualidade Percebida (CO=0,76; VE=0,52) e Imagem (CO=0,74; VE=0,49) merecem atenção. A confiabilidade composta está em torno de 0,70 e a variância extraída em torno de 0,50, com exceção do constructo Lembrança, que indica que 72% da variância dos indicadores especificados não é explicada pelo constructo. Esse fato pode indicar a necessidade de explorar cargas adicionais para Lembrança, mas outras cargas não se mostraram significativas neste estudo.

A validade convergente foi verificada e considerada aceitável através do exame das cargas estimadas e avaliação da significância de cada uma, a partir dos respectivos valores da estatística t.

Para verificar a validade discriminante, a variância extraída de cada constructo foi comparada com suas variâncias compartilhadas (o quadrado do coeficiente de correlação apresentado na Tabela 1) com os demais constructos, como descrito por Fornell e Larcker (1981). Quando o constructo apresenta variância extraída maior que a variância compartilhada, há validade divergente e, portanto, trata-se de dois constructos distintos. A validade discriminante foi considerada positiva, pois todos os constructos apresentaram variâncias extraídas maiores do que as respectivas variâncias compartilhadas.

Tabela 1 — Comparação de cada constructo com suas variâncias

	Lealdade	Lembrança	Qualidade Percebida	Imagem
Lealdade	1,000			
Lembrança	0,521	1,000		
Qualidade Percebida	0,489	0,400	1,000	
Imagem	0,665	0,453	0,620	1,000

Fonte: elaborada pelos autores.

O modelo de mensuração, portanto, é considerado satisfatório.

5.2.2. Modelo estrutural

Definido o modelo de mensuração, o modelo estrutural é estimado através dos coeficientes do diagrama de caminhos. A Figura 2 apresenta o diagrama que ilustra as relações propostas. O constructo *Store Equity* é classificado como de segunda ordem, sendo o ajuste do modelo realizado conforme Marsh e Hocevar (1985) recomendam.

Figura 2 — Diagrama de relações

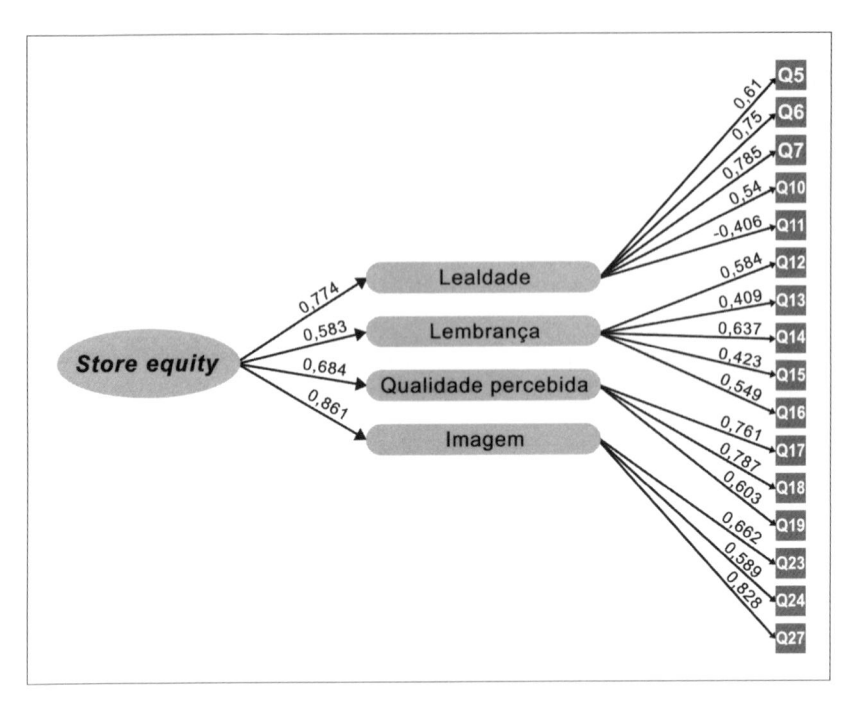

Fonte: elaborada pelos autores.

A robustez e a dimensionalidade dos constructos são satisfatórias, pois não há variáveis latentes com apenas um indicador. Há 16 variáveis observadas e cinco variáveis latentes, o que corrobora a sugestão de Bollen (1989), de que cada variável latente deve ser medida por um mínimo de três ou quatro indicadores. A unidimensionalidade dos constructos é ainda verificada pela ausência de correlação entre os erros de mensuração e pela não inclusão de itens com cargas cruzadas, isto é, um mesmo item não é indicador de dois ou mais constructos distintos.

Conforme Jarvis *et al.* (2003), o modelo em estudo apresenta características formativas, ou seja, é esperado que variações nos itens causem mudanças no constructo ao qual eles estão vinculados. O modelo estrutural estimou 36 parâmetros. Considerando a recomendação de cinco a dez casos por parâmetro (HAIR *et al.*, 2005), o tamanho da amostra de 225 está satisfatório.

A Tabela 2 apresenta as estimativas padronizadas e significativas (t>1,96) do modelo.

Tabela 2 — *Estimativas padronizadas e significativas do modelo*

	Lealdade	Lembrança	Qualidade Percebida	Imagem	Store Equity	Erro/Variância
Q5	0,61					0,63
Q6	0,75					0,445
Q7	0,785					0,384
Q10	0,54					0,708
Q11	-0,406					0,835
Q12		0,584				0,659
Q13		0,409				0,833
Q14		0,637				0,594
Q15		0,423				0,821
Q16		0,549				0,698
Q17			0,761			0,421
Q18			0,787			0,38
Q19			0,603			0,637
Q23				0,662		0,562
Q24				0,589		0,653
Q27				0,828		0,314
Lealdade					0,774	0,148
Lembrança					0,583	0,225
Qualidade Percebida					0,684	0,308
Imagem					0,861	0,113
Store Equity						0,222

Fonte: *elaborada pelos autores.*

O modelo teve ajuste satisfatório, sendo $c^2=171,50$, gl=100 e, portanto, $c^2/gl=1,71$ é menor que o limite superior de 5. O índice de qualidade do ajuste (GFI=0,913) e o índice de ajuste não normado (NNFI=0,902) foram superiores a 0,90 e, portanto, satisfatórios. O índice de qualidade de ajuste calibrado (AGFI=0,881) se encontra bem próximo ao valor recomendado de 0,90. A raiz do resíduo quadrático médio (RMSR=0,060) e a raiz do resíduo quadrático médio de aproximação (RMSEA=0,056) também se encontram em níveis aceitáveis.

6. Conclusão

A princípio, o teste mostrou que o modelo de mensuração da lealdade à loja, a qualidade percebida, a lembrança da loja e a imagem da loja mostrou-se satisfatório e contribui para a formação da *store equity* no consumidor, em uma loja localizada em Belo Horizonte. Se retirados os itens 8, 9, 20, 21, 22, 25, 26 e 28 que não se apresentaram condizentes com os fatores Lealdade, Lembrança, Qualidade Percebida e Imagem demonstrados pela análise fatorial, a retirada desses itens favoreceu o ajuste do modelo de mensuração.

A robustez e a dimensionalidade dos constructos são satisfatórias, pois não há variáveis latentes com apenas um indicador. Há 16 variáveis observadas e cinco variáveis latentes, o que corrobora a sugestão de Bollen (1989), de que cada variável latente deve ser medida por um mínimo de três ou quatro indicadores. A unidimensionalidade dos constructos é ainda verificada pela ausência de correlação entre os erros de mensuração e pela não inclusão de itens com cargas cruzadas, isto é, um mesmo item não é indicador de dois ou mais constructos distintos.

6.1. Implicações acadêmicas

O estudo mostra que o modelo *store equity* não é totalmente comprovável. O trabalho apresenta como limitações as dificuldades naturais de um *survey* como pesquisa estruturada e de campo. Tal verificação empírica leva a questões que abordam a validade do modelo *store equity*.

Dentre outras possíveis hipóteses alternativas que se apresentam a partir deste trabalho, sugere-se sua execução em outras lojas de varejo e em outro universo amostral, de modo a estudar as relações entre os constructos apresentados em outra realidade. A avaliação empírica de um modelo é imprescindível para sugerir as modificações que se devem introduzir para se dispor de modelos mais realistas. Daí a necessidade premente de empreender mais pesquisas sobre o tema tratado.

Bibliografia

AAKER, David A. Measuring brand equity across products and markets. **California Management Review** v. 3 n.3, p.102-120,1996.

ANDERSON, J. C.; GERBING, D.W. Structutral Equation Modeling in Practice: a review and recommended two-step approach. **Psychological Bulletin**, v.103, n.3, 1988.

BARBOSA, D.C.S.; TEIXEIRA D. J. A Percepção da Imagem no Varejo de alimentos: a descrição da imagem de um supermercado por seus consumidores. In: Encontro Nacional dos Programas de Pós-graduação em Administração, 29, Brasília, *Anais*. Brasília: ANPAD, 2005.

BOLLEN, K. Structural Equations Modeling with Latent Variables. New York: J. Wiley, 1989.

BLOEMER, Josée; RUYTER, Ko. On the relationship between store image, store satisfaction and store loyalty. **European Journal of marketing** v. 32 n 5/6 p. 499-513 ,1998.

CHURCHILL, G. A.; SUPRENANT, C. An investigation into the determinants of customer satisfaction. **Journal of Marketing Research**, v. 19.Nov., p. 491-504, 1982.

CLEVENGER JR., Theodore; LAZIER, Gilbert A.; CLARK, Margaret Leitner. Measurement of corporate images by the semantic differential. **Journal of Marketing Research**, v.2, p. 80-82,1965.

CUNNINGHAM, William H.; ANDERSON JR., W. Thomes; MURPHY, John H. Are the students real people? **Journal of Business**, v. 47, Jul., p.399-409,1974.

DABHOLKAR, Pratibha; THORPE Dayle I.; RENTZA, Joseph O. A measure of service quality for retail stores: scale development and validation. **Journal of Academy of Marketing Science** V. 24 n. 1, p.3-16, 1996.

DICK, A. S.; BASU, K. Customer loyalty: Toward an integrated conceptual framework. **Journal of the Academy of Marketing Science**, v.22, p.99-113, 1994.

EAST, Robert; HARRIS, Patricia; LOMARX Wendy; WILSON Gil. First store loyalty to US and British Supermakets. Occasional papers Series no. 27. **Kingston University**, July p.1-15, 1997. *Apud* BLOEMER, Josée; RUYTER, Ko. On the relationship between stores image, store satisfaction and store loyalty. **European Journal of Marketing** v. 32, n 5/6, p. 499-513 1998.

ENIS, Ben M. An analytical approach to the concept of image:a three-dimensional model encompasses image characteristics of any entity and thus can be applied to the study of all images. **California Management Review.** Summer, 1967. p.52-58.

ENIS, Ben M.; COX, Keith K.; STAFFORD; Jamie E. Students as subjects in consumer behavior experiments. **Journal of Marketing Research**, v. 9, p. 72-74,1972.

FORNEL,C.; LARCKER, D. F. Evaluating Structural Equation Models with Unobservable Variables and Measurement Error. **Journal of Marketing**, v.18, n. 1, p. 39-50,1981.

GARVER, M. S.; MENTZER, J. T .Logistics research methods: employing Structural Equation Modeling to test for Construct Validity. **Journal of Business Logistics**, v. 20,n.1, p. 33-57, 1999.

GREENBERG, Ken. Developing a True Measure of Retailer Equity. **ACNielsen Consumer Insight**. Winter, 2004. Disponível em:<*http://us.acnielsen.com/pubs/ documents/true.pdf*> Acesso em: 16 dez. 2005.

GAGLIANO, Kathryn Bishop; HATHCOTE, Jan. Customer expectations and perceptions of service quality. **The Journal of Services Marketing**. v. 8, n.1, p.60 –70, 1994.

GRONRÖOS, C. A service quality mod and its marketing implications. **European Journal of Marketing**. v. 18, n.4, p.36-44,1984.

HARTMAN Katherine B.; SPIRO Rosann L. Recapturing store image in costumer based store equity: a construct conceptualizations. **Journal of Business Research** v.58, p.1112-1120, 2005.

HAIR, Joseph F. Jr. ; ANDERSON, Rolph E.; TATHAM; Ronald L.; BLAC, William C. **Análise Multivariada de Dados**. 5ª ed. Porto Alegre: Bookman, 2005.

HOMBURG, Christian; HOYER, Wagner D.; FASSNACHT, Martin. Service orientations of a retailers business strategy: dimensions, antecedents and performance outcome. **Journal of Marketing**. October, v 66, p.86-101, 2002.

HOYLE, R. H. **Structural Equation Modeling: Concepts, Issues and Applications**. London: Sage, 1995.

JARVIS, C. B.; MACKENZIE, S.; PODSAKOFF, P.A Critical review of construct indicators and measurement model misspecification in marketing and consumer research. **Journal of Consumer Research**, v.30, 2003.

KELLER, Kevin Lane. Conceptualizing, measure and managing customer-based brand equity. **Journal of Marketing,** v. 57, p.1-22, 1993.

KIM, Hong-Bumm; KIM, Woo Gon; A, Jeong. The effect of consumer-based brand equity on firms financial performance. **Journal of Consumer Marketing,** v.20, n.4, p.335-351, 2003.

KIM, Woo Gon; KIM, Hong-Bumm. Measuring customer-based restaurant brand equity. Investigating the relationship, between brand equity and firm's performance. **Cornell Hotel and Restaurant Administration Quarterly**. v. 45, n.2,may, p.115-131,2004.

KLINE, R. B. **Principles and Practice of Structural Equation Modeling**. New York: The Guilford Press, 1998.

LESSIG, Parker V. Consumer store images and store loyalties. **Journal of Marketing** october, p. 72-74,1973.

MALHOTRA, Naresh K. **Pesquisa de Marketing:** Uma orientação aplicada. 3ª. ed. Porto Alegre: Bookman, 2001. 720 p.

MALHOTRA, Naresh K. **Pesquisa de Marketing**. Uma orientação aplicada. 4ª. ed. Porto Alegre: Bookman, 2006. 720 p.

MANGOLD, W. Glyin; FAULDS David. Service quality in a retail channel. **The Journal of Services Marketing.** v.7, n.4, p. 4-11,1993.

MARTINEAU, P. The personality of the retail store. **Harvard Business Review**, v.36, p. 47-55, 1958.

MARSH, H. W.; HOCEVAR, D. Application of confirmatory factor analysis to the study of self-concept: first- and higher order factor models and their invariance across groups. Psychological Bulletin, v. 97, n. 3, p.562-582,1985.

OSMAN M. Z.A Conceptual model of retail image influences on loyalty patronage behavior. **Journal of Retailing**, v. n. P 139-149,1993.

PARASURAMAN, ZEITHAML; V. A.; BERRY L. Servqual: A multiple-item scale for measuring consumer perceptions of service quality. **Journal of Retailing**, v.64 n.1 p.12-40, 1988.

PITTA, Dennis A.; KATSANIS, Lea Prevel. Understanding brand equity for successful brand extension. **Journal of Consumer Marketing**, v. 12 n.4, p.51-64, 1995.

PINSONNEAULT, A.; KRAEMER, K.L. Survey research methodology in management information systems: an assessment. **Journal of Management Information Systems**, v.10, n.2, p.75-105, 1993.

PRASAD, Keshav; DEV, Chekitan S. Managing hotel brand equity: a customer centric framework for assessing performance. **Cornell Hotel & Restaurant Administration Quartely** v. 41, n.3, p 22-31, 2000.

REYNOLDS, F.D.; DARDEN, W.R.; MARTIN, W. Developing an image of store loyal customer. **Journal of Retailing,** v.50 p.73-84, 1974/1975.

SCHRÖDER, Gaby Odekersken; DEWULF, Kristof Kasper Hans; KLEIJNEN, Mirella; HOEKSTRS; Janny; COMMANDEER, Harry. The impact of quality on store loyalty: a contingency approach. **Total Quality Management.** v.12, n.3, p 307-322, 2001.

SIRGY, M. Joseph ; SAMLI, A. Coskun. A path analytic mode of store loyalty involving self-concept , store image, geographic loyalty and socioeconomic science. **Journal of the Academy of Marketing Science**. V.13 Summer, 1985, p. 265-291.

SHETH, J. N. Are there differences in dissonance reduction behavior between students and home wives? **Journal of Marketing Research**, v.7 May., 1970, p.243-245.

STERN, Barbara; ZINKHAN, George M.; JAJU, Anupam. Marketing images: construct definition, measurement issues, and theory development. **Journal of Marketing Theory**. v.1 n. 2, p. 201-224, 2001.

WONG, Amy; SOHAL Amrik. Service quality and customer loyalty perspectives on two levels of retail relationships. **Journal of Services Marketing**. v.17 n.5 p 495-513, 2003.

YIN, Robert K. **Estudo de Caso: planejamento e métodos**. 2ª ed. Porto Alegre: Bookman, 2001. 205 p.

4

Impacto de aromas ambientais sobre o comportamento do consumidor no varejo

Márcio André Kny

Walter Meucci Nique

SAINT PAUL
EDITORA

Resumo

A atmosfera de loja é um poderoso instrumento de marketing, presente em quase todas as situações de compra. Acadêmicos e profissionais de marketing reconhecem que os elementos da atmosfera de loja têm impacto sobre as emoções e os comportamentos dos clientes. No caso particular dos estímulos olfativos, há forte convicção de que o odor de um ambiente é capaz de afetar o estado emocional dos consumidores. Devido à importância que esse estímulo pode ter na composição da experiência de compra, a presente pesquisa teve como objetivo verificar os impactos de um aroma ambiental agradável sobre as emoções e comportamentos dos consumidores em locais onde são comercializados produtos sem um cheiro característico. Os resultados da pesquisa não permitem concluir que a presença de um aroma agradável tenha sido capaz de alterar o estado emocional dos consumidores ou de interferir nas intenções de comportamento. Da mesma forma, não foi possível comprovar que o comportamento de compra tenha sido afetado pela fragrância adicionada aos ambientes. No entanto, os resultados sugerem que a presença de um aroma agradável pode ter conduzido a distorções na percepção do tempo. Indivíduos expostos ao tratamento experimental apresentaram uma diferença menor entre o tempo imaginado e o tempo real do que o grupo de controle.

1. Introdução

O estudo do comportamento do consumidor busca prever e compreender a forma como os indivíduos decidem gastar seus recursos (tempo, dinheiro e esforço) em atividades relacionadas ao consumo (SCHIFFMAN e KANUK, 2000). Dentro desse contexto, é possível afirmar que a atmosfera de loja é um elemento presente em (quase) todas as situações de compra (KOTLER, 1973). Os efeitos que a atmosfera exerce sobre os consumidores e empregados são reconhecidos por administradores e mencionados na maioria dos textos das áreas de marketing, varejo e comportamento organizacional (BITNER, 1992; MATILLA; WIRTZ, 2001). De acordo com Chebat e Michon (2003), pesquisas realizadas até o momento mostram que o ambiente de loja é capaz de influenciar o volume de vendas (MILLIMAN, 1982; 1986), a avaliação dos produtos e o grau de satisfação dos clientes (BITNER, 1990; HARRELL, HUTT e ANDERSON, 1980).

A recente retomada do interesse pela atmosfera de loja parece estar intimamente relacionada com uma nova forma de experiência de compra, marcada por aspectos lúdicos, teatrais e hedônicos (DAUCÉ et al., 2004). O crescimento da importância de valores imateriais e estéticos está delineando os contornos de um novo estilo de consumo. O consumidor tem cada vez mais consciência de que navega num mundo onde está exposto a uma série de estímulos sensoriais (tato, visão, audição, paladar e olfato) que fornecem inúmeras informações. Essa tendência é caracterizada por uma ênfase no marketing experiencial (DARPY e VOLLE, 2003), segundo o qual o volume de vendas cresce à medida que a experiência de compra se torna mais confortável, fácil e prática possível (UNDERHILL, 1999).

Além da preocupação com o bem-estar dos clientes, pode-se considerar que a concorrência é um elemento que exerce grande influência sobre os cuidados com a atmosfera de loja. Num ambiente de negócios em que está cada vez mais difícil constituir uma vantagem competitiva com base nos tradicionais quatro Ps de marketing (preço, praça, produto e promoção), o marketing sensorial apresenta-se como um campo fértil para se estabelecer diferenciais de mercado (BAKER, LEVY e GREWAL, 1992; DAUCÉ et al., 2004). Embora as demais lojas varejistas ainda sejam as principais concorrentes, um novo e crescente mercado tem ameaçado a lucratividade do varejo tradicional: o comércio eletrônico (DAUCÉ et al., 2004; RAFFAELI, 2006). Dados da Câmara Brasileira de Comércio Eletrônico indicam que em 2005 o faturamento do varejo on-line cresceu 43% em comparação ao do ano anterior. Já as lojas físicas, segundo dados do Instituto Brasileiro de Geografia e Estatística (IBGE), registraram acréscimo de apenas 10% no mesmo período. Para continuar atraindo clientes e manter-se lucrativa, uma loja precisa estar constantemente avaliando que tipo de experiência sensorial proporciona a seus clientes e quais são as renovações necessárias para não perder competitividade.

Para que possam ser implementadas ações consistentes de marketing sensorial, é preciso conhecer os efeitos que uma mudança nos estímulos sensoriais das lojas pode provocar. Embora sejam pouco estudados, os aromas ambientais estão presentes em diversos lugares, tais como lojas, supermercados, restaurantes, escritórios, cassinos e até mesmo em estações subterrâneas de metrô (MORRIN e RATNESHWAR, 2003). Para confeitarias/padarias, cafeterias, tabacarias, chocolatarias e tantas outras organizações que vendem produtos alimentícios, os estímulos olfativos sempre tiveram grande importância na conquista de clientes (BONE e ELLEN, 1999). No entanto, nos últimos anos a preocupação em tornar agradável o aroma ambiental das lojas se estendeu para outros segmentos, especialmente aqueles que comercializam produtos sem cheiro característico (MILLER, 1993). Embora a utilização de estímulos olfativos seja bastante comum nos dias de hoje, a influência destes estímulos sobre o comportamento do consumidor continua sendo um assunto pouco abordado na literatura de marketing (MAILLE, 2001). Surpreende verificar que, de um modo geral, não são realizadas pesquisas para determinar os efeitos que os elementos ambientais exercem sobre os clientes. Varejistas e prestadores de serviço não esperaram por pesquisas sobre o comportamento do consumidor para começar a difundir os mais diferentes aromas nos seus estabelecimentos.

Acredita-se que determinados cheiros podem apresentar impacto expressivo sobre o comportamento dos consumidores (BONE e ELLEN, 1999). No entanto, para que possam adicionar fragrâncias ambientais a lojas e espaços de serviço, pesquisadores e gestores precisam procurar entender como elas agem sobre os consumidores. Seguindo essa lógica, o presente trabalho tem como propósito contribuir para um maior entendimento da efetividade do uso de aromas ambientais em contextos de varejo nos quais os produtos comercializados não apresentam cheiro característico. A pergunta primordial que se quer responder é: qual o impacto de uma fragrância ambiental agradável sobre os consumidores em circunstâncias em que são vendidos produtos inodoros? Há um interesse muito grande em saber como os consumidores reagem (emocional e comportamentalmente) à presença de um aroma agradável (*a priori*) em ambientes onde são vendidos produtos sem cheiro característico.

2. Referencial teórico

O termo atmosfera, em geral, é utilizado para descrever a concepção de espaços capazes de criar certos efeitos sobre os clientes. Para Kotler (1973), a atmosfera compreende "os esforços para criar ambientes de compra que produzam no consumidor efeitos emocionais específicos e que estes aumentem a probabilidade de que ele realize a compra". Blakwell, Miniard e Engel (2001) afirmam que as influências situacionais podem moldar o comportamento do consumidor. Concomitantemente a essa perspectiva, Solomon (2002) observa que as pessoas adaptam suas compras a ocasiões específicas e que o modo como elas se sentem num determinado momento afeta o que elas têm vontade de comprar ou fazer.

O estudo da atmosfera de loja tem sua origem na psicologia ambiental (DONOVAN e ROSSITER, 1982). Essa perspectiva de estudo advoga que a percepção individual do ambiente e os comportamentos resultantes são uma função dos estados emocionais criados pelo ambiente (MEHRABIAN e RUSSELL, 1974, *apud* BAKER, LEVY e GREWAL, 1992). Supõe-se que os estímulos ambientais afetam o estado emocional de prazer, e este, por sua vez, afetam os comportamentos de aproximação ou afastamento apresentados pelos indivíduos.

De acordo com Baker, Levy e Grewal (1992), os fatores de estímulo de uma loja são de ordem física (por exemplo, cor, *layout* da loja, cheiro, iluminação etc.). Os estados emocionais induzidos pelo ambiente físico são: o prazer e a atenção (*arousal*) (DONOVAN e ROSSITER, 1982; DONOVAN *et al.*, 1994). O prazer se refere a quão bem o indivíduo se sente no ambiente, enquanto a atenção se refere a quão empolgada ou estimulada uma pessoa se sente. O sentimento de aproximação inclui a predisposição ou o desejo de permanecer no ambiente.

Figura 1 — Modelo geral do impacto da atmosfera sobre emoções e comportamentos

Estímulo do ambiente	➡	Estados emocionais	➡	Comportamentos de aproximação ou afastamento
Atributos físicos		Prazer e atenção		Intenção de comprar

Fonte: Baker, Levy e Grewal (1992, p. 449).

Ao estudar a atmosfera de loja, é comum verificar elevados níveis de correlação entre os elementos de ambiente, *layout* e *design*, pois muitos autores defendem a posição de que a atmosfera de loja é avaliada de maneira holística (por exemplo, BITNER, 1992; WAKEFIELD e BAKER, 1998; MATILLA e WIRTZ, 2001). Ou seja, a resposta dos consumidores à atmosfera depende da combinação dos diferentes estímulos que compõem o ambiente físico (configuração). Embora percebam estímulos discretos, é a configuração total da atmosfera que determina as respostas ao ambiente. Para Solomon (1983), os consumidores olham para toda a coleção de elementos do ambiente para então decodificar significados e estruturar seus comportamentos, em consonância com esses estímulos. Por essa razão, acredita-se que uma combinação adequada dos estímulos ambientais deve conduzir a melhores avaliações do ambiente da loja, a respostas comportamentais mais positivas e a níveis de satisfação mais elevados do que aconteceria em configurações que adotam combinações incongruentes dos diferentes elementos ambientais.

2.1. Dimensões da atmosfera de loja

As dimensões da atmosfera compreendem todos os fatores físicos objetivos que podem ser controlados pela organização para facilitar ou constranger ações, tanto de empregados como de clientes (BITNER, 1992). Ou seja, as atmosferas de loja são compostas por um complexo *mix* de elementos. Por essa razão, não surpreende a ampla variedade de tipologias encontradas na literatura. Para Ward, Bitner e Barnes (1992), o ambiente físico de uma loja pode ser dividido em duas partes: o ambiente externo e o ambiente interno. Conforme Bitner (1992) os "espaços de serviço" podem ser divididos em três dimensões: condições ambientais; *layout* espacial e funcionalidade; e símbolos e artefatos. Segundo a tipologia desenvolvida por Baker (1987), a atmosfera de loja é composta por fatores sociais, de *design* e ambientais. Por fim, tem-se a contribuição de Turley e Milliman (2000), para os quais os estímulos ou elementos que compõem a atmosfera de loja podem ser divididos em quatro categorias: o exterior da loja, o seu interior como um todo, as variáveis de *layout* e de *design*, as variáveis de ponto-de-venda e decoração e as variáveis humanas. Dentre as tipologias revisadas, a mais completa parece ser a apresentada por Turley e Milliman (2000). Porém, em virtude de o presente estudo ter como enfoque a parte interna da loja, a tipologia apresentada por Baker (1987) se mostrou a mais apropriada. Corroborou para a escolha o fato de a classificação de Baker (1987) guardar grande semelhança com as demais, especialmente com as dimensões apresentadas por Bitner (1992).

As variáveis humanas da atmosfera podem ser subclassificadas em duas áreas: a influência de outros compradores e a influência dos empregados da loja sobre os comportamentos de compra (TURLEY e MILLIMAN, 2000). Em geral, os grupos ou ambientes sociais afetam de forma significativa muitas das decisões de compra dos consumidores. Michon, Chebat e Turley (2005) destacam que o nível de concentração de pessoas em um ambiente tende a agir como uma variável moderadora sobre as percepções e emoções, influenciando, por conseguinte, o comportamento dos consumidores. Quando há muitas pessoas em uma loja, os clientes tendem a permanecer menos tempo, modificam seus planos de compras, compram menos, postergam compras, reduzem a comunicação interpessoal e têm tolhida sua vontade de explorar o ambiente. Em alguns casos, a própria presença ou ausência de outros clientes ("co-consumidores") em um ambiente pode funcionar como um atributo da loja ou do produto (SOLOMON, 2002).

A dimensão *design* reúne as características essencialmente visuais, sejam elas funcionais ou estéticas (GREWAL e BAKER, 1994). Os elementos funcionais são compostos pelo *layout* da loja e o conforto oferecidos, enquanto os elementos estéticos são determinados pela arquitetura do local, as cores e os materiais utilizados, o estilo e a decoração (GREWAL e BAKER, 1994). Quando se está falando em *layout*, está se fazendo referência à maneira como móveis e produtos estão distribuídos e organizados na loja, além de sua dimensão e forma, de maneira que facilitem a consecução de atividades de clientes e funcionários (BITNER, 1992). Para Kotler (1973), o *design* do ambiente de loja pode servir como uma importante base de avaliação da qualidade da oferta (produto/serviço). Lojas desorganizadas, com *layouts* inadequados, podem dificultar a orientação dos clientes, aumentando o tempo de procura por produtos e contribuindo para uma percepção negativa sobre a empresa. Baker *et al.* (2002) constataram que os aspectos de *design*, além de influenciar a percepção de agilidade e eficiência, também possuem fortes impactos sobre o estresse envolvido nas compras.

A dimensão ambiente compreende as condições que afetam os cinco sentidos humanos. Compõem essa dimensão a temperatura da loja, a iluminação, o barulho, a música e o odor. Essas características tendem a ser percebidas com maior intensidade quando se apresentam em condições extremas. Os profissionais de marketing fazem uso intensivo dos elementos visuais em publicidade, *design* de lojas e embalagens. Significados podem ser comunicados via canal visual, através da cor, tamanho e estilo de um produto. As cores podem até mesmo influenciar as emoções (SOLOMON, 2002). Em se tratando de audição, a música de fundo é utilizada com freqüência para induzir estados de espírito desejados. A chamada "música funcional" é tocada para acalmar ou estimular os consumidores. Embora relativamente pouco enfatizada, a estimulação tátil é importante, mesmo quando se trata de atmosfera de loja. Estados de espírito podem ser afetados com base nas sensações que atingem a pele. O sistema sensorial ligado ao paladar é muito pouco (ou quase nada) utilizado na concepção de atmosfera. Por fim, tem-se outro elemento importante da atmosfera de loja: o cheiro presente no ambiente. Os odores podem despertar emoções ou criar uma sensação de tranqüilidade. Podem invocar recordações ou aliviar o estresse (MITCHELL, KAHN e KNASKO, 1995). Algumas reações a aromas resultam de associações iniciais que invocam sensações boas ou más, e isso explica por que as empresas estão explorando conexões entre odor, recordação e estado de espírito (ELLEN e BONE, 1998).

2.2. Estímulos olfativos

Conforme Maille (2001), o ser humano é dotado de capacidades olfativas muito maiores do que ele mesmo possa imaginar. No entanto, é preciso admitir que esse sentido humano exerce papel secundário na percepção dos estímulos ambientais, provavelmente em função de seu baixo desenvolvimento em comparação a outros seres vivos. Segundo Davies, Kooijman e Ward (2003) um cão farejador possui cerca de 220 milhões de células receptoras. Já os humanos, possuem entre 6 e 10 milhões de células receptoras localizadas no epitélio olfativo.

O olfato é o sentido humano que está mais intimamente associado às zonas primitivas do cérebro humano (DAVIES, KOOIJMAN e WARD, 2003). O sistema límbico e o hipotálamo, responsáveis pelo processamento dos estímulos olfativos, são também o assento das emoções, do humor e do prazer (MAILLE, 2001). Por essa razão, acredita-se que os odores são substâncias químicas capazes de modificar estados emocionais. Estudos revelam que as mensagens olfativas fogem do controle racional, pois não passam nem pelo tálamo nem pelo córtex cerebral, diferentemente do que ocorre com os estímulos visuais e auditivos. Acredita-se que as respostas aos estímulos olfativos são primordialmente automáticas, de modo que afetam o estado fisiológico antes de ter impacto sobre a cognição (ELLEN e BONE, 1998). Ou seja, odores requerem pouco ou nenhum esforço cognitivo para ser assimilados (EHRLICHMAN e HALPERN, 1988) e as respostas comportamentais básicas podem ocorrer sem uma atenção consciente.

Dentro desse contexto, ganha importância o cheiro ambiental de uma atmosfera. De acordo com a definição de Mattila e Wirtz (2001), o cheiro ambiental se refere a um aroma que não se origina de um objeto particular presente no ambiente, porém está na atmosfera. Acredita-se que os aromas ambientais influenciam os consumidores a partir de uma interferência em seu estado emocional (BONE e ELLEN, 1999). Embora respostas emocionais fortes em relação aos estímulos olfativos sejam relativamente raras, muitos pesquisadores sugerem que os odores são capazes de interferir nos estados emocionais. As mudanças no estado emocional são tidas como o principal mediador dos efeitos de um aroma sobre as respostas dos consumidores (ELLEN e BONE, 1998).

De acordo com Bone e Ellen (1999), existem três abordagens básicas no estudo dos impactos de um cheiro ambiental sobre o comportamento do consumidor. O primeiro aspecto diz respeito à presença ou não de um cheiro no ambiente. Outro elemento que costuma ser manipulado nos experimentos é o prazer proporcionado pelo aroma. Por fim, tem-se o cuidado com a congruência entre o cheiro e o contexto. Comparada aos estímulos visuais e auditivos, em geral é mais difícil identificar a presença de cheiro em um ambiente (ELLEN e BONE, 1998). A habilidade de identificar e rotular um cheiro é tão limitada que, em geral, uma pessoa é capaz de identificar apenas 40% a 50% dos aromas utilizados em uma bateria de testes (MAILLE, 2001). De modo adicional, é preciso considerar que a habilidade do consumidor em detectar e identificar um cheiro é influenciada por elementos que compõem o entorno da atmosfera. Também é bem comum a ocorrência de falsos alarmes, que se caracterizam pela percepção de algum aroma no ambiente quando na realidade nenhum cheiro foi adicionado à atmosfera (CHEBAT e MICHON, 2003). Além da presença, a característica afetiva do cheiro é outro fator capaz de apresentar impacto sobre as pessoas. De acordo com Bone e Ellen (1999), há duas características básicas do odor: sua qualidade e sua intensidade. A dimensão qualidade se refere ao "tom" afetivo do odor. Em termos gerais, os odores podem ser classificados como prazerosos ou desagradáveis (SPANGENBERG, CROWLEY e HENDERSON, 1996). A intensidade de uma cheiro diz respeito à concentração de um odor no ar. Em geral, a intensidade do cheiro apresenta uma relação inversa entre sua intensidade e o prazer proporcionado (SPANGENBERG, CROWLEY e HENDERSON, 1996). A congruência do aroma com a categoria de produto/serviço se refere a quão bem um estímulo olfativo complementa o contexto. Por essa razão, alguns odores, embora prazerosos, podem ser considerados impróprios dependendo do contexto no qual estão sendo inseridos (BONE e ELLEN, 1999). Aromas ambientais congruentes tendem a melhorar as avaliações do ambiente e dos produtos. Por outro lado, aromas inconsistentes tendem a apresentar efeito negativo sobre as avaliações de uma atmosfera (MITCHELL, KAHN e KNASKO, 1995).

2.3. Emoção

De acordo com Evereles (1998), o afeto pode ser definido como um estado de valência de sentimento. O humor e as emoções seriam instâncias desse sentimento. O humor se caracteriza por sua baixa intensidade, sendo que usualmente não pode ser associado a estímulos objetais. As emoções, por sua vez, geralmente apresentam maior intensidade, além de estar associadas a estímulos objetais. De maneira similar a Evereles (1998), Bagozzi, Gopinath e Nyer (1999) concebem o afeto como uma categoria maior que engloba uma série de processos mentais, tais como emoções, humor e (possivelmente) atitudes. Essa concepção faz com que se admita que o afeto seja uma categoria de processamento de sentimento mental mais genérica, em vez de ser considerada um processo psicológico particular *per se*. A definição de emoções adotada por Bagozzi, Gopinath e Nyer (1999) é semelhante à de Oatley e Johnson-Laird (1987), para os quais a emoção é um estado mental de prontidão que emerge de julgamentos cognitivos de eventos ou pensamentos. Além disso, as emoções apresentam um tom fenomenológico, sendo acompanhadas por processos fisiológicos, pois na maioria das vezes são expressas fisicamente e resultam em ações específicas de afinamento ou desafinamento com as emoções, dependendo de sua natureza e de seu conteúdo para quem está vivenciando a experiência.

A literatura traz à tona uma série de debates a respeito do melhor enquadramento da formação dos julgamentos afetivos. Uma vertente sugere que as respostas afetivas emanam de processos cognitivos, configurando o modelo cognitivo-afetivo (ANAND, HOLBROOK e STEPHENS, 1988). A outra corrente de pensamento sugere que as respostas afetivas independem de processos cognitivos, sendo essa enquadrada no modelo que defende a hipótese da independência (ZAJONC e MARKUS, 1982). Adotando-se a perspectiva cognitivo-afetiva, que é a mais usual no meio acadêmico, admite-se que as emoções funcionam como um coordenador do sistema cognitivo individual, bem como um gerenciador das respostas a eventos (BAGOZZI, GOPINATH e NYER, 1999). Ao funcionar dessa forma, a emoção age como um regulador que tem a função de manter um estado mental ou de atividade desejável.

Existem vários trabalhos que procuram resumir os estados emocionais e classificá-los. Neste contexto, merece destaque o circumplexo das emoções, que busca resumir os estados emocionais em categorias gerais. A idéia por trás do modelo circumplexo é que as emoções existem em categorias que podem ser consideradas bipolares e podem ser agrupadas numa ordem contínua ao longo de um plano espacial com dois fatores. O modelo circumplexo é fácil de ser utilizado porque é intuitivo, simples e proporciona uma descrição de quais emoções são similares e quais são distintas. A origem do circumplexo representa o ponto neutro, no qual não há nenhum tipo específico de emoção. Na definição proposta por Watson e Tellegen (1985) num plano estão o elevado afeto positivo e baixo afeto positivo, enquanto no outro plano estão o alto afeto negativo e baixo afeto negativo. Embora sejam constructos distintos, é fundamental destacar que afeto positivo e afeto negativo não são antagônicos (WATSON, CLARK e TELLEGEN, 1988).

No estudo das emoções, é comum os pesquisadores se questionarem se é mais adequado conceber as emoções de uma maneira mais ampla, como prazer/ativação ou se é mais apropriado enquadrá-las como sendo um estado de afeto positivo ou negativo. De acordo com a extensa pesquisa realizada por Laros e Steenkamp (2004), as dimensões mais amplas, compostas por afeto positivo ou negativo, são a forma preponderante e mais abstrata de se definir as emoções. Para Diener (1999), tanto o afeto positivo quanto o afeto negativo estão sempre presentes nas experiências emocionais. Por essa razão, julgou-se que seria mais apropriado enquadrar os estados emocionais em categorias como afeto positivo e afeto negativo no estudo do impacto de aromas ambientais agradáveis sobre as emoções.

Como pôde ser visto, a percepção e a interpretação de odores é um fenômeno complexo que envolve respostas biológicas, psicologia e memória. Dentre os cinco sentidos humanos, acredita-se que o cheiro seja o mais intimamente relacionado às respostas emocionais (WILKIE, 1995). São grandes as possibilidades de que o cheiro de um ambiente de loja seja capaz de aumentar a propensão para que ocorram determinadas respostas emocionais por parte dos consumidores. De acordo com Donovan e Rossiter (1982), a emoção é um fator determinante para vários comportamentos de compra.

3. Hipóteses do estudo

Conforme a teoria consolidada, a atmosfera de varejo exerce influência sobre os consumidores, gerando respostas de natureza emocional, cognitiva e comportamental (BITNER, 1992). Portanto, acredita-se que a presença de um aroma agradável no ambiente de loja pode afetar a elaboração de informações (MITCHELL, KAHN e KNASKO, 1995). Imagina-se que um cheiro ambiental agradável seja capaz de mudar positivamente o estado emocional dos consumidores (SPANGENBERG, CROWLEY e HENDERSON, 1996; DAUCÉ, 2000; CHEBAT e MICHON, 2003; MICHON, CHEBAT e TURLEY, 2005).

H_1: a presença de um aroma agradável na atmosfera de loja fará com que os clientes apresentem estados emocionais mais positivos quando comparados a clientes que estiveram no mesmo ambiente sem a presença de cheiro.

Seguindo a perspectiva da psicologia ambiental, acredita-se que as pessoas respondem de duas maneiras distintas aos estímulos ambientais: aproximação ou afastamento (DONOVAN et al., 1994). Visto que o presente estudo adotou um aroma ambiental agradável, espera-se que a sua presença favoreça a manifestação de comportamentos de aproximação por parte dos clientes. De acordo com Bone e Ellen (1999), que analisaram uma série de artigos que tratavam do impacto do cheiro da atmosfera sobre as intenções de comportamento dos consumidores, em boa parte deles as intenções de voltar a visitar a loja ou de indicá-la para outras pessoas foi maior para ambientes onde havia um aroma agradável. Essa tendência também é evidenciada por Maille (2001). O impacto da presença de um aroma ambiental agradável sobre as intenções de comportamento ficou bastante evidente nas pesquisas realizadas por Spangenberg, Crowley e Henderson (1996) e por Mattila e Wirtz (2001). Essas constatações permitem afirmar que:

H_2: a presença de um aroma ambiental agradável influenciará de maneira positiva a intenção de retorno.

H_3: a presença de um aroma ambiental agradável influenciará de maneira positiva a intenção de indicar a loja para amigos e conhecidos.

H_4: a presença de um aroma ambiental agradável influenciará de maneira positiva a intenção de fazer comentários positivos sobre a loja.

Estudos comprovam que os consumidores permanecem mais tempo em lojas agradáveis (por exemplo, DONOVAN et al., 1994). Pequenas alterações em um ambiente, como a adição de um aroma agradável, aumentam o prazer e a sensação de novidade (MORRIN e RATNESHWAR, 2003). Na pesquisa realizada por Bone e Ellen (1999), indivíduos expostos a um aroma agradável despenderam mais tempo na atividade de compra quando comparados ao grupo de controle. Em estudo realizado por Morrin e Ratneshwar (2003), verificou-se que, quando havia um aroma agradável no ambiente, os elementos da amostra permaneceram mais tempo examinando os estímulos (fotos de produtos) do que os sujeitos do grupo de controle (sem aroma).

H_5: clientes expostos a um aroma agradável permanecerão mais tempo na loja.

Além da influência sobre o tempo de permanência real, é possível que a presença de um aroma ambiental agradável seja capaz de afetar a percepção de tempo. Alguns estudos têm demonstrado que aromas prazerosos também interferem na percepção de tempo de permanência nas lojas (SPANGENBERG, CROWLEY e HENDERSON, 1996; DAUCÉ, 2000; MICHON, CHEBAT e TURLEY, 2005). Spangenberg, Crowley e Henderson (1996) verificaram que a presença de um aroma ambiental agradável diminuiu a percepção subjetiva de tempo de permanência no local da realização do experimento.

H_6: para os clientes expostos a um aroma agradável, a impressão de tempo de permanência em loja será menor.

H_7: a diferença calculada entre o tempo de permanência imaginado e o real será menor para os clientes expostos a um aroma agradável.

Estudo realizado por Donovan et al. (1994), comprovou que ambientes de loja prazerosos contribuem de maneira significativa para um incremento nas compras não planejadas. No caso particular dos aromas ambientais agradáveis, acredita-se que esses são capazes de melhorar a avaliação feita sobre os produtos comercializados (FIORE, YAH e YOH, 2000), aumentando a intenção de compra deles (SPANGENBERG, CROWLEY e HENDERSON, 1996; MORRIN e RATNESHWAR, 2003). Pesquisa realizada por Sherman, Mathur e Smith (1997) corrobora essa perspectiva, uma vez que a presença de um aroma agradável apresentou impacto positivo sobre o montante ($) gasto em compras.

H_8: o valor da compra será maior na presença de um aroma ambiental agradável.

4. Método

A primeira etapa da pesquisa envolveu uma investigação de caráter exploratório. O principal objetivo dessa fase foi o de aumentar o conhecimento sobre o tema pesquisado, clarificando conceitos e fornecendo subsídios às etapas subseqüentes (MALHOTRA, 2001). Essa etapa consistiu na realização de uma revisão bibliográfica da literatura pertinente ao estudo, complementada por entrevistas em profundidade que tiveram como objetivo dar entendimento mais aprofundado sobre a concepção de atmosferas de loja. A partir da leitura de livros e artigos publicados em revistas acadêmicas de marketing e psicologia, foi possível escolher o modelo teórico mais apropriado para a pesquisa, permitindo também a proposição das hipóteses a ser testadas. No caso das entrevistas em profundidade, foram entrevistados dois consultores da área de qualidade no atendimento do Sebrae, duas arquitetas especializadas em desenvolvimento de ambientes de loja e a gestora de projetos de uma empresa especializada na criação de ambientes de loja para se ter um melhor entendimento prático da atmosfera de loja.

A segunda etapa da pesquisa envolveu a realização de um experimento. Conforme tipologia apresentada por Malhotra (2001), a presente pesquisa pode ser classificada como um pré-experimento do tipo estudo de grupo estático de comparação simples (MONTGOMERY, 2001). O tratamento (manipulação da variável independente) foi aplicado somente ao grupo experimental. As mensurações de ambos os grupos foram feitas após a exposição ao tratamento. Bone e Ellen (1999) destacam que são comuns os planos experimentais nas pesquisas que tratam do impacto de aromas ambientais sobre os clientes.

O questionário da pesquisa foi elaborado como base na literatura consultada e nas entrevistas em profundidade realizadas. As escalas adotadas foram adaptadas da literatura, tomando-se como base trabalhos de natureza semelhante. As emoções foram mensurados com a escala Panas (*positive affect - negative affect scales*) desenvolvida por Watson, Clark e Tellegen (1988). Essa escala já foi utilizada com êxito em contexto de marketing por Mano e Oliver (1993), apresentando bons índices de confiabilidade. A Panas também já foi utilizada no Brasil por Espinoza (2004). No que se refere às intenções de comportamento, adotou-se a escala criada por Bruner e Hensel (1998) para medir intenções de comportamento. A escala foi adotada para mensurar a propensão dos entrevistados em retornar, sendo que a para a intenção de recomendar a loja para amigos e a propensão em fazer comentários positivos foi mensurada através de medidas discretas para não tornar o questionário repetitivo. Também foram incorporadas ao questionário variáveis para registrar o número de itens adquiridos, bem como o montante gasto na compra. Além disso, foram criados dois campos para registrar o tempo de permanência: o imaginado e o real. Conforme Spangenberg, Crowley e Henderson (1996) o tempo de permanência numa loja e o valor gasto em compras são medidas legítimas de aproximação/afastamento do paradigma E-P-R da psicologia ambiental.

A primeira análise do questionário preliminar foi de cunho qualitativo, sendo consultadas dez pessoas para verificar se a redação do instrumento era adequada e se as questões estavam sendo bem compreendidas. Em termos gerais, as variáveis foram consideradas de fácil compreensão. Entretanto, nesse pré-teste verificou-se que havia certa dificuldade em compreender com clareza alguns dos sentimentos da escala Panas. Por essa razão, decidiu-se elaborar um glossário com o significado de cada uma das 20 emoções. Após a confecção desse glossário, outros cinco entrevistados avaliaram o questionário. A adoção de um glossário como material de apoio contribuiu sobremaneira para que os entrevistados tivessem maior facilidade em interpretar o significado das emoções da escala Panas.

O pré-teste quantitativo do questionário foi aplicado na saída de um supermercado. As análises de *missing values*, de distribuição das freqüências, de padrão de respostas, de respostas atípicas (*outliers*) demonstraram que não houve problemas com a estrutura do questionário. As escalas foram avaliadas através de uma análise fatorial exploratória e do alfa de Cronbach. O método de extração foi o *principal axis factoring*, que é recomendado para analisar estruturas fatoriais preestabelecidas teoricamente (TABACHNICK e FIDELL, 2001). Para facilitar a interpretação dos resultados, foi utilizada a rotação Varimax. Em termos gerais, todas as escalas multiitem apresentaram um bom desempenho

O experimento foi realizado em dois locais e em momentos distintos para viabilizar a implementação da estratégia de validação dos resultados recomendada por Hair et al. (2005). Para que houvesse equivalência nos resultados, tomou-se o cuidado de escolher duas lojas com características semelhantes. Os dados da amostra 1 foram coletados numa feira de malhas retilíneas, no estande de uma das empresa participantes. Já a coleta de dados para amostra 2 foi conduzida em uma loja de malhas retilíneas do tipo boutique. O primeiro local se destacou pela abundância de respondentes em potencial, já o segundo pela maior possibilidade de controlar os elementos ambientais. A escolha desse tipo de loja para realizar o experimento deveu-se à comercialização de produtos sem cheiro característico. A idéia inicial era coletar o mesmo número de questionários para cada uma das amostras. No entanto, ao final do processo de coleta, foram obtidos 400 questionários para a amostra 1 e apenas 129 casos para o experimento 2.

A prática da aromatização de ambientes é muito mais complexa em locais onde são comercializados produtos que não possuem um cheiro característico (MAILLE, 2001), como vestuário (MORRIN e RATNESHWAR, 2003). De acordo com Spangenberg, Crowley e Henderson (1996), não é possível categorizar *a priori* um aroma como sendo congruente ou não em contextos em que são vendidos produtos inodoros. Para contornar essa dificuldade, foi solicitada a orientação de Dag Peper, diretor da Symrise, empresa especializada em aromatização de ambientes, que recomendou a utilização do aroma de *grapefruit*. Segundo Mattila e Wirtz (2001), a fragrância de *grapefruit* pode ser considerada agradável e adequada para uso em lojas de varejo. Acredita-se que ela seja capaz de provocar alterações emocionais positivas ao mesmo tempo em que não possui efeitos negativos. O cheiro de *grapefruit*, semelhante ao cheiro de maracujá, caracteriza-se por ser um aroma estimulante, capaz "refrescar", "reavivar" e "aumentar" a clareza dos pensamentos e o estado de alerta das pessoas a ele expostas.

Para aumentar a validade do experimento, foram tomados alguns cuidados. Inicialmente, evitou-se que os entrevistados em potencial percebessem que estavam participando de uma pesquisa. Tomando como base o procedimento adotado por Michon, Chebat e Turley (2005), o difusor de odor foi instalado em locais onde não pudesse ser identificado pelos clientes, ao mesmo tempo em que espalhasse de maneira homogênea o aroma pelo ambiente. Para garantir que o aroma estaria espalhado de modo homogêneo pelo ambiente, a máquina de odorização sempre era acionada uma hora antes de se iniciar a coleta dos dados. Antes de começar o experimento, os entrevistadores examinavam a intensidade do aroma ambiental. Antes de dar início à aplicação dos questionários, solicitava-se a duas pessoas estranhas ao experimento que fizessem uma verificação da condição olfativa do local onde seria realizado o experimento. Entre os tratamentos, os ambientes foram arejados para eliminar qualquer vestígio da fragrância utilizada. Além disso, os entrevistadores foram orientados para não utilizar perfumes intensos.

O procedimento estatístico adotado para avaliar os constructo medidos com escalas multiitem foi a análise fatorial confirmatória (AFC). Foram apurados os seguintes aspectos: (1) unidimensionalidade, (2) confiabilidade, (3) validade convergente e (4) validade discriminante. Nos casos em que os indicadores do constructo atenderam aos pressupostos de normalidade e homocedasticidade, adotou-se a estimação *maximum likelihood*. Para as dimensões compostas por variáveis que não atenderam ao pressupostos básicos de normalidade, a AFC foi realizada com uso da estimação assintoticamente livre de distribuição (*asymptotic distribution free*).

Antes de realizar a análise dos dados em ambas as amostras, procedeu-se à conferência das bases de dados. Para atender aos pressupostos da análise multivariada de co-variância (Mancova), foram realizadas análises de respostas nos extremos das escalas, valores omissos (*missing values*), casos atípicos (*outliers*), normalidade e homocedasticidade dos dados. Para as variáveis em que não havia a possibilidade de melhorar os indicadores de normalidade da curva de distribuição de freqüências, optou-se pela realização de testes não paramétricos. Essa opção evitou a exclusão de alguns casos. Ao final do processo de limpeza da base de dados, restaram 342 (85,5%) casos válidos para a amostra 1 e 106 (82,2%) para a amostra 2.

5. Resultados

A amostra 1 do experimento é composta, predominantemente, por homens (57,89%). A idade média dos entrevistados é de 34,74 anos, com um desvio-padrão de 11,09 anos. A maior parte dos entrevistados disse estar casado ou manter uma relação estável (59,06%). Também foi expressivo o número de pessoas solteiras (38,30%). Os respondentes apresentaram bom nível de escolaridade, uma vez que mais de 80% possuem, no mínimo, ensino superior incompleto. Também merece destaque o fato de cerca de 70% dos entrevistados terem apresentado renda familiar mensal de, no mínimo, R$ 3.001,00.

Já no caso da amostra 2, há um leve predomínio de mulheres em sua composição (51,89%). A idade média dos entrevistados é de 37,36 anos, com um desvio-padrão de 12,53 anos. Assim como na amostra 1, predominam as pessoas que afirmaram estar casadas ou manter uma relação estável (77,17%). A escolaridade também se mostrou elevada: na amostra 2 os resultados foram muito semelhantes aos da amostra 1, pois cerca de 80% dos entrevistados disseram possuir, no mínimo, ensino superior incompleto. Por fim, é preciso dizer que os entrevistados da amostra 2 se negaram a responder a questão relativa à renda.

O conjunto de variáveis dependentes aferidas na presente pesquisa foi composto por escalas de múltiplos itens e escalas de medida única. Esse último conjunto de medidas é composto pelo tempo de permanência (estimado e real) pelo entrevistado, o número de peças adquiridas, o valor desembolsado nas compras e as intenções de recomendação e comentários favoráveis. Aproveitou-se também para calcular a diferença entre o tempo imaginado e o tempo cronometrado e o valor médio da peça de malha adquirida quando houve compra. Cabe mencionar que a diferença calculada entre os tempos é a estimativa mais fidedigna sobre o tempo que os entrevistados pensam que permaneceram no estabelecimento, pois essa medida desconta da estimativa o tempo real (DAUCÉ, 2000).

Os índices obtidos pelo primeiro modelo de mensuração do constructo "afeto positivo" para a amostra 1 não apresentaram bom ajuste aos dados. Em virtude de se estar em busca de uma escala unidimensional, foi testado um novo modelo. A reespecificação do modelo gerou uma solução composta por quatro indicadores, conduzindo a uma solução com níveis razoáveis de ajuste (χ^2 = 9,53; GL = 2; χ^2/GL = 4,76; GFI = 0,987; AGFI = 0,933; IFI = 0,987; TLI = 0,959; CFI = 0,986 e RMSEA = 0,105). Para a amostra 2, adotou-se a estimação assintoticamente livre de distribuição para avaliar o constructo "afeto positivo". Os índices obtidos pelo modelo inicial de mensuração do constructo "afeto positivo" também não apresentaram bom ajuste aos dados. A exclusão de três variáveis permitiu que se chegasse a um modelo com índices de ajuste satisfatórios (χ^2 = 19,38; GL = 14 χ^2/GL = 1,38; GFI = 0,979; AGFI = 0,958; IFI = 0,940; TLI = 0,902; CFI = 0,935 e RMSEA = 0,060). Quanto ao constructo "afeto negativo" o modelo inicial gerou índices de ajuste bastante aquém dos padrões mínimos recomendados na amostra 1, não sendo possível gerar um modelo satisfatório. No caso da amostra 2, o software Amos® 4.0 nem sequer gerou os índices necessários para avaliar o constructo.

O constructo "intenção de retorno" foi avaliado via estimação assintoticamente livre de distribuição para a amostra 1. O modelo 1 apresentou excelentes índices de ajuste. No entanto, como o indicador "incerto/certo" apresentou uma baixa carga fatorial, foi necessário excluí-lo. A reespecificação do modelo gerou uma solução com índices de ajuste inferiores aos encontrados no primeiro modelo. Embora o modelo 2 não tenha apresentado os melhores índices de ajuste, julgou-se que esse é superior ao original. (χ^2 = 5,22; GL = 2; χ^2/GL = 2,61; GFI = 0,927; AGFI = 0,635; IFI = 0,931; TLI = 0,775; CFI = 0,925 e RMSEA = 0,069). Na tentativa de avaliar a unidimensionalidade da "intenção de retorno" para a amostra 2, o software Amos® 4.0 não foi capaz de gerar os índices de ajuste necessários para avaliar o constructo.

A confiabilidade das escalas que puderam ser estimadas foi avaliada com base nos índices de confiabilidade composta e variância média extraída (HAIR et al., 2005). O construto "afeto positivo" apresentou confiabilidade composta acima do valor mínimo de 0,7 recomendado por Steenkamp e Van Trijp (1991) em ambas as amostras. A variância média extraída da escala também atingiu o valor mínimo recomendado de 0,5. O constructo "intenção de retorno", também atendeu aos requisitos mínimos. De um modo geral, as cargas indicaram que há validade convergente nos constructos. Seguindo os critérios estabelecidos para avaliação das escalas multiitem, o último passo envolveria a análise da validade discriminante dos constructos. No entanto, como os modelos tiveram de ser avaliados com estimativas distintas, não foi possível realizar a comparação entre as variâncias médias extraídas.

5.1. Teste das hipóteses

As hipóteses relativas às variáveis dependentes que atenderam aos pressupostos básicos de normalidade e homocedasticidade das análises paramétricas foram testadas via análise multivariada de co-variância (Mancova). A primeira Mancova foi realizada com os dados da amostra 1. Fizeram parte do primeiro modelo da Mancova o "tempo estimado", o "tempo cronometrado", a "diferença entre os tempos" e a dimensão "afeto positivo". A presença ou ausência do aroma de *grapefruit* no ambiente foi empregada como fator do modelo. Apenas a avaliação da variável ambiental "temperatura" e o número de pessoas no estande durante o experimento foram inseridos como co-variáveis.

Tabela 1 — Estatísticas da Mancova — Pillai's Trace (amostra 1)

Efeito	Valor	F	GL hipótese	GL erro	Sig.	Partial Eta Squared
Intercepto	0,793	430,063	3	336	0,000	0,793
Temperatura	0,015	1,708	3	336	0,165	0,015
Pessoas no estande	0,009	1,005	3	336	0,391	0,009
Aroma	0,007	0,839	3	336	0,473	0,007

Os resultados da primeira Mancova para a amostra 1 mostram que as co-variáveis "temperatura" e "número de pessoas no estande" não apresentaram efeito estatisticamente significativo sobre as variáveis dependentes analisadas. O tratamento experimental (presença *versus* ausência do aroma) também não apresentou efeito substancial sobre o vetor de médias das variáveis dependentes. Num sentido amplo, esse resultado não permite a rejeição das hipóteses nulas. Ou seja, os resultados da análise de Mancova não dão suporte às hipóteses postuladas relativas às variáveis dependentes analisadas. Essa constatação acaba sendo corroborada pela análise das estatísticas univariadas do teste *between-subjects effects*.

Tabela 2 — Estatísticas da Mancova — Pillai's Trace (amostra 2)

Efeito	Valor	F	GL hipótese	GL erro	Sig.	Partial Eta Squared
Intercepto	0,174	10,565	2	100	0,000	0,174
Volume da música	0,003	0,135	2	100	0,874	0,003
Estilo da música	0,016	0,823	2	100	0,442	0,016
Pessoas na loja	0,022	1,128	2	100	0,328	0,022
Aroma	0,039	2,046	2	100	0,135	0,039

A análise de Mancova realizada para a amostra 2 adotou como variáveis dependentes apenas o "tempo imaginado" na loja, o "tempo cronometrado" e a diferença calculada entre estas duas medidas. Mais uma vez o fator do modelo avaliado foi a presença ou ausência do aroma agradável no ambiente. As avaliações do volume e do estilo da música mais o número de pessoas na loja foram inseridos como covariáveis.

Os resultados da Mancova realizada para a amostra 2 revelam que o "volume da música", o "estilo da música" e "número de pessoas na loja", inseridos como covariáveis, não apresentaram efeito significativo sobre as variáveis dependentes. O tratamento experimental (presença *versus* ausência de aroma) também não apresentou efeito significativo ($p < 0,05$) sobre o vetor de médias das variáveis dependentes. Num sentido amplo, esse resultado levaria à rejeição das hipóteses referentes às variáveis que mensuraram o tempo de permanência na loja. No entanto, ao examinar a tabela com os resultados do teste *between-subject effects* verifica-se que a presença do aroma de *grapefruit* no ambiente da loja pode ter apresentado impacto sobre a diferença entre os tempos. Com um nível de significância estatística inferior a 0,05, pode-se afirmar que há suporte à rejeição da hipótese nula relativa à diferença entre o tempo imaginado e o real. Embora o modelo como um todo não apresente a significância estatística necessária ($p < 0,05$) para estabelecer a existência de um vetor de médias das variáveis dependentes em função do tratamento experimental, os resultados univariados para a amostra 2 dão suporte à hipótese H_7. Os resultados indicam que a diferença calculada entre tempo imaginado e cronometrado foi menor quando o ambiente da loja encontrava-se aromatizado.

Após a realização da Mancova envolvendo todos os casos, tanto da amostra 1 como da amostra 2, foi realizada uma segunda Mancova, apenas com os casos de entrevistados da amostra 1 que realizaram compras. A análise de Mancova não pôde ser realizada para o subgrupo de pessoas de compradores do experimento 2 porque o tamanho da amostra seria muito pequeno para a realização desse teste paramétrico. A adoção de apenas uma parte da amostra nessa segunda rodada de análises se deve à necessidade de testar a hipótese relativa ao impacto que um aroma ambiental agradável pode ter sobre as compras. Além das variáveis que fizeram parte do modelo da primeira Mancova, acrescentou-se o valor médio da peça adquirida.

Tabela 3 — Estatísticas da Mancova — Pillai's Trace (amostra 1_c)

Efeito	Valor	F	GL hipótese	GL erro	Sig.	Partial Eta Squared
Intercepto	0,860	199,492	4	130	0,000	0,860
Temperatura	0,024	0,787	4	130	0,536	0,024
Pessoas na loja	0,011	0,373	4	130	0,828	0,011
Aroma	0,031	1,054	4	130	0,382	0,031

Os resultados da segunda Mancova para o subgrupo de entrevistados da amostra 1 que realizou compras indicam que a "temperatura" e "número de pessoas na loja", inseridos como co-variáveis, mais uma vez não apresentaram efeito expressivo sobre as variáveis dependentes. Analogamente, o tratamento experimental não teve impacto significativo sobre o vetor de médias das variáveis dependentes. A análise do teste *between-subjects effects* permitiu concluir que, do ponto de vista univariado, nenhuma variável dependente apresentou significância estatística suficiente ($p < 0,05$) para refutar a hipótese nula de igualdade das médias. Houve somente suporte parcial ($p < 0,10$) para rejeição da hipótese nula relativa às variáveis "tempo cronometrado" e "diferença entre os tempos". A análise das estatísticas descritivas (médias) indica que os entrevistados que realizaram compras e que estiveram expostos ao aroma agradável permaneceram mais tempo no local do experimento em comparação ao grupo de controle. Além disso, parece ter havido uma tendência por parte dos compradores a perceber que o tempo passado no estande foi menor quando havia um aroma agradável no ambiente. A partir de uma perspectiva univariada, as hipóteses H_5 e H_7 recebem suporte parcial ($p \leq 0,10$).

As hipóteses que não puderam ser incorporadas às Mancovas foram avaliadas com testes não paramétricos. O teste de Mann-Whitney foi realizado para todas as variáveis que não atenderam aos pressupostos de normalidade da distribuição de freqüências. Por ser um teste menos potente que a Mancova, os resultados devem ser interpretados com parcimônia. Para não tratar de resultados que pouco acrescentariam ao teste de hipóteses, optou-se por apresentar apenas os resultados estatisticamente significantes ($p < 0,05$).

A análise das variáveis da escala Panas de emoções negativas para a amostra 1 mostrou que os sentimentos "assustado", "angustiado" e "frustrado" foram considerados menos intensos nas situações em que havia um aroma agradável no ambiente. No entanto, é preciso destacar que apenas parte das emoções negativas permite a rejeição da hipótese nula. Ou seja, o suporte à hipótese de que o aroma tenha sido capaz de reduzir a intensidade das emoções negativas é frágil. Além disso, a análise dos resultados para a amostra 2 não apresentou nenhuma emoção negativa com significância estatística ($p < 0,05$) capaz de rejeitar a hipótese nula. A parcimônia sugere ser mais adequado não aceitar a hipótese de que um aroma agradável tenha sido capaz de alterar o estado emocional através da redução da intensidade dos sentimentos negativos. Corrobora para a rejeição da hipótese H_1 a inexistência de significância estatística em função do tratamento experimental para as emoções negativas em ambas as amostras quando são analisados apenas os casos em que foi realizada alguma compra.

Dando continuidade às análises não paramétricas, foram testadas as escalas de intenção de comportamento. Analisou-se a intenção de retorno, a propensão a fazer comentários positivos e a possibilidade de recomendar a empresa para amigos e conhecidos. A dimensão "retorno" apresentou significância estatística suficiente para dar suporte à hipótese de que um aroma agradável é capaz de influenciar a intenção de retorno no caso da amostra 1. Os resultados permitem inferir que há maior propensão de retorno por parte dos indivíduos que estiveram expostos ao aroma agradável. Porém, esse padrão não se repetiu na subamostra de entrevistados que fizeram compras. Também não há suporte à aceitação dessa hipótese nos dados da amostra 2. Os resultados sugerem ser mais prudente rejeitar H_2, visto que o suporte à hipótese não é consistente entre as amostras. Os resultados do teste Mann-Whitney também sugerem que não há suporte para a aceitação das hipóteses de que um aroma agradável é capaz de interferir sobre as intenções de "recomendação" e "realização de comentários positivos". Tanto na amostra 1 como na amostra 2, o teste de hipóteses não reportou resultados estatisticamente significantes ($p < 0,05$), sendo que o resultado se repetiu nas subamostras de entrevistados que realizaram compras. Portanto, as hipóteses H_3 e H_4 foram rejeitadas.

Os dados relativos apenas aos entrevistados que realizaram compras na amostra 2 reiteraram a tendência de uma diferença de tempo calculado menor no grupo de tratamento dos experimentos. A combinação desse resultado com os demais testes sugere que talvez seja possível aceitar a hipótese de que a diferença calculada entre o tempo imaginado de permanência e o real seja menor quando um aroma agradável está presente na atmosfera.

O teste Mann-Whitney também indicou que o valor médio do item adquirido foi superior para o grupo exposto a um aroma ambiental agradável. Esse resultado sugere que a presença do aroma ambiental agradável pode ter contribuído para que os clientes adquirissem produtos mais caros. No entanto, o reduzido número de casos fragiliza qualquer inferência que poderia ser feita a partir desse resultado. Além disso, os resultados obtidos da amostra 1 não reportaram a existência de diferença estatisticamente significativa entre os grupos para o valor médio dos itens adquiridos. Para aumentar a fidedignidade da conclusão a qual se chegaria quanto à rejeição ou aceitação de H_8, foram realizados testes complementares com a variável "valor gasto". Os resultados desse teste não reportaram a existência de diferença estatística significativa entre os indivíduos expostos ao aroma de *grapefruit* e o grupo de controle, tanto no caso da amostra 1 como no caso da amostra 2. Por essa razão, parece ser mais cauteloso rejeitar H_8.

6. Considerações finais

Provavelmente uma das principais contribuições acadêmicas proporcionadas pela presente pesquisa esteja relacionada à sua realização em condições reais. Acredita-se que o estudo contribuiu de maneira significativa para verificar em condições reais hipóteses até então testadas prioritariamente com estudantes em situações fictícias. Como resultado dessa perspectiva, é possível afirmar que os resultados apresentam maior validade externa. Também foi relevante o uso de uma escala até então inédita nas pesquisas sobre aromas. Conforme revisão teórica, todos os trabalhos examinados mensuraram o efeito dos odores sobre as emoções com a escala PAD de Mehrabian e Russell (1974). Acredita-se que esta tenha sido a primeira pesquisa que trata dos impactos do cheiro de uma atmosfera sobre as emoções a utilizar uma escala distinta da PAD. Complementarmente, é preciso ressaltar que a presente pesquisa contribuiu para o enriquecimento do conhecimento acerca dos impactos de um aroma ambiental agradável sobre as emoções e comportamentos dos consumidores em situações nas quais são comercializados produtos sem cheiro característico e não há uma fragrância que possa, *a priori*, ser considerada congruente.

Acredita-se também que é de grande importância para o campo do conhecimento o achado de que os entrevistados expostos ao aroma agradável em geral perceberam que permaneceram menos tempo na loja do que os indivíduos do grupo de controle. Esse resultado vai ao encontro das descobertas de pesquisas anteriores (por exemplo, SPANGENBERG, CROWLEY e HENDERSON, 1996; DAUCÉ, 2000; DAUCÉ e REUNIER, 2002; MICHON, CHEBAT e TURLEY, 2005). Importante destacar que a hipótese é confirmada quando se examina o tempo estimado de permanência, descontado o tempo real cronometrado. Logo, é possível concluir que uma fragrância ambiental agradável pode provocar distorções na percepção de tempo.

Em resposta à lacuna de conhecimento científico existente no campo gerencial, acredita-se que esta pesquisa representa uma importante contribuição para o entendimento dos possíveis efeitos que um aroma ambiental agradável pode ter sobre as emoções e comportamentos dos consumidores. A condução da pesquisa em condições reais confere-lhe grande validade externa. Outra importante implicação gerencial da pesquisa diz respeito à utilização de aromas ambientais agradáveis em lojas onde são comercializados produtos inodoros. A adição de um aroma agradável nesse tipo de ambiente parece ser capaz de exercer interferência sobre a percepção de tempo transcorrido durante a permanência na loja. Além desse aspecto favorável, Spangenberg, Crowley e Henderson (1996) e Chebat e Michon (2003) enfatizam que essa é uma das técnicas menos caras de aprimorar o ambiente comercial e melhorar as percepções dos consumidores.

Uma importante limitação da presente pesquisa diz respeito à mensuração do constructo emoção. Estudos que combinam emoção e cognição têm se mostrado falhos em comprovar a ocorrência de uma mudança no estado emocional dos consumidores. É possível que a escala utilizada não tenha sido sensível o suficiente para detectar as pequenas alterações que o aroma ambiental pode ter causado no estado emocional dos consumidores. Por essa razão, é preciso refletir a respeito da adequação do uso de medidas que dependam da verbalização para expressar os sentimentos associados a odores. Além disso, o cheiro é um estímulo particularmente complexo, de modo que manipular suas características é algo extremamente difícil. Por essa razão, é preciso refletir seriamente a respeito dos resultados verificados. São eles atribuíveis à fragrância utilizada ou ao fator surpresa de encontrar algo inesperado como um aroma agradável no ar? De fato, pode ser bastante difícil garantir que os efeitos registrados na coleta de dados possam ser atribuídos somente às características olfativas do ambiente.

Dada a limitação apresentada pelas escalas adotadas para capturar as alterações na condição emocional dos consumidores, verifica-se que é necessária a utilização de métricas mais adequadas. Essa premência fica mais evidente ainda quando se observa que os estímulos olfativos podem ser percebidos através de um processamento pré-atentivo, o que conduz a uma situação em que os consumidores respondem a um determinado cheiro sem realizar cognição (DAVIES, KOOIJMAN e WARD, 2003). Certamente esse aspecto particular à percepção de aromas interfere na verbalização de sentimentos. Para superar as limitações impostas pelas métricas (cognitivas) utilizadas até o momento, equipamentos normalmente usados na área médica, como o eletroencefalograma, a tomografia por emissão de pósitrons (PET) e a imagem por ressonância magnética funcional (FMRI) se apresentam como instrumentos promissores no estudo do efeito de estímulos olfativos sobre as emoções dos consumidores (ROSSI e HOR-MEYLL, 2001; CHEBAT e MICHON, 2003). Sugere-se que em pesquisas futuras sejam adotadas métricas mais adequadas para capturar as possíveis alterações que os odores podem provocar.

Outra sugestão de pesquisa futura diz respeito ao exame de elementos moderadores que podem interferir na relação entre os estímulos olfativos e as respostas emocionais e comportamentais dos consumidores. Nesse ínterim, merecem destaque as características individuais dos consumidores e suas motivações de compra. De acordo com Michon, Chebat e Turley (2005), é possível que consumidores mais envolvidos com a compra esperem encontrar um ambiente mais estimulante. Paralelamente, consumidores hedonistas tendem a buscar experiências que proporcionam prazer. Logo, compreender melhor as diferenças individuais e as motivações implícitas na experiência de consumo pode proporcionar pistas interessantes sobre a forma como os estímulos olfativos são avaliados.

Por fim, é pertinente destacar que a realização sistemática de estudos que buscam diagnosticar o efeito de aromas ambientais sobre os clientes em circunstâncias reais permite a aproximação entre acadêmicos e profissionais de marketing. Acredita-se que a continuidade na realização de estudos dessa natureza em contextos distintos e com a adoção de medidas mais sensíveis aos efeitos do aroma contribuirá para aumentar a validade externa do conhecimento já acumulado até o momento, aproximando teoria e prática.

Bibliografia

ANAND, Punam; HOLBROOK, Morris B.; STEPHENS, Debra. The formation of affective judgments: the cognitive-affective model versus the independence hypothesis. **Journal of Consumer Research**, v. 15, n. 3, p. 386-391, Dec. 1988.

BAGOZZI, Richard P.; GOPINATH, Mahesh; NYER; Prashanth U. The role of emotions in marketing. **Journal of the Academy of Marketing Science**, v. 27, n. 2, p. 184-206, 1999.

BAKER, Julie. The role of environment in marketing services: the consumer perspective. In: **The Services Challenge: integrating for competitive advantage**, CZEPIEL, J.A.; CONGRAM, C.A.; SHANAHAM, J. (Eds.). Chicago: American Marketing Association, 1987, p. 79-84.

BAKER, Julie; LEVY, Michael; GREWAL, Dhruv. An experimental approach to making retail store environmental decisions. **Journal of Retailing**, v. 68, n. 4, p. 445-460, Winter 1992.

BAKER, Julie; PARASURAMAN, A.; GREWAL, Dhruv; VOSS, Glenn B. The influence of multiple store environment cues on perceived merchandise value and patronage intentions. **Journal of Marketing**, v. 66, n. 2, p. 120-141, Apr. 2002.

BITNER, Mary Jo. Evaluating service encounters: the effects of physical surroundings and employee responses. **Journal of Marketing**, v. 54, n. 2, p. 69-82, Apr. 1990.

BITNER, Mary Jo. Servicescapes: the impact of physical surrounding on customers and employees. **Journal of Marketing**, v. 56, n. 2, p. 57-71, Apr. 1992.

BLACKWELL, Roger D.; MINIARD, Paul W.; ENGEL, James F. **Consumer behavior**. 9th. ed. Ohio: South-Western, 2001.

BONE, Paula Fitzgerald; ELLEN, Pam Scholder. Scents in the marketplace: explaining a fraction of olfaction. **Journal of Retailing**, v. 75, n. 2, p. 243-262, 1999.

BRUNER, Gordon C. II; HENSEL, Paul J. **Marketing Scales Handbook: a compilation of multi-items measures.** v. 2, Chicago: American Marketing Association, 1998.

CHEBAT, Jean Charles; MICHON, Richard. Impact of ambient odors on mall shoppers' emotions, cognition, and spending: a test of competitive causal theories. **Journal of Business Research**, v. 56, n. 7, p. 529-539, July 2003.

DARPY, Denis; VOLLE, Pierre. **Comportements du Consommateur**. Paris: Dunod, 2003.

DAUCÉ, Bruno. **La diffusion de senteurs d'ambiance dans un lieu commercial**. 2000. 111 f. Thèse (Doctorat en Sciences de Gestion) – École Doctorale Économie Gestion, Institut de Gestion de Rennes, Université de Rennes 1, Rennes, 2000.

DAUCÉ, Bruno; RIEUNIER, Sophie. Le marketing sensoriel du point de vente. **Recherche et Applications en Marketing**, v. 17, n. 4, p. 46-65, 2002.

DAUCÉ, Bruno ; DION, Delphine ; GALLOPEL, Karine; RÉMY, Éric ; RIEUNIER, Sophie; ROULLET, Bernard. **Le Marketing Sensoriel du Point de Vente**: créer et gérer l'ambiance des lieux commerciaux. Dunond: Paris, 2004.

DAVIES, Barry J.; KOOIJMAN, Dion; WARD, Philippa. The sweet smell of success: olfaction in retailing. **Journal Marketing Management**, v. 19, n. 5/6, p. 611-627, 2003.

DIENER, Ed. Introduction to the special section on the structure of emotion. **Journal of Personality and Social Psychology**, v. 76, n. 5, p. 803-804, 1999.

DONOVAN, Robert J.; ROSSITER, John R.; MARCOOLYN, Gilian; NESDALE; Andrew. Store atmosphere and purchasing behavior. **Journal of Retailing**, v. 70, n. 3, p. 283-294, 1994.

DONOVAN, Robert J.; ROSSITER, John. R. Store atmosphere: an environmental psychology approach. **Journal of Retailing**, v. 58, n. 1, p. 34-57, Spring 1982.

ELLEN, Pam Scholder; BONE, Paula Fitzgerald. Does it matter if it smells? Olfactory stimuli as advertising executional cues. **Journal of Advertising**, v. 27, n. 4, p. 29-40, Winter 1998.

EHRLICHMAN, Howard; HALPERN, Jack N. Affect and memory: effects of pleasant and unpleasant odors on retrieval of happy and unhappy memories. **Journal of Personality and Social Psychology**, v. 55, n. 5, p. 769-779, 1988.

ESPINOZA, Francine da Silveira. **O Impacto de Experiências Emocionais na Atitude e Intenção de Compra do Consumidor**. 2004. 161 f. Dissertação (Mestrado em Administração) – Programa de Pós-Graduação em Administração, Escola de Administração, Universidade Federal do Rio Grande do Sul, Porto Alegre, 2004.

EVERELES, Sunil. The role of affect in marketing. **Journal of Business Research**, v. 42, n. 3, p. 199-215, July 1998.

FIORE, Ann Marie; YAH, Xinly; YOH, Eunah. Effects of a product display and environmental fragrancing on approach responses and pleasurable experiences. **Psychology & Marketing**, v. 17, n. 1, p. 27-54, Jan. 2000.

GREWAL, D.; BAKER, J. Do retail store environmental factors affect consumers' price acceptability? An empirical examination. **International Journal of Research in Marketing**, v.11, n. 2, p. 107-115, Mar. 1994.

HAIR Jr., Joseph F.; ANDERSON, Rolph E.; TATHAM, Ronald L.; BLACK, William C. **Análise Multivariada de Dados**. 5. ed. Porto Alegre: Bookman, 2005.

HARRELL, Gilbert D.; HUTT, Michael D.; ANDERSON, James C. Path analysis of buyer behavior under conditions of crowding. **Journal of Marketing Research**, v. 17, n. 1, p. 45-51, Feb. 1980.

KOTLER, Philip. Atmospherics as a marketing tool. **Journal of Retailing**, v. 49, n. 4, p. 48-64, Winter 1973.

LAROS, Fleur J. M; STEENKAMP, Jan-Benedict E. M. Emotions in consumer behavior: a hierarchical approach. **Journal of Business Research**, *article in press*, 2004.

MAILLE, Virginie. L'influence des stimuli olfactifs sur le comportement du consommateur: un état des recherches. **Recherche et Applications en Marketing**, v. 16, n. 2, p. 51-75, 2001.

MALHOTRA, Naresh. K. **Pesquisa de Marketing**: uma orientação aplicada. 3. ed. Porto Alegre: Bookman, 2001.

MANO, Haim; OLIVER, Richard L. Assessing the dimensionality and structure of the consumption experience: evaluation, feeling, and satisfaction. **Journal of Consumer Research**, v. 20, n. 3, p. 451-466, Dec. 1993.

MATTILA, Anna S.; WIRTZ, Jochen. Congruency of scent and music as a driver of in-store evaluations and behavior. **Journal of Retailing**, v. 77, n. 2, p. 273-289, Summer 2001.

MEHRABIAN, Albert; RUSSELL, James A. **An Approach to Environmental Psychology**. MIT Press, Cambridge, M.A. 1974.

MICHON, Richard; CHEBAT, Jean-Charles; TURLEY, L. W. Mall atmospherics: the interaction effects of the mall environment on shopping behavior. **Journal of Business Research**, v. 58, n. 5, p. 576-583, May 2005.

MILLER, Cyndee. Scent as a marketing tool: retailers — and even a casino — seek sweet smell of success. **Marketing News**, v. 25, n. 2, p. 1-2, Feb. 1993.

MILLIMAN, Ronald E. Using background music to affect the behavior of supermarket shoppers. **Journal of Marketing**, v. 46, n. 3, p. 86-91, Summer 1982.

MILLIMAN, Ronald E. The influence of background music on the behavior of restaurant patrons. **Journal of Consumer Research**, v. 13, n. 2, p. 286-289, Sep. 1986.

MITCHELL, Deborah J.; KAHN, Barbara E.; KNASKO, Susan C. There's something in the air: effects of congruent or incongruent ambient odor on consumer decision making. **Journal of Consumer Research**, v. 22, n. 2, p. 229-238, Sep. 1995.

MONTGOMERY, Douglas C. **Design and Analysis of Experiments**. 5. ed. New York: John Wiley, 2001.

MORRIN, Maureen; RATNESHWAR, S. Does it make sense to use scents to enhance brand memory? **Journal of Marketing Research**, v. 40, n. 1, p. 10-25, Feb. 2003.

OATLEY, Keith; JOHNSON-LAIRD, Philip N. Towards a cognitive theory of emotions. **Cognition & Emotion**, v. 1, p. 29-50, 1987.

RAFFAELLI, Eliana. Marketing sensorial para encantar o cliente. **Jornal do Comércio**, Porto Alegre, 23 jan. 2006. Empresas & Negócios, p. 10.

ROSSI, Carlos A. V.; HOR-MEYLL, Luiz F. Explorando novas trilhas na pesquisa do consumidor. In: ENCONTRO NACIONAL DOS PROGRAMAS DE PÓS-GRADUAÇÃO EM ADMINISTRAÇÃO, 25. 2001, Campinas. **Anais...** Campinas, ANPAD, 2001. 1 CD-ROM.

SCHIFFMAN, Leon G.; KANUK, Leslie Lazar. **Comportamento do Consumidor**. 6ª. ed. Rio de Janeiro: LTC, 2000.

SHERMAN, Elaine; MATHUR, Anil; SMITH, Ruth Belk. Store environment and consumer purchase behavior: mediating role of consumer emotions. **Psychology & Marketing**, v. 14, n. 4, p. 361-378, Jul. 1997.

SOLOMON, Michael R. The role of products as social stimuli: a symbolic interactionism perspective. **Journal of Consumer Research**, v. 10, n. 3, p. 319-329, Dec. 1983.

SOLOMON, Michael R. **O Comportamento do Consumidor:** comprando, possuindo e sendo. 5ª. ed. Porto Alegre: Bookman, 2002.

SPANGENBERG, Eric R.; CROWLEY, Ayn E.; HENDERSON, Pamela W. Improving the store environment: do olfactory cues affect evaluations and behaviors? **Journal of Marketing**, v. 60, n. 2 p. 67-80, Apr 1996.

TABACHNICK, Barbara G.; FIDELL, Linda S. 4th ed. **Using multivariate statistics**. Needham Heights: Allyn & Bacon, 2001.

TURLEY, L.W.; MILLIMAN, Ronald E. Atmospheric effects on shopping behavior: a review of the experimental evidence. **Journal of Business Research**, v. 49, n. 2, p. 193-211, Aug. 2000.

UNDERHILL, Paco. **Vamos às Compras**: a ciência do consumo. Rio de Janeiro: Campus, 1999.

WAKEFIELD, Kirk L.; BAKER, Julie. Excitement at the mall: determinants and effects on shopping response. **Journal of Retailing**, v. 74, n. 4, p. 515-539, Winter 1998.

WARD, James C.; BITNER, Mary Jo; BARNES, John. Measuring the prototypicality and meaning of retail environments. **Journal of Retailing**, v. 68, n. 2, p. 194-215, Summer 1992.

WATSON, David; TELLEGEN, Auke. Toward a consensual structure of mood. **Psychological Bulletin**, v. 98, p. 219-235, Sep. 1985.

WATSON, David; CLARK, Lee Anna; TELLEGEN, Auke. Development and validation of brief measures of positive and negative affect: the PANAS scales. **Journal of Personality and Social Psychology**, v. 54, n. 6, p. 1063-1070, June 1988.

WILKIE, Maxine. Scent of a market. **American Demographics**, v. 17, n. 8, p. 40-46, Aug. 1995.

ZAJONC, Robert B.; MARKUS, Hazel. Affective and cognitive factors in preferences. **Journal of Consumer Research**, v. 9, n. 2, p. 123-121, Sep. 1982.

Câmara Brasileira de Comércio Eletrônico. Site acessado em 6 fev. 2006. <http://www.camara-e.net/interna.asp?tipo=1&valor=3523>

Instituto Brasileiro de Geografia e Estatística (IBGE). Site acessado em 6 fev. 2006 <http://www.ibge.gov.br/home/estatistica/indicadores/comercio/pmc/pmc02_122005.shtm>

5

Nem tudo que reluz é ouro: associações entre a força da marca e a precificação no varejo

Roberto Brazileiro Paixão

Adriano Leal Bruni

Rodrigo Ladeira

SAINT PAUL
EDITORA

Resumo

O presente estudo analisa as possíveis relações existentes entre a força da marca e a cobrança de preços superiores, denominados preços-prêmios. A gestão do ativo marca, bem como a precificação adequada do produto ou serviço, torna-se crítica para que o valor da empresa seja maximizado. A partir de suas associações com os consumidores e das características intrínsecas e extrínsecas do produto ou serviço, a marca pode passar a ter força superior em comparação com concorrentes. A princípio, a marca mais forte poderia auxiliar no aumento de riqueza da empresa por meio da cobrança de preços superiores, que gerariam fluxos de caixa também superiores. Paralelamente, marcas mais fortes também seriam mais valiosas para as empresas. Porém, aplicações dos testes de qui-quadrado e correlações de Spearman e Kendall não permitem verificar associações significantes entre as variáveis para a maioria das categorias dos produtos analisados. A análise de *clusters* evidencia que os conglomerados possuem diferenças estatísticas significativas entre força de marca e preço. Os resultados encontrados sugerem que outras variáveis influenciam na decisão de cobrar preços-prêmios, mesmo no caso de marcas mais fortes.

1. Introdução

Valor pode ser conceituado em termos financeiros de diversas formas. A forma mais usual explora o valor presente dos fluxos de caixa esperados, descontados a uma taxa que reflita o risco associado dos investimentos e financiamentos da empresa. O valor de uma empresa estará associado a três macrodecisões: de investimento, de financiamento e de distribuição de dividendos.

Para uma empresa com ações negociadas em bolsa, aumentar valor se traduz na maximização do preço de suas ações. Conforme argumenta Damodaran (2002), existem três razões para dar atenção à maximização dos preços das ações. A primeira deve-se ao fato de o preço da ação ser o melhor indicador de desempenho. A segunda justifica-se porque o preço da ação tende a refletir os efeitos de longo prazo das decisões da empresa. E, por fim, essa definição pode permitir associações categóricas sobre a melhor forma de seleção de estratégias a implementar.

O aumento do valor da empresa pode se dar pela cobrança de preços superiores que os dos concorrentes, em função da existência de uma marca forte. Tal marca permite que a empresa tenha retornos superiores, gere maiores fluxos de caixa e, conseqüentemente, reinvista na marca, aumentando sua força.

Dado que o preço do produto ou serviço é uma variável de mercado, com consumidores aceitando ou não adquirir um produto a um determinado preço, uma forma de imprimir um preço superior envolveria o estabelecimento de associações com marcas cada vez mais fortes. Tais associações contribuem para que o produto ou serviço passe a ser diferenciado com maior valor percebido.

O desenvolvimento de diferenças em relação aos concorrentes com o objetivo de obter uma vantagem competitiva encontra-se presente em muitas atividades de marketing. A diferenciação pode ser de forma, de desempenho, de conformidade, de durabilidade, de confiabilidade, de facilidade de reparo, de estilo, de *design*, de entrega, de manutenção ou de símbolos, dentre eles a marca. Para ser diferente, o produto ou serviço precisa ter elevados graus de importância, destaque, superioridade, exclusividade, acessibilidade e lucratividade (KOTLER, 2000).

O desenvolvimento de marcas, o conseqüente sentimento de lealdade dos clientes em função da publicidade ou de ser o primeiro entrante da indústria e a menor sensibilidade ao preço implicam diferenciação e vantagem competitiva. No âmbito das cinco forças competitivas, que são o poder dos compradores, o poder dos fornecedores, a ameaça de novos entrantes, a ameaça de produtos substitutos e a rivalidade entre os concorrentes, a diferenciação: (a) cria barreiras de entrada de novos concorrentes, uma vez que esses terão de realizar investimentos mais altos objetivando superar o líder de mercado; (b) gera maiores margens, que possibilitam melhor negociação com os fornecedores e ameniza o poder dos compradores, dado que existem poucas alternativas comparáveis; e (c) gera melhor posicionamento ante os substitutos, em função das peculiaridades do produto ou serviço (PORTER, 2004). A diferenciação permite a utilização do preço como base para o desenvolvimento de uma estratégia baseada em valor, oposta à estratégia baseada em custo. Parte-se do conceito de produto básico, genérico, para produto ampliado, com especificidades capazes de gerar maiores margens em função da menor sensibilidade ao preço.

Figura 1 — O preço e as estratégias de custo e de diferenciação

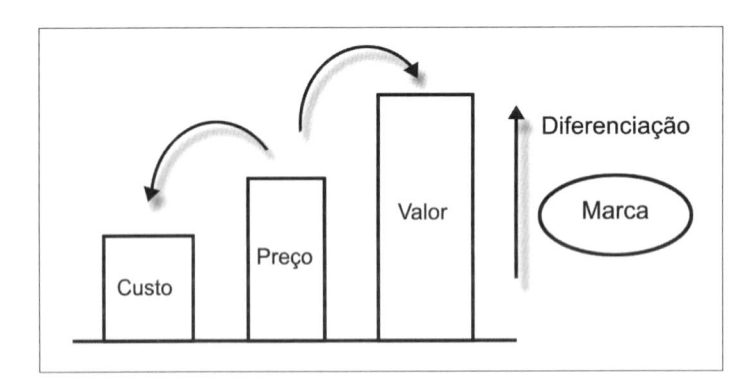

Fonte: elaborado pelos autores.

Em geral, a maioria dos produtos e serviços possui demandas elásticas em relação ao preço. Isso quer dizer que quando o preço sobe, a demanda tende a cair na mesma proporção. O inverso é igualmente positivo, ou seja, quando o preço cai, a demanda tende a subir. Em alguns casos, a elasticidade pode não ocorrer ou mesmo ser suavizada, como ocorre, por exemplo, com bens exclusivos ou de baixo consumo.

A relação da marca com o preço está justamente associada à elasticidade preço-demanda. À medida que uma marca vai se tornando mais forte, ou seja, se diferenciando e tendo maior valor, a elasticidade vai se reduzindo. Ou seja, um produto ou serviço com uma marca forte vinculada não terá sua demanda reduzida em função do preço-prêmio cobrado.

Logo, ter marcas fortes funciona positivamente na função de maximizar o valor da empresa, conforme indica a Figura 2.

Figura 2 — *Interação marca, preço-prêmio, fluxos de caixa e valor*

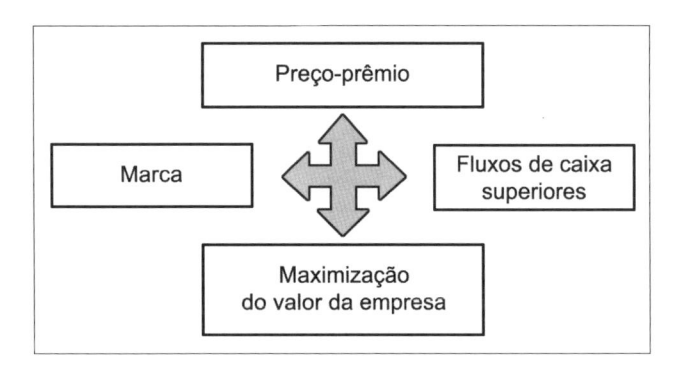

Fonte: elaborado pelos autores.

O preço-prêmio, a marca, a geração de fluxos de caixa superiores e a maximização do valor da empresa se relacionam direta e indiretamente. A maximização do valor da empresa é conseqüência de uma política organizacional de valorização da marca, do preço-prêmio e do foco financeiro em busca de fluxos de caixa maiores. A marca e o preço funcionam como catalisadores de fluxos de caixa, com o objetivo de aumentar o valor da companhia.

Conforme salienta Aaker (1998), em função da complexidade envolvida, fica claro que a busca pelo desenvolvimento de métodos que analisem o valor ou força de uma marca é de fundamental importância, dentre diversos aspectos mercadológicos, destacando-se nesta pesquisa a variável preço. Diante dos argumentos apresentados, pode-se apresentar o seguinte problema de pesquisa proposto para o presente estudo: qual a relação existente entre o preço e a força da marca?

O objetivo geral desta pesquisa é analisar as possíveis relações existentes entre a força de marca e o preço cobrado pelo produto ou serviço. Como objetivos específicos tem-se: (a) revisitar os conceitos teóricos acerca do tema valor e força de marca, e cobrança de preços superiores; (b) realizar levantamento de marcas e preços cobrados; e (c) aplicar ferramentas estatísticas para tirar conclusões acerca das hipóteses levantadas.

Para orientar o processo investigativo, foram levantadas as seguintes hipóteses:

H_0 Não existe associação entre força de marca e preço.

H_1 Existe associação entre força de marca e preço.

O presente estudo está estruturado em cinco partes. Na parte "Introdução", é apresentada a discussão inicial sobre o tema e a contextualização no âmbito organizacional, a apresentação do problema de pesquisa, os objetivos, principal e secundários, bem como as hipóteses. Na parte 2, "A precificação e as associações com a marca", é apresentada a revisão bibliográfica das teorias e modelos que formam a base da pesquisa. Na parte 3, "A metodologia", é caracterizada a pesquisa e são explicados os procedimentos de investigação e operacionalização das variáveis, desde a coleta até a análise dos dados. Na parte 4, "Análise dos resultados", são apresentados os resultados e as análises das aplicações dos testes estatísticos. Por fim, no item 5 são apresentadas as "Considerações finais".

2. A precificação e as associações com a marca

Kotler e Armstrong (1993) conceituam preço como sendo a quantidade de dinheiro a ser cobrado em troca de um produto ou serviço. Sendo mais abrangente, é o valor pecuniário que os consumidores trocam pelo benefício de possuir um produto ou utilizar um serviço.

De uma forma mais abrangente, Estelami (2003a, 2003b) analisa a precificação multidimensional, que ocorre quando um preço é comunicado ao consumidor usando-se mais do que um simples número. Como exemplos, tem-se a venda de veículos, como "R$ 499 por mês durante 36 meses", ou os preços dos serviços de telefonia, como "mensalidade de R$ 32 para uma franquia de 100 minutos". Na precificação multidimensional, para avaliar o custo do que está adquirindo, o consumidor precisa realizar operações matemáticas, como multiplicações ou subtrações.

Para Kotler (2000), a demanda dos clientes, o custo e os preços dos concorrentes são fatores fundamentais para a determinação do preço. A singularidade do produto, ou seja, sua diferenciação, afetará a avaliação dos clientes e o posicionará perante a concorrência. Quanto maior for tal singularidade, mais possibilidade de cobrança de um preço mais elevado.

Blackston (2000) corrobora a afirmação de Kotler (2000) de que a demanda dos clientes, ou seja, o volume de vendas, influencia na precificação dos produtos e serviços, visto que ela é influenciada pelas variáveis clássicas de marketing (produto, preço, praça e promoção).

Para Calderón, Cervera e Mollá (1997), Crimmins (2000) e Seetharaman, Nadzir e Gunalan (2001), marcas mais fortes podem trazer consigo a utilização de preços superiores, pois a percepção de valor da marca aumenta a predisposição dos consumidores a comprar o produto, mesmo que a um preço maior.

Analisando associações entre marca e preço, Aaker (1998) argumenta que a força da marca permite maiores margens de lucro, em função tanto do preço-prêmio quanto da menor utilização de promoções. Na visão desse autor, o preço está associado com a qualidade percebida do produto ou serviço, sendo essa determinante no diferencial a ser cobrado, diga-se preço-prêmio. O fato de ser cobrado um preço-prêmio propicia aumento de lucros e recursos que podem ser direcionados para o reforço da marca.

Contudo, Aaker (1998) argumenta que a relação entre o preço e a qualidade percebida também depende de outras sugestões disponíveis, tanto do consumidor quanto do produto. Nesse sentido, o preço tende a ser sugestão de qualidade sempre que outras não estiverem disponíveis para o consumidor, ou seja, sem informações do produto ou serviço o consumidor associa diretamente preço a qualidade. Ao contrário, quando sugestões intrínsecas ou extrínsecas ao produto ou serviço estiverem disponíveis, a relação preço e qualidade tenderá a ser mais superficial.

Na visão de Dodds, Monroe e Grewal (1991), a marca não domina a influência sobre o preço, mas sim aumenta a influência do preço na percepção de qualidade dos produtos. Ou seja, a marca impacta originalmente na qualidade percebida, e secundária e conseqüentemente no preço, o que corrobora a visão de Aaker (1998). Para esses autores o preço pode ser tanto um indicador do sacrifício de compra de um produto quanto indicador de seu nível de qualidade (qualidade percebida). Preços maiores levam a maior qualidade percebida e, conseqüentemente, a maior disposição de compra por parte do consumidor. Ao mesmo tempo, preços superiores implicam maior sacrifício monetário para a aquisição, que implicaria menor disposição de compra por parte do consumidor. Essa dicotomia resultaria na percepção de valor, que é justamente a associação da marca, enquanto qualidade percebida, e do preço.

Lemon e Nowlis (2002), analisando as vantagens e desvantagens de promoções de preços em marcas de diferentes níveis, diga-se marcas com maior ou menor *brand equity*, argumentam que quando uma marca de nível mais alto compete com uma de nível mais baixo, a de nível inferior tende a ter vantagem no fator preço.

Gerstner (1985) salienta que em um mercado perfeito, no qual os consumidores tenham total conhecimento dos produtos, é de esperar uma relação forte e positiva entre qualidade do produto e preço. Nessa linha, um preço superior seria reflexo ou de uma demanda por maior qualidade, ou de altos custos de produção associados a alta qualidade. O autor testou a hipótese de que os preços-prêmios cobrados pelas marcas de maior qualidade demonstram uma correlação positiva entre preço e qualidade. No total, foram analisados 145 produtos. Concluiu-se que para muitas categorias a relação preço-qualidade é fraca e que altos preços parecem ser sinais pobres de alta qualidade. Enfim, a relação é específica para cada categoria de produtos, e não generalizada. Argumentando sobre os resultados, o autor sugere que (a) a fraca relação encontrada se dá em função da freqüência de compra de alguns produtos, ou seja, produtos menos comprados, de compra não freqüente, são usualmente mais caros do que produtos com alto giro; e/ou (b) a fraca relação pode ser dada pela diferença do tamanho das embalagens para as diferentes marcas, que tornaria a comparação preço-qualidade mais complexa.

Para Rao e Monroe (1989), existe uma insinuação de que as pessoas usam mais o preço como um indicador de qualidade, relativamente a produtos mais caros. À medida que o preço aumenta, o risco de uma avaliação incorreta também aumenta, visto que os consumidores geralmente estão menos familiarizados com o produto em função da compra não freqüente. Nesses casos, inferências baseadas em conhecimento popular são comumente usadas. Em sua pesquisa, baseada em dados que vão de produtos não duráveis, como manteiga ou margarina, a equipamentos, com preços variando entre 0,11 centavos de dólar a 400 dólares, os autores encontraram correlações positivas e estatisticamente significantes entre preço e qualidade percebida, e marca e qualidade percebida, o que reforça também a idéia de uma relação entre marca e preço.

Kalita, Jagpal e Lehmann (2004) desenvolveram e testaram um modelo de precificação no qual os consumidores possuem apenas informações incompletas sobre preço e qualidade, ou seja, em um mercado ineficiente. Os dados foram coletados da União dos Consumidores (Consumer Union), instituição americana, e variam entre video cassetes, papéis higiênicos e detergentes, entre outros produtos. Os resultados indicam fortemente que as empresas usam, sim, o preço como um indicador de qualidade superior, tanto para bens duráveis quanto não duráveis.

Aalto-Setala e Raijas (2003) afirmam que o conhecimento de preços por parte dos consumidores pode ser influenciado por inúmeros fatores, os quais possivelmente estão relacionados com as características dos próprios consumidores ou da categoria do produto. O fator demográfico pode afetar o conhecimento do preço, ou seja, fatores como sexo, idade e renda podem afetar o interesse do consumidor por determinados produtos e, conseqüentemente, impactar na fixação de preços. Além disso, um produto possui diferentes graus de importância para diferentes consumidores e, conseqüentemente, a importância da informação sobre preço na escolha do produto vai variar. Outro ponto argumentado pelos autores refere-se ao fato de que os consumidores estão mais familiarizados com os preços dos produtos que adquirem constantemente. Fazendo um comparativo sobre o conhecimento de preços de produtos com marcas, a pesquisa dos autores conclui que, no caso de produtos com marcas fortes, tanto as diferenças entre as médias do preço atual do mercado e as estimativas dos consumidores são relativamente pequenas, indicando haver familiaridade do consumidor não apenas com a marca, mas também com seu preço associado. A pesquisa foi realizada em 82 mercados varejistas da Finlândia, um mercado controlado por cadeias de varejistas, e abrange os produtos mais vendidos nas lojas: leite, margarina, café, refrigerante, açúcar, suco de laranja, peixe congelado e salsicha.

Para Monroe e Lee (1999), durante muito tempo os pesquisadores vêm tentando determinar a habilidade dos consumidores em lembrar os preços dos produtos recentemente adquiridos. Esses estudos reportam que uma proporção relativamente pequena de compradores pode lembrar com confiabilidade os preços dos produtos que adquiriram há pouco tempo. A conclusão era sempre a de que o consumidor não atentava para a informação preço nas suas decisões de compra. Contudo, para os autores, os consumidores possuem conhecimento das informações relevantes sobre preços, mesmo não tendo condições de lembrá-los ou mesmo estimá-los com confiabilidade.

Ao analisar a consistência das respostas às mudanças de preços, utilizando um questionário com quatro marcas de um mesmo produto, com seus preços sofrendo variações controladas, Scriven e Ehrenberg (2004) concluíram que as marcas maiores e mais expressivas particularmente não foram afetadas no caso de ter seus preços reduzidos. Em contraste, marcas menores, de menor valor, foram afetadas por mudanças no preço, seja aumento, seja redução. Por conseqüência, os consumidores de tais marcas são mais sensíveis a variações de preços. Concluíram ainda que os efeitos da precificação podem ser alavancados se os consumidores tiverem conhecimento de que houve mudança. Ressalta-se que tal levantamento foi feito na Inglaterra.

Wiedmann (2005), ao analisar as relações da força da marca no mercado de energia elétrica alemão, após levantamento feito com executivos de grandes, médias e pequenas empresas do ramo, concluiu que a percepção positiva do preço é forte causadora do impacto na retenção de clientes. Mais especificamente, a orientação acerca da percepção do consumidor sobre a marca possui influência forte e direta sobre a percepção de preço e, indiretamente, influencia no índice de retenção.

Farquhar, Han e Ijiri (1992) e Simon e Sullivan (1993) argumentam que, apesar de existir associação entre a precificação do produto/serviço e a marca, são necessários outros aspectos para a determinação de preços superiores, como custos de produção, similaridade de produtos, canal de distribuição, competitividade, regulação de mercados e volume de vendas, entre outros possíveis de influenciar tal relação.

Conforme apresentado, diversas são as associações entre valor da marca e preço, contudo inexiste consenso ou generalização acerca da correlação entre essas duas variáveis, objetivo do presente estudo.

3. A metodologia

No presente estudo dá-se destaque às variáveis força da marca e preço, discutidas com maior profundidade em seguida.

Os dados utilizados nesta pesquisa relacionados à força de marca são levantados a partir de uma fonte secundária, a pesquisa realizada pela consultoria ACNielsen e publicada na revista especializada *SuperHiper* (2005), da Associação Brasileira de Supermercados (Abras).

O estuda da ACNielsen abrange 200 categorias de produtos, divididos em cinco classificações: alimentos, bazar, bebidas, higiene e limpeza. O universo dessa pesquisa envolve lojas de auto-serviço com um ou mais *checkouts*, excluindo as lojas de varejo tradicional, bares e drogarias. No total foram pesquisadas cerca de 61,9 mil lojas de auto-serviço. Para obter análises mais específicas de cada região do país, ele foi dividido em sete áreas.

As categorias foram agrupadas e auditadas em dois períodos diferentes, variando entre agosto/setembro de 2003 e junho/julho de 2004, para as categorias de alimentos e bebidas, e entre setembro/outubro de 2003 e julho/agosto de 2004, para as demais categorias, sendo considerado o acumulado no período.

O resultado é a classificação de cada marca, de cada categoria pesquisada, em cada uma das áreas e no Brasil. As marcas são ranqueadas sempre da primeira até a quinta de cada área e, no geral, do Brasil.

Os dados relacionados a preços, nesta pesquisa, são considerados primários, visto que são coletados diretamente com os varejistas. Com base na pesquisa da ACNielsen sobre marcas, são coletados preços em diferentes supermercados, excluindo-se também as lojas de varejo tradicional, os bares e as drogarias.

Os preços são agrupados de forma a manter o mesmo agrupamento entre categorias da pesquisa da ACNielsen, contudo com um escopo menos abrangente. Das 200 categorias pesquisadas pela ACNielsen, 25% são escolhidas em cada classificação (alimentos, bazar, bebidas, higiene e limpeza) para ter seus preços coletados, conforme Quadro 7. Com essa distribuição são coletados preços de 23 categorias, na classificação Alimentos (achocolatados em pó, adoçante edulcorante líquido, biscoito recheado, biscoito waffer, café capuccino, café em pó, cereal matinal, chocolate em tablete, complemento alimentar à base de cereais, creme de leite, extrato/concentrado de tomate, leite condensado, leite em pó, maionese, margarina *diet* e *light*, margarina regular, óleo de soja, pão de queijo congelado, peixe enlatado, requeijão, salgadinho aperitivo/batata, sopa e vinagre); cinco categorias na classificação Bazar (alimentos para cães, cera automotiva, cigarro, filtro de papel e pilha alcalina); seis categorias na classificação Bebidas (aguardente de cana, bebida energética, cerveja, isotônico, refrigerante e suco pronto para consumo); dez categorias na classificação Higiene (anti-séptico bucal, bronzeador/bloqueador solar, condicionador, creme dental, creme para assadura, fio e fita dental, fralda descartável, loção pós-barba, preservativo masculino e xampu normal); e sete categorias na classificação Limpeza (amaciante de roupa, desinfetante, detergente líquido, inseticida aerossol, lustra-móveis, purificador de ar e sabão em barra glicerinado).

Por questões geográficas, os preços são coletados somente em varejistas da região metropolitana de Salvador/BA. Dentre os diversos varejistas existentes, foram escolhidas, em função da representatividade na região metropolitana, três unidades da rede Bompreço, três da rede Extra, o supermercado Atakarejo, GBarbosa, HiperIdeal e Centrosul.

Dado que na pesquisa tem-se uma variável medida em escala ordinal, a força da marca, foi necessária a utilização de testes não paramétricos. Tais testes, conforme salienta Martins (2002), permitem a não admissão de hipóteses sobre distribuições de probabilidade da população da qual tenham sido extraídas as amostras. Ademais, tais provas não paramétricas são adaptáveis a estudos que envolvem variáveis com níveis de mensuração nominal ou ordinal. Adicionalmente, Bisquerra, Sarriera e Martinez (2004) argumentam que tais provas, em geral, são utilizadas com variáveis qualitativas, mas também podem ser utilizadas com variáveis quantitativas que não cumprem os supostos paramétricos. Por supostos paramétricos, entenda-se a aceitação das seguintes condições: (a) a variável dependente é quantitativa contínua; (b) a normalidade da amostra; (c) existe homocedasticidade entre os grupos, ou seja, as diferenças observadas entre suas variâncias não são estatisticamente significativas; e (d) a amostra é grande ($n > 30$).

Visto que com os dados da pesquisa não é possível fazer suposições quanto ao modelo de distribuição de probabilidade da população, inicialmente será utilizado o teste do qui-quadrado para associação ou dependência, ($X_{cal}^2 = \sum_{i=1}^{L} \sum_{j=1}^{C} \frac{(Fo_{ij} - Fe_{ij})^2}{Fe_{ij}}$),

seguido dos testes de correlação *tau* de Kendall, ($\tau = \frac{2S}{n(n-1)}$ e $Z_{cal} = \frac{\tau}{\sqrt{\frac{2(2n+5)}{9n(n-1)}}}$),

e de Spearman, ($r_s = 1 - \frac{6\sum_{i=1}^{n} d_i^2}{n^3 - n}$; e $t_{cal} = r_s \sqrt{\frac{n-2}{1-r_s^2}}$).

Após as coletas de preços, esses foram tabulados de modo a individualizar o local de coleta, a classificação, a categoria e o *ranking* de força de marca. Para a realização dos cálculos foi utilizado o pacote estatístico SPSS 13.0 *for* Windows.

Para poder comparar os diversos preços ajustados foi necessária a utilização do escore padronizado ($Z_i = \frac{x_i - \bar{x}}{S}$) para preço, como medida relativa de dispersão. O Z escore indica a posição (à esquerda ou à direita) que uma observação x_1 está em relação à média. Para o cálculo é necessário ter a média ($\bar{x}$) e o desvio-padrão (S) da amostra.

Após o cálculo do escore padronizado (Z) para preço, foi necessário excluir as observações que fogem das dimensões esperadas, também denominadas *outliers*. Martins (2002) considera *outlier* qualquer observação que seja maior do que três, em termos absolutos. Para esta pesquisa foram desconsideradas todas as observações com escore padronizado (Z) preço maior que dois, em termos absolutos. Tais observações foram excluídas da base.

Para poder trabalhar com as estatísticas de Kendall e de Spearman é necessário que as variáveis estejam em escala ordinal. Como somente a variável força de marca estava em escala ordinal, foi necessário transformar a variável Z escore preço em uma variável ordinal. Sendo assim, para valores entre –2 e –1, foi feita a classificação para o número 1. Para valores entre –1 e 0, foi feita a classificação para 2. Para valores entre 0 e +1, para 3. E, finalmente, para valores entre +1 e +2, para 4.

Em seguida, antes de processar as estatísticas, foi realizado um agrupamento de observações *(split file)* para que os resultados das correlações fossem apresentados por categoria, em cada uma das classificações (Alimentos, Bazar, Bebidas, Higiene e Limpeza).

4. A análise dos resultados

Como pode ser observado na Tabela 1, o teste de Qui-quadrado para independência ou associação se mostra significativo para seis categorias da classificação Alimentos. São elas: achocolatados em pó ($p = 0,000$ ao nível de 0,01); café capuccino ($p = 0,021$ ao nível de 0,05); chocolate em tablete ($p = 0,005$ ao nível de 0,01); complemento alimentar à base de cereais ($p = 0,000$ ao nível de 0,01); leite em pó ($p = 0,001$ ao nível de 0,01); e óleo de soja ($p = 0,001$ ao nível de 0,01). Ou seja, rejeita-se para as categorias achocolatados em pó, café capuccino, chocolate em tablete, complemento alimentar à base de cereais, leite em pó e óleo de soja a hipótese nula de não haver associações entre as variáveis em estudo.

Tabela 1 — Teste de qui-quadrado para classificação Alimentos

Alimentos	Teste de Qui-quadrado		
Categoria	Qui-quadrado	Sig (2-*tailed*)	N
Achocolatos em pó	38,02	0,000	43
Adoçante edulcorante líquido	-	-	35
Biscoito recheado	-	-	43
Biscoito waffer	-	-	33
Café capuccino	11,59	0,021	26
Café em pó	-	-	38
Cereal matinal	4,94	0,294	37
Chocolate em tablete	14,79	0,005	40
Complemento alimentar à base de cereais	34,11	0,000	44
Creme de leite	-	-	26
Extrato/concentrado de tomate	-	-	34
Leite condensado	-	-	47
Leite em pó	27,49	0,001	37
Maionese	-	-	27
Margarina (*diet* e *light*)	-	-	28
Margarina (regular)	5,41	0,248	44
Óleo de soja	26,78	0,001	29
Pão de queijo congelado	7,16	0,128	18
Peixe enlatado	-	-	26
Requeijão	5,47	0,065	12
Salgadinho aperitivo/batata	-	-	38
Sopa	0,64	0,726	16
Vinagre	-	-	30

Fonte: elaborado pelos autores.

Para a classificação Alimentos, os testes de Kendall e de Spearman mostram-se relevantes para as categorias: achocolatados em pó ($p = 0,001$ para os testes de Kendall e Spearman, respectivamente); complemento alimentar à base de cereais ($p = 0,000$ para os testes de Kendall e Spearman, respectivamente); leite em pó

(p = 0,029 para o teste de Kendal e p = 0,031 para o teste de Spearman); óleo de soja (p = 0,003 para o teste de Kendal e p = 0,001 para o teste de Spearman); e pão de queijo congelado (p = 0,038 para os testes de Kendall e Spearman, respectivamente). Para as categorias de achocolatados em pó, complemento alimentar à base de cereais e óleo de soja, o grau de significância foi relevante no nível de 0,01, enquanto para as categorias de leite em pó e pão de queijo congelado o grau de significância foi relevante no nível de 0,05. Ou seja, existe correlação entre a força da marca e o preço somente para essas categorias, rejeitando-se, em parte, a hipótese nula.

Observa-se ainda que para as categorias complemento alimentar à base de cereais, leite em pó e pão de queijo congelado, os coeficientes de correlação, tanto de Kendall quanto de Spearman, foram negativos, indicando que apesar de as correlações serem estatisticamente significantes, elas são negativas. Um resumo dos resultados da classificação Alimentos é apresentado na Tabela 2.

Tabela 2 — Teste de Kendall e Spearman para classificação Alimentos

Alimentos Categoria	Teste de Kendall			Teste de Spearman		
	Coeficiente de correlação	Sig (2-tailed)	N	Coeficiente de correlação	Sig (2-tailed)	N
Achocolatos em pó	0,45	0,001	43	0,45	0,001	43
Adoçante edulcorante líquido	-	-	35	-	-	35
Biscoito recheado	-	-	43	-	-	43
Biscoito waffer	-	-	33	-	-	33
Café capuccino	0,07	0,699	26	0,08	0,707	26
Café em pó	-	-	38	-	-	38
Cereal matinal	(0,23)	0,118	37	(0,26)	0,119	37
Chocolate em tablete	(0,47)	0,001	40	(0,52)	0,001	40
Complemento alimentar à base de cereais	(0,58)	0,000	44	(0,65)	0,000	44
Creme de leite	-	-	26	-	-	26
Extrato/concentrado de tomate	-	-	34	-	-	34
Leite condensado	-	-	47	-	-	47
Leite em pó	(0,32)	0,029	37	(0,35)	0,031	37
Maionese	-	-	27	-	-	27
Margarina (diet e light)	-	-	28	-	-	28
Margarina (regular)	0,09	0,494	44	0,10	0,500	44
Óleo de soja	0,50	0,003	29	0,56	0,001	29
Pão de queijo congelado	(0,47)	0,038	18	(0,49)	0,038	18
Peixe enlatado	-	-	26	-	-	26
Requeijão	(0,34)	0,247	12	(0,35)	0,266	12
Salgadinho aperitivo/batata	-	-	38	-	-	38
Sopa	(0,13)	0,611	16	(0,13)	0,628	16
Vinagre	-	-	30	-	-	30

Fonte: elaborado pelos autores.

Ilustrado na Tabela 3, o teste de qui-quadrado para independência ou associação, se mostra significativo para duas categorias da classificação Bazar. São elas: alimentos para cães ($p = 0,019$ no nível de 0,05); e pilha alcalina ($p = 0,001$ no nível de 0,01). Ou seja, rejeita-se para as categorias alimentos para cães e pilha alcalina a hipótese nula de não haver associações entre as variáveis em estudo.

Tabela 3 — Teste de qui-quadrado para classificação Bazar

Bazar	Teste de qui-quadrado		
Categoria	Qui-quadrado	Sig (2-*Tailed*)	N
Alimentos para cães	9,98	0,019	25
Cera automotiva	7,65	0,054	24
Cigarro	-	-	-
Filtro de papel	-	-	24
Pilha	25,93	0,001	23

Fonte: elaborado pelos autores.

Para a classificação Bazar, os testes de Kendall e de Spearman mostram-se relevantes para as categorias: alimentos para cães ($p = 0,007$ para o teste de Kendall e $p = 0,004$ para o teste de Spearman); e cera automotiva ($p = 0,018$ para o teste de Kendall e $p = 0,014$ para o teste de Spearman). Para a categoria de alimentos para cães, o grau de significância foi relevante no nível de 0,01, enquanto para a categoria de cera automotiva o grau de significância foi relevante no nível de 0,05. Ou seja, confirma-se a existência de correlação entre a força da marca e o preço apenas para essas categorias na classificação Bazar, rejeitando-se, em parte, a hipótese nula.

Observa-se ainda que para a categoria cera automotiva, os coeficientes de correlação, tanto de Kendall quanto de Spearman, foram negativos, indicando que apesar de as correlações serem estatisticamente significantes, são negativas. Um resumo dos resultados da classificação Bazar é apresentado na Tabela 4.

Tabela 4 — Testes de Kendall e Spearman para classificação Bazar

Bazar	Teste de Kendall			Teste de Spearman		
Categoria	Coeficiente de correlação	Sig (2-*tailed*)	N	Coeficiente de correlação	Sig (2-*tailed*)	N
Alimentos para cães	0,50	0,007	25	0,55	0,004	25
Cera automotiva	(0,46)	0,018	24	(0,49)	0,014	24
Cigarro						
Filtro de papel	-	-	24	-	-	24
Pilha alcalina	0,02	0,924	23	0,04	0,873	23

Fonte: elaborado pelos autores.

Como pode ser observado na Tabela 5, o teste de qui-quadrado para independência ou associação, se mostra significativo para apenas uma categoria, das seis estudadas, da classificação de Bebidas, que é a aguardente de cana ($p = 0,004$ no nível de 0,01). Ou seja, rejeita-se para a categoria aguardente de cana a hipótese nula de não haver associações entre as variáveis em estudo.

Tabela 5 — Teste de qui-quadrado para classificação Bebidas

Bebidas	Teste de qui-quadrado		
Categoria	Qui-quadrado	Sig (2-Tailed)	N
Aguardente de cana	19,05	0,004	22
Bebida energética	-	-	30
Cerveja	-	-	47
Isotônico	-	-	9
Refrigerante	-	-	40
Suco pronto para consumo	3,64	0,456	41

Fonte: elaborado pelos autores.

Para a classificação Bebidas, os testes de Kendall e de Spearman mostram-se relevantes somente para a categoria aguardente de cana ($p = 0,003$ para o teste de Kendall e $p = 0,001$ para o teste de Spearman), sendo que a estatística foi relevante no nível de 0,01. Confirma-se a existência de correlação entre a força da marca e o preço apenas para essa categoria na classificação Bebidas, rejeitando-se, em parte, a hipótese nula. Para a categoria não foi observada correlação negativa significante. Um resumo dos resultados da classificação Bebidas é apresentado na Tabela 6.

Tabela 6 — Testes de Kendall e Spearman para classificação Bebidas

Bebidas	Teste de Kendall			Teste de Spearman		
Categoria	Coeficiente de correlação	Sig (2-*tailed*)	N	Coeficiente de correlação	Sig (2-*tailed*)	N
Aguardente de cana	0,59	0,003	22	0,66	0,001	22
Bebida energética	-	-	30	-	-	30
Cerveja	-	-	47	-	-	47
Isotônico	-	-	9	-	-	9
Refrigerante	-	-	40	-	-	40
Suco pronto para consumo	0,00	1,000	41	0,00	1,000	41

Fonte: elaborado pelos autores.

Seguindo os resultados apresentados na Tabela 7, o teste de qui-quadrado para independência ou associação se mostra significativo para três categorias da classificação Higiene. São elas: condicionador ($p = 0,002$ no nível de 0,01); fio e fita dental ($p = 0,004$ no nível de 0,01); e xampu normal ($p = 0,000$ no nível de 0,01). Ou seja, rejeita-se para as categorias condicionador, fio e fita dental e xampu normal a hipótese nula de não haver associações entre as variáveis em estudo.

Tabela 7 — Teste de qui-quadrado para classificação Higiene

Higiene	Teste de Qui-quadrado		
Categoria	Qui-quadrado	Sig (2-Tailed)	N
Anti-séptico bucal	7,18	0,517	29
Bronzeamento/bloqueador solar	-	-	-
Condicionador	24,80	0,002	38
Creme dental	-	-	40
Creme para assadura	3,26	0,196	9
Fio e fita dental	15,46	0,004	33
Fralda descartável	7,27	0,122	34
Loção pós-barba	1,88	0,717	5
Preservativo masculino	-	-	16
Xampu normal	20,60	0,000	46

Fonte: elaborado pelos autores.

Para a classificação Higiene, os testes de Kendall e de Spearman mostram-se relevantes somente para a categoria fralda descartável ($p = 0,039$ para o teste de Kendall e $p = 0,037$ para o teste de Spearman), sendo que a estatística foi relevante no nível de 0,05. Confirma-se a existência de correlação entre a força da marca e o preço apenas para essa categoria na classificação Higiene, rejeitando-se, em parte, a hipótese nula. Contudo, para essa categoria, o coeficiente de correlação indica uma relação negativa entre a marca e o preço.

Apesar de somente a categoria fralda descartável ter estatística significante, ressalta-se que das dez categorias analisadas nessa classificação, cinco tiveram coeficientes de correlação negativos. Um resumo dos resultados da classificação Higiene é apresentado na Tabela 8.

Tabela 8 — Testes de Kendall e Spearman para classificação Higiene

Higiene	Teste de Kendall			Teste de Spearman		
Categoria	Coeficiente de correlação	Sig (2-*tailed*)	N	Coeficiente de correlação	Sig (2-*tailed*)	N
Anti-séptico bucal	(0,16)	0,333	29	(0,18)	0,341	29
Bronzeamento/bloqueador solar						
Condicionador	(0,12)	0,425	38	(0,14)	0,401	38
Creme dental	-	-	40	-	-	40
Creme para assaduras	0,57	0,089	9	0,60	0,086	9
Fio e fita dental	(0,11)	0,503	33	(0,12)	0,511	33
Fralda descartável	(0,32)	0,039	34	(0,36)	0,037	34
Loção pós-barba	(0,61)	0,221	5	(0,61)	0,272	5
Preservativo masculino	-	-	16	-	-	16
Xampu normal	0,05	0,684	46	0,06	0,688	46

Fonte: elaborado pelos autores.

Como pode ser observado na Tabela 9, o teste de qui-quadrado para independência ou associação se mostra significativo para duas categorias da classificação Limpeza, dentre as sete consideradas. São elas: amaciante de roupa (p = 0,001 no nível de 0,01); e lustra-móveis (p = 0,000 no nível de 0,01). Ou seja, rejeita-se para as categorias amaciante de roupa e lustra-móveis a hipótese nula de não haver associações entre as variáveis em estudo.

Para a classificação Limpeza, os testes de Kendall e de Spearman mostram-se relevantes somente para a categoria amaciante de roupa (p = 0,007 para o teste de Kendall e p = 0,004 para o teste de Spearman), sendo que a estatística foi relevante no nível de 0,01. Confirma-se a existência de correlação entre a força da marca e o preço apenas para essa categoria na classificação Limpeza, rejeitando-se, em parte, a hipótese nula. Para a classificação de Limpeza não foi observada correlação negativa significante.

Tabela 9 — Teste de Qui-quadrado para classificação Limpeza

Limpeza	Teste de Qui-quadrado		
Categoria	Qui-quadrado	Sig (2-*Tailed*)	N
Amaciante de roupa	28,76	0,001	38
Desinfetante	-	-	45
Detergente líquido	-	-	45
Inseticida aerossol	6,99	0,137	44
Lustra-móveis	35,61	0,000	42
Purificador de ar	0,95	0,330	19
Sabão em barra glicerinado	1,25	0,741	20

Fonte: elaborado pelos autores.

Um resumo dos resultados é apresentado na Tabela 10.

Tabela 10 — Testes de Kendall e Spearman para classificação Limpeza

Limpeza	Teste de Kendall			Teste de Spearman		
Categoria	Coeficiente de correlação	Sig (2-*tailed*)	N	Coeficiente de correlação	Sig (2-*tailed*)	N
Amaciante de roupa	0,40	0,007	38	0,46	0,004	38
Desinfetante	-	-	45	-	-	45
Detergente líquido	-	-	38	-	-	38
Inseticida aerossol	0,12	0,367	44	0,14	0,373	44
Lustra-móveis	0,18	0,199	42	0,20	0,197	42
Purificador de ar	(0,22)	0,343	19	(0,22)	0,357	19
Sabão em barra glicerinado	(0,03)	0,882	20	(0,03)	0,886	20

Fonte: elaborado pelos autores.

Em função dos resultados obtidos e com o intuito de buscar mais conclusões acerca da relação entre as variáveis, foi feita uma análise de aglomerados. Dado que das 51 categorias, dentro das cinco classificações, apenas 14 foram relevantes estatisticamente com o teste do qui-quadrado e dez com os testes de correlação não paramétrica de Kendall e Spearman, foi feita uma análise por conglomerados para tentar visualizar diferenças estatisticamente significantes entre grupos de categorias. O objetivo é tentar entender melhor a relação entre força de marca e preço em diferentes conglomerados, dados os resultados anteriores.

A análise foi feita a partir do cálculo para cinco conglomerados, envolvendo a abertura por ordenação de força de marca e por preço Z padronizado, conforme Tabela 11.

Tabela 11 — Análise por conglomerados

	Clusters				
	1	2	3	4	5
Ranking	3	1	1	4	5
Preço padronizado Z	-0,1508	0,6240	-0,4396	0,6419	-0,4883

Fonte: elaborado pelos autores.

O *cluster* 1 apresenta um nível intermediário entre força de marca e preço (*ranking* 3 e preço Z padronizado próximo a zero). O *cluster* 2 apresenta uma relação de marca forte, apresentada pelo *ranking* 1, e preço alto, apresentada pelo preço Z padronizado igual a 0,6240. O *cluster* 3 caracteriza marcas mais fortes (*ranking* 1) e preços mais baixos (preço Z padronizado -0,4396). O *cluster* 4 apresenta marca fraca e preço alto (*ranking* 4 e preço Z padronizado 0,6419). E o *cluster* 5 apresenta marca fraca e preço baixo (*ranking* 5 e preço Z padronizado -0,4883). A Figura 3 mostra a visualização dos agrupamentos em escala gráfica.

Figura 3 — Clusters *formados.*

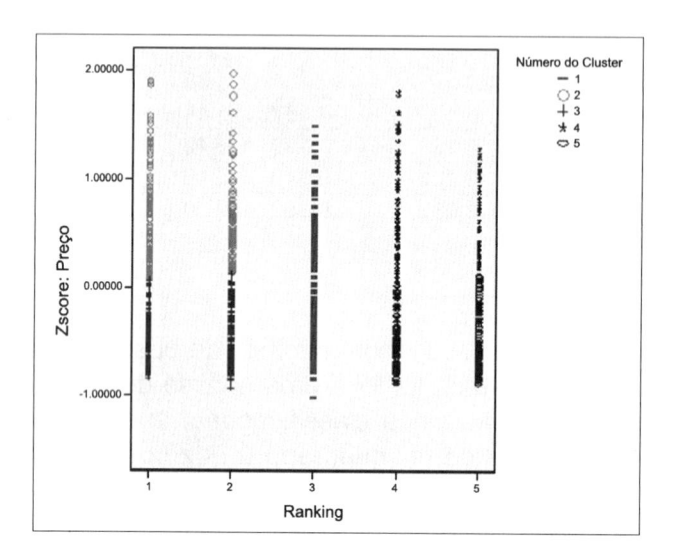

Fonte: elaborado pelos autores.

Em seguida, foi gerado um cruzamento entre a classificação e os *clusters*, buscando visualizar as freqüências de preços em cada uma das classificações, conforme a Tabela 12.

Tabela 12 — Detalhamento dos clusters por classificação

			Classificação					Total
			Alimentos	Bazar	Bebidas	Higiene	Limpeza	
Número de casos dos clusters	1	Contagem % em Classificação	156 20,8%	12 12,5%	24 12,7%	45 18,0%	45 18,3%	282 18,4%
	2	Contagem % em Classificação	60 8,0%	39 40,6%	17 9,0%	70 28,0%	59 26,4%	245 16,0%
	3	Contagem % em Classificação	307 40,9%	22 22,9%	83 43,9%	47 18,8%	65 10,6%	524 34,2%
	4	Contagem % em Classificação	36 4,8%	12 12,5%	11 5,8%	54 21,6%	26 20,7%	139 9,1%
	5	Contagem % em Classificação	192 25,6%	11 11,5%	54 28,6%	34 13,6%	51 100,0%	342 22,3%
Total		Contagem % em Classificação	751 100,0%	96 100,0%	189 100,0%	250 100,0%	246 100,0%	1532 100,0%

Fonte: elaborado pelos autores.

Observa-se que o *cluster* 2, que caracteriza marcas fortes e preços altos, possui uma freqüência maior de eventos nas classificações Bazar e Higiene, que particularmente possuem características mais fortes de diferenciação entre produtos. O *cluster* 3, que caracteriza marcas fortes e preços baixos, tem freqüência maior de eventos nas classificações Bazar e Bebidas, que possuem categorias nas quais a diferenciação não é tão evidente.

Para analisar se as diferenças entre os *clusters* são estatisticamente significantes foi feita uma análise com o teste do qui-quadrado. Tal teste mostrou significância (qui-quadrado = 235,563; $p = 0,000$) no nível de 0,01, confirmando que existe diferença significativa entre os *clusters*.

5. Considerações finais

Conforme comentado anteriormente, uma análise mais superficial e simplificada acerca da relação entre força de marca e preço indica uma relação direta entre as variáveis.

Após testes estatísticos, agrupados por categoria, dentro das cinco classificações, os resultados confirmam a associação entre as variáveis, porém não para todas as 51 categorias analisadas. Dessas, apenas 14 tiveram associações significativas com o teste do qui-quadrado e dez com os testes de Kendall e Spearman, sendo que a maioria, 37 e 41, respectivamente para os testes citados, tiveram a hipótese nula confirmada, ou seja, sem associação entre preço e força de marca.

A utilização do teste de qui-quadrado para associação entre variáveis confirmou a hipótese alternativa de relação entre variáveis para as categorias: achocolatados em pó, café capuccino, chocolate em tablete, complemento alimentar à base de cereais, leite em pó e óleo de soja, na classificação Alimentos; alimentos para cães e pilha alcalina, na classificação Bazar; aguardente de cana, na classificação Bebidas; condicionador, fio e fita dental e xampu normal, na classificação Higiene; e amaciante de roupa e lustra-móveis, na classificação Limpeza.

Para analisar o nível de associação entre as variáveis preço e força de marca foram também utilizados os testes de correlação de Kendall e de Spearman. Tais testes confirmaram a significância da relação entre as variáveis, contudo, novamente a hipótese nula não foi rejeitada para todas as categorias. A hipótese alternativa foi confirmada para as categorias: achocolatados em pó, complemento alimentar à base de cereais, leite em pó, óleo de soja e pão de queijo, na classificação Alimentos; alimentos para cães e cera automotiva, na classificação Bazar; aguardente de cana, na classificação Bebidas; fralda descartável, na classificação Higiene; e amaciante de roupa, na classificação Limpeza.

Contudo, para as categorias complemento alimentar à base de cereais, leite em pó e pão de queijo, na classificação Alimentos, cera automotiva, na classificação Bazar, e fralda descartável, na classificação Higiene, os coeficientes de correlação foram negativos, indicando uma relação entre as variáveis inversa ao pensamento inicial, de que quanto maior a força da marca, maior será o preço-prêmio cobrado.

Apesar de alguns resultados significativos, a maioria da amostra não obteve níveis de significância na relação entre preço e marca. Esses resultados vão ao encontro das afirmações de Calderón, Cervera e Mollá (1997), Crimmins (2000) e Seetharaman, Nadzir e Gunalan (2001), de que marcas mais fortes levam a preços mais altos.

Dado que as categorias, de um modo geral, são de produtos que não possuem alto valor agregado, bem como estão mais próximas de uma comoditização, do que uma diferenciação exponencial, existe a hipótese, a qual não foi objetivo desta pesquisa, de que o volume de vendas justifique a força da marca, e conseqüentemente seu valor em termos de *brand equity* e *brand valuation*. Ou seja, em busca de alto volume de vendas, as empresas proprietárias das marcas mais fortes não forçam preços-prêmios tendo em vista manter ou aumentar parcela de mercado, visão essa que corrobora os estudos de Kotler (2000) e Blackston (2000), para os quais a demanda (volume) é um dos fatores fundamentais para a determinação do preço. Um outro fator que pode justificar tais resultados é o ponto-de-venda, visto que o preço pode variar entre diferentes pontos-de-venda para as diferentes marcas, o que corrobora os estudos de Aalto-Setala e Raijas (2003).

Os resultados encontrados estão em consonância com os argumentos de Farquhar, Han e Ijiri (1992) e de Simon e Sullivan (1993), de que são necessários outros aspectos para a determinação de preços superiores, como custos de produção, similaridade de produtos, canal de distribuição, competitividade, regulação de mercados e volume de vendas.

O preço tende a sugerir qualidade apenas quando outras características intrínsecas ou extrínsecas dos produtos não estiverem disponíveis. Como em algumas categorias a diferenciação dos produtos não é evidente, como Alimentos e Bebidas, o preço tende a sugerir qualidade, porém isso não se comprova estatisticamente neste estudo, provavelmente em função do volume de vendas, o que corrobora os estudos de Aaker (1998), Dodds, Monroe e Grewal (1991), e Lemon e Nowlis (2002).

Na análise de *clusters*, a possibilidade de o fator volume estar afetando os resultados fica mais evidente. As classificações Bazar e Higiene, com categorias de produtos que possuem maior diferenciação e compra menos freqüente, foram agrupadas com marca forte e preço alto. Já as classificações Alimentos e Bebidas, cujo fator de diferenciação entre produtos é reduzido, próximo da comoditização, foram agrupados com marca forte e preço baixo, indicando que o volume de vendas afeta o preço, mesmo para as marcas mais fortes. Esses resultados corroboram os encontrados por Gerstner (1985), de que produtos com compras menos freqüentes são mais caros do que produtos com volume de vendas maior.

Em algumas situações, nas quais a correlação entre a força de marca foi significante e negativa, poder-se-ia dizer que, justamente por ter uma marca mais forte, a empresa coloca preços mais baixos, certamente para alavancar as vendas e aumentar parcela de mercado. Esse é o caso das categorias: complemento alimentar à base de cereais, leite em pó e pão de queijo congelado, na classificação Alimentos; cera automotiva, na classificação Bazar; e fralda descartável, na classificação Higiene.

A pesquisa desenvolvida neste artigo apresenta algumas limitações que devem ser esclarecidas e que podem, de certa forma, distorcer os resultados e interferir nas análises dos dados. Talvez, a mais significativa esteja relacionada à determinação da força da marca. Por se tratar de algo subjetivo, ainda não existe um consenso sobre sua avaliação, sendo que grande parte dos pesquisadores do assunto possui caracterizações individuais sobre o tema. Outra limitação refere-se ao âmbito geográfico da pesquisa. A pesquisa limita-se a coletar dados de preços em apenas uma cidade, Salvador, Bahia.

Como sugestões de novas pesquisas ressalta-se: a coleta de nova amostra, com um número satisfatório de eventos e que satisfaça os supostos paramétricos poderá permitir a utilização de estatísticas paramétricas; a inclusão de outras variáveis à análise, tais como parcela de mercado, ponto-de-venda e volume de vendas; e o aumento das categorias de coleta dos preços, realizando a pesquisa em todas as 200 categorias que a ACNielsen avalia periodicamente. Para a variável força de marca, pode ser feita uma coleta de dados utilizando um outro modelo subjetivo. Existe a possibilidade de novos resultados para a classificação de força de marca.

Bibliografia

AAKER, D. **Marcas:** gerenciando o valor da marca. 3ª. ed. São Paulo: Negócio, 1998.

AALTO-SETALA, V.; RAIJAS, A. Actual market prices and consumer price knowledge. **Journal of Product and Brand Management,** Santa Barbara, v. 12, n. 3, p. 180-192, 2003.

BISQUERRA, R.; SARRIERA, J. C.; MARTÍNEZ, F. **Introdução à Estatística:** um enfoque informático com o pacote estatístico SPSS. Porto Alegre: Artmed, 2004.

BLACKSTON, M. Observations: building brand equity by managing the brand's relationships. **Journal of Advertising Research**, New York, v. 40, n. 6, p. 101-105, Nov./Dec. 2000.

CALDERÓN, H.; CERVERA, A.; MOLLÁ, A. Brand assessment: a key element of marketing strategy. **The journal of Product and Brand Management,** Santa Barbara, v. 6, n. 5, p. 293-304, 1997.

CRIMMINS, J. C. Better measurement and management of brand value. **Journal of Advertising Research**, New York, v. 40, n. 6, p. 136-144, Nov./Dec. 2000.

DAMODARAN, A. **A Face Oculta da Avaliação.** São Paulo: Makron Books, 2002.

DODDS, W. B.; MONROE, K. B.; GREWAL, D. Effetcts of price, brand and store information on buyers' product evaluations. **Journal of Marketing Research,** Chicago, v. 28, p. 307-319, Aug. 1991.

ESTELAMI, H. Strategic implications of a multi-dimensional pricing environment. **The Journal of Product and Brand Management**, Santa Barbara, v. 12, n. 4, p. 322-334, 2003a.

_____. The effect of price presentation tatics on consumer evaluation effort of multi-dimensional prices. **Journal of Marketing Theory and Practice**, Georgia, v. 11, n. 2, p. 01-16, Spring 2003b.

FARQUHAR, P. H.; HAN, J. Y.; IJIRI, Y. Brands on the balance sheet. **Marketing Management**, v. 1, n. 1, p. 16-22, Winter 1992.

GERSTNER, E. Do high prices signal higher quality? **Journal of Marketing Research**, Chicago, v. 22, p. 209-215, May 1985.

KALITA, J. K.; JAGPAL, S.; LEHMANN, D. R. Do high prices signal high quality? A theoretical model and empirical results. **The Journal of Product and Brand Management**, Santa Barbara, v. 13, n. 4, p. 279-288, 2004.

KOTLER, P.; ARMSTRONG, G. **Princípios de Marketing**. Rio de Janeiro: Prentice Hall do Brasil, 1993.

_____. **Administração de Marketing:** a edição do novo milênio. São Paulo: Prentice Hall, 2000.

LEMON, K. N.; NOWLIS, S. M. Developing synergies between promotions and brands in differente price-quality tiers. **Journal of Marketing Research,** Chicago, v. 39, n. 2, p. 171-185, 2002.

MARTINS, G. A. M. **Estatística Geral e Aplicada**. São Paulo: Atlas, 2002.

MONROE, K. B.; LEE, A. Y. Remembering verus knowing: sigues in buyers' processing price information. **Journal of the Academy of Marketing Science**, Greenvale, v. 27, n. 2, p. 207-225, 1999.

PORTER, M. **Estratégia Competitiva:** técnicas para análise de indústrias e da concorrência. Rio de Janeiro: Elsevier, 2004.

RAO, A. R.; MONROE, K. B. The effect of price, brand name and store name on bueyers' perceptions of product quality: an integrative review. **Journal of Marketing Research,** Chicago, v. 26, p. 351-357, Aug. 1989.

SCRIVEN, J.; EHRENBERG, A. Consistent consumer responses to price changes. **Australian Marketing Journal**, Clayton, v. 12, n. 3, p. 21-39, 2004.

SEETHARAMAN, A.; NADZIR, Z. A. B. M.; GUNALAN, S. A conceptual study on brand valuation. **The Journal of Product and Brand Management**, Santa Barbara, v. 10, n. 4, p. 243-256, 2001.

SIMON, C. J.; SULLIVAN, M. W. The measurement and determinants of brand equity: a financial approach. **Marketing Science,** Linthicum, v. 12, n. 1, p. 25-52, Winter 1993.

SUPERHIPER. **Líderes de Vendas.** São Paulo: ABRAS, n. 352, Abr. 2005.

WIEDMANN, K. Measuring brand equity for organising brand management in the energy sector: a research proposal and first empirical hints. Part 2: concept and results of an empirical study in the German energy market. **Journal of Brand Management,** London, v. 12, n. 3, p. 207-219, Feb. 2005.

6

Investimentos no relacionamento com consumidores e suas conseqüências: um estudo em lojas de departamento de vestuário

Arthur Leidens

Paulo Henrique Muller Prado

SAINT PAUL
EDITORA

Resumo

O objetivo deste trabalho é identificar o impacto das avaliações dos consumidores a respeito dos investimentos em ações de marketing de relacionamento – mala direta, tratamento preferencial, comunicação interpessoal e recompensas tangíveis – das grandes lojas de departamentos de vestuário sobre: a avaliação dos benefícios do relacionamento (a partir de seus componentes, avaliação dos investimentos no relacionamento e avaliação dos benefícios do relacionamento); sobre a qualidade do relacionamento (analisado por meio dos constructos que o formam – satisfação, confiança e comprometimento e sua relação entre si) e sobre a lealdade. O modelo foi aplicado a consumidoras, com idade entre 25 e 55 anos, que compravam nas redes de lojas de departamento C&A, Renner e Riachuelo. Verificou-se que as clientes, em média, não reconhecem as táticas estudadas como formas de relacionamento estabelecidas pelas redes de lojas e que as táticas de marketing de relacionamento não tiveram impactos significativos, da maneira proposta nas hipóteses do trabalho. Por outro lado, os constructos componentes dos benefícios do relacionamento apresentaram impacto positivo sobre os componentes da qualidade do relacionamento, que apresentaram impacto sobre a lealdade.

1. Introdução

O enfrentamento da concorrência global estimula as empresas a desenvolver produtos e serviços competitivos em âmbito internacional. Para tanto, precisam de um bom setor de marketing que desenvolva relações duradouras com os seus clientes por meio do marketing de relacionamento.

De acordo com Grönroos (2000), Parvatiyar e Sheth (2000), Tinsley (2002) e Berry (2002), marketing de relacionamento é um processo de criação de valor, de cooperação, de comprometimento e de confiança entre os parceiros de um relacionamento. Foi a partir dos anos 80 que esse tema começou a receber destaque significativo, pois autores como Gummesson (1994; 1998) e De Wulf, Odekerken-Schröder e Iacobucci (2001) passaram a considerá-lo como genuína mudança de paradigma na teoria e na prática do marketing.

A abordagem empregada no presente artigo deriva de dois estudos. O primeiro, desenvolvido por De Wulf, Odekerken-Schröder e Iacobucci (2001), investigou relacionamentos com o intuito de mostrar que diferentes táticas de marketing de relacionamento apresentam impacto diferencial na percepção do cliente acerca do investimento feito por uma empresa no relacionamento entre ambos, e que o investimento percebido no relacionamento afeta a qualidade desse relacionamento.

O outro estudo foi desenvolvido por Prado (2004), que pesquisou os resultados do processo de marketing de relacionamento entre clientes (usuários pessoa física) e bancos, sob o ponto de vista dos primeiros. Sua intenção foi verificar as relações entre a satisfação e o relacionamento (e seus antecedentes respostas afetivas, benefícios do relacionamento e qualidade percebida dos serviços) e entre a qualidade no relacionamento e a lealdade.

Neste artigo analisa-se o relacionamento empresa-cliente do ponto de vista do cliente; busca-se determinar a avaliação dele sobre as ações de marketing praticadas pela outra parte – investimentos feitos pelo varejista de confecções no relacionamento entre ambos – e o impacto dessa percepção na qualidade do relacionamento empresa-cliente e na lealdade desse último. Objetiva-se desenvolver um modelo que permita identificar o impacto das avaliações dos consumidores a respeito dos investimentos em ações de marketing de relacionamento das grandes lojas de departamentos de vestuário sobre a qualidade dos relacionamentos e sobre a lealdade desses.

Dessa forma, o problema de pesquisa sobre o qual foi desenvolvido o trabalho é:

> *"qual o impacto das avaliações dos consumidores a respeito dos investimentos em ações de marketing de relacionamento das grandes lojas de departamento de vestuário sobre a qualidade dos relacionamentos e a lealdade desses?"*

2. O modelo teórico proposto

O modelo teórico, desenvolvido a partir da base teórico-empírica e dos modelos previamente mencionados, apresenta-se na Figura 1, a seguir.

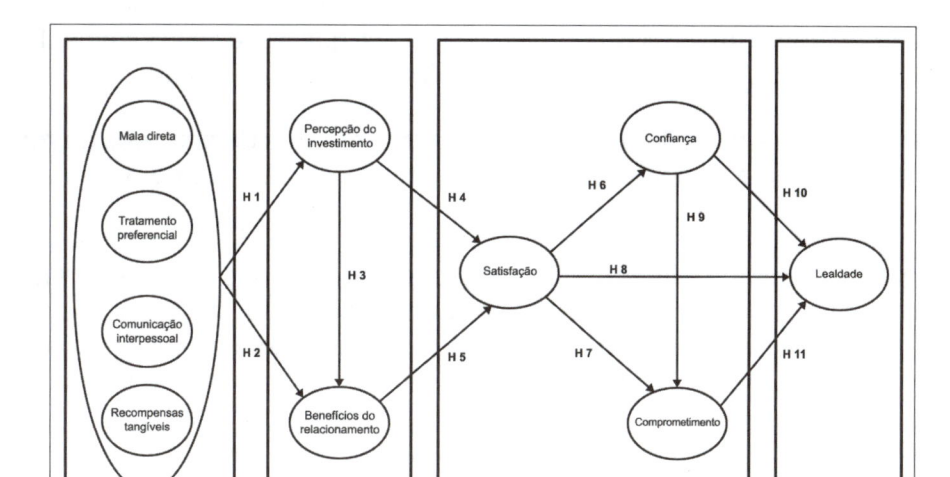

Figura 1 — Modelo teórico proposto

[Diagrama: Táticas de marketing de recebimento (Mala direta, Tratamento preferencial, Comunicação interpessoal, Recompensas tangíveis) → H1, H2 → Percepção dos benefícios (Percepção do investimento, Benefícios do relacionamento) com H3, H4, H5 → Qualidade do relacionamento (Confiança, Satisfação, Comprometimento) com H6, H7, H8, H9 → Lealdade com H10, H11]

Fonte: esquema elaborado pelos autores.

O conceito de táticas do relacionamento definido por DeWulf *et al.* (2001) refere-se à intensidade com que as táticas de marketing de relacionamento, em três níveis (incentivos de preços, aspectos sociais e estrutura para solução de problemas) são utilizadas pelos varejistas. Hart e Johnson (1999) consideram que se um fornecedor faz um investimento de qualquer tipo em um relacionamento [táticas de marketing], de forma a favorecer um cliente, esse tenderá a ficar "favoravelmente impressionado". Assim, é possível formular a primeira hipótese:

H1 — Um nível de avaliação mais alto das táticas de marketing de relacionamento leva a uma maior avaliação dos investimentos da empresa no relacionamento.

Gwinner, Gremler e Bitner (1998, p. 101) consideram que, apesar de a manutenção de um relacionamento apresentar claramente resultados positivos para a empresa, em um relacionamento de longo prazo bem-sucedido entre empresa e cliente, ambos devem ser beneficiados. Esses autores tratam dos benefícios do relacionamento como as vantagens que o consumidor recebe, além do serviço básico, por manter o relacionamento por um longo prazo com seu fornecedor. Surge assim a segunda hipótese:

H2 — Um nível de avaliação mais alto das táticas de marketing de relacionamento leva a uma maior avaliação dos benefícios oferecidos pela empresa.

Um nível mais alto de avaliação por parte dos clientes acerca dos investimentos que a empresa faz no relacionamento conduzirá, muito provavelmente, a uma conseqüente percepção mais apurada dos benefícios que esse relacionamento concede ao cliente (GWINNER, GREMLER e BITNER, 1998). Portanto:

H3 — Um nível de avaliação mais alto dos investimentos da empresa no relacionamento leva a uma maior avaliação dos benefícios obtidos com o relacionamento.

Para Gwiner, Gremler e Bitner (1998), a percepção dos investimentos da empresa no relacionamento pode conduzir a um grau mais alto de satisfação do cliente com o relacionamento com a empresa. Nesse caso, considera-se a satisfação dos consumidores como uma avalição global realizada pelo consumidor ao longo do tempo, baseada na experiência total de consumo e das interações com o varejista (PRADO, 2004). Com base nisso, formula-se a seguinte hipótese:

H4 — Um nível de avaliação mais alto dos investimentos da empresa no relacionamento leva a um nível mais alto de satisfação com o relacionamento.

Como desdobramento da hipótese anterior, é possível prever que se o cliente experenciar maior avaliação dos benefícios que lhe advêm do relacionamento certamente se inclinará a ter um grau maior de satisfação com o relacionamento (GWINER, GREMLER e BITNER, 1998; PRADO, 2004). Sendo assim, é possível aventar a hipótese de que:

H5 — Um nível de avaliação mais alto dos benefícios obtidos com o relacionamento leva a um nível mais alto de satisfação com o relacionamento.

Singh e Sidershmukh (2000) afirmam que o desenvolvimento da confiança entre o consumidor e seu fornecedor passa pela percepção de competência e de integridade desse e pela avaliação acumulada de satisfações que esse verifica ao longo de um relacionamento. Já o comprometimento refere-se ao desejo de desenvolver um relacionamento estável, com tendência a realizar sacrifícios de curto prazo para manter o relacionamento (MORGAN e HUNT, 1994). Sob esse ponto de vista, a satisfação pode ser considerada como um elemento de construção da relação, reforçando as crenças de que o fornecedor em questão é confiável e influenciando seu desejo de continuidade da relação. Como o comprometimento e a confiança, ela resulta de investimentos de tempo e recursos de ambas as partes; esse caminho deve ser positivo e de grande intensidade (GABARINO e JOHNSON, 1999; GRUEN *et al.*, 2000). O modelo proposto por Oliver (1999) para lealdade reforça essa idéia, na qual a lealdade é alcançada a partir da construção de diversas satisfações longitudinalmente avaliadas. Hennig-Thurau e Klee (1997) apresentam a relação entre a satisfação e o conceito de comprometimento como sendo positiva.

Propõe-se que:

H6 — Um nível mais alto de satisfação com o relacionamento leva a um nível mais alto de confiança.

H7 — Um nível mais alto de satisfação com o relacionamento leva a um nível mais alto de comprometimento.

H8 — Um nível mais alto de satisfação com o relacionamento leva a um nível mais alto de lealdade.

Prado (2004, p. 248), em sua pesquisa na área bancária, afirma: "Para que exista o comprometimento do consumidor para com o banco, o pré-requisito básico é que se construa a confiança entre eles". Entre os constructos confiança e comprometimento existe uma relação positiva amplamente pesquisada na literatura (MORGAN e HUNT, 1994; GABARINO e JOHNSON, 1999; ANDALEEB, 1996; ANDERSON e WEITZ, 1992). Assim como nas associações explicitadas na hipótese anterior, essa relação é predita como positiva e no sentido confiança — comprometimento. Assim sendo, é possível aventar a hipótese de que:

H9 — Um nível mais alto de confiança leva a um nível mais alto de comprometimento.

Segundo Morgan e Hunt (1994), o fator mais importante para a construção da lealdade é a existência da confiança entre os parceiros. Agregada a hipótese anterior, e em se tratando de um relacionamento comercial em bancos, espera-se também que a confiança tenha influência sobre a lealdade de forma direta. Isso porque o comprometimento pressupõe investimentos conjuntos na relação, e a crença de que se pode acreditar nesses parceiros de negócio são necessários para o estabelecimento da lealdade (SIDERSHMUKH et al., 2002)

H10 — Um nível mais alto de confiança leva a um nível mais alto de lealdade.

Oliver (1999), ao examinar os diversos conceitos existentes sobre o constructo lealdade, decidiu unir os conceitos de lealdade e comprometimento. Chaudhuri e Holbrook (2001, p. 82), por sua vez, subdividiram a lealdade em comportamental e atitudinal, remetendo a primeira à idéia de "comportamento continuado e repetido de compra ou a predisposição de fazê-lo", enquanto a segunda se refere a "um comprometimento predisposto em termos de algum valor único associado a uma marca ou fornecedor". A relação entre comprometimento e lealdade também tem sido estudada por diversos autores (HENNIG-THURAU e KLEE, 1997; REYNOLDS e BEATTY, 1999; DICK e BASU, 1999). A lealdade aqui concebida refere-se à intenção de manutenção das movimentações no mesmo banco e comportamentos decorrentes dela (JACOBY e CHESTNUT, 1978). Nos estudos citados anteriormente, o desejo de continuidade, representado pelo primeiro constructo interpõe-se com um elemento definido do comportamento de lealdade dos clientes. Em situação semelhante de aplicação, Prado e Santos (2002) reportaram a forte correlação entre esses constructos, separando os aspectos cognitivos e afetivos da continuidade agregados ao comprometimento e aspectos de comportamento ou intenção de continuidade à lealdade. A partir disso, é possível inferir a hipótese a seguir:

H11 — Um nível mais alto de comprometimento leva a um nível mais alto de lealdade.

3. Método

Para alcançar os objetivos a que se propõe, o presente artigo abrange duas etapas: qualitativa exploratória e conclusiva descritiva quantitativa. A primeira, desenvolvida em redes de lojas e com as consumidoras dessas lojas, objetivou aumentar a familiaridade do pesquisador com o tema da pesquisa.

Nessa fase, em agosto de 2005, foram realizadas três visitas pessoais às redes de lojas C&A, Renner e Riachuelo (uma em cada rede). Em conversas informais com gerentes e funcionários das lojas, verificou-se que não havia nenhum esforço formal quanto ao relacionamento com seus clientes. A Tabela 1 indica que nenhuma loja oferece cartão de fidelidade, mas todas oferecem o "cartão de loja". Esse cartão de loja, que objetiva principalmente oferecer crédito e flexibilidade nas formas de pagamentos das compras, é muito simples de ser obtido.

Em todas as redes, o processo de comunicação direta com seus clientes se dá por meio de malas diretas. A rede de lojas Riachuelo muitas vezes utiliza esse veículo como apoio às suas estratégias de comunicação de massa.

Tabela 1 — Estratégias de marketing de relacionamento apresentadas pelas redes de lojas

Estratégias de marketing	Redes de lojas		
	C&A	Renner	Riachuelo
Cartão fidelidade	Futuro*	Não	Não
Cartão da loja	Sim	Sim	Sim
Mala direta	Sim	Sim	Sim
Tratamento preferencial	Não	Não	Não
Recompensas tangíveis	Não	Não	Não
Comunicação interpessoal	Não	Não	Não

*Implantado no primeiro semestre de 2006.

Fonte: coleta de dados do projeto.

Apenas duas táticas de marketing de relacionamento estudadas neste artigo estão implantadas nessas lojas: o cartão da loja e a mala direta. As outras três táticas – recompensas tangíveis, tratamento preferencial e comunicação interpessoal – não estão formalmente implementadas como parte da estratégia de marketing de relacionamento em qualquer uma das redes de lojas pesquisadas. Apesar disso, continuam a ser importantes para esta pesquisa, pois, apesar de não implantadas formalmente nas redes de lojas, não significa que não sejam colocadas em prática no dia-a-dia das lojas pelos atendentes, por exemplo.

Ainda na fase da pesquisa qualitativa exploratória, foram entrevistadas 12 mulheres consumidoras dessas redes, com o objetivo de obter informações preliminares sobre as redes de lojas que deveriam ser pesquisadas e suas avaliações sobre essas redes. Buscou-se obter, assim, uma visão panorâmica sobre o comportamento das clientes em relação às redes.

A segunda etapa correspondeu a uma pesquisa conclusiva, descritiva, quantitativa, transversal única (*cross-sectional*), com nível de análise grupal, tendo como unidade central o indivíduo.

O instrumento de pesquisa (questionário) foi desenvolvido a partir das adaptações dos itens e escalas já utilizados em pesquisas anteriores por diversos pesquisadores, tanto nacionais como estrangeiros, sendo, portanto, sua validade de face previamente comprovada. A validade de face foi referendada por professores doutores da área de Administração de Empresas, tanto da Universidade Federal do Paraná como da PUC-PR. O método de coleta de dados utilizado na pesquisa descritiva, diante dos objetivos do presente estudo, foi o *survey*. A forma de pesquisa estabelecida para este trabalho se caracteriza como um estudo transversal único.

A amostra desta pesquisa foi composta por 423 mulheres residentes em Curitiba, que efetivamente compram artigos de confecções nas redes de lojas selecionadas, com idade entre 25 e 55 anos, sendo 50% possuidoras e 50% não possuidoras do cartão da loja.

Foram selecionadas as redes de lojas Renner, C&A e Richuelo, todas em Curitiba, PR. A técnica de amostragem eleita apresenta procedimento não probabilístico, por cotas. Foram atribuídas cotas específicas para cada rede de lojas, entrevistados 104 consumidores em cada rede de lojas, num total de 423 (três questionários extras que posteriormente foram aproveitados).

4. Apresentação e discussão dos resultados do modelo estrutural

Após realizar análise individual dos constructos e de suas dimensionalidades com o uso da análise fatorial exploratória, verificou-se que em todos eles o teste KMO apresentou valores acima de 0,5 e a variância explicada acumulada ficou acima de 60%. Na análise da consistência individual desses constructos, verificou-se o indicador alfa de Cronbach; todos eles apresentaram coeficiente acima de 0,7.

Após realizar análise individual dos constructos, os dados foram submetidos a uma análise fatorial confirmatória (CFA). O objetivo foi a verificação das validades convergentes e discriminantes dos constructos do modelo proposto.

Além da CFA, foram analisados indicadores alternativos de confiabilidade, complementares ao coeficiente alfa de Cronbach e específicos para cada constructo, como a confiabilidade composta (Conf), proposta por Fornell e Larcker (1982), sendo que seus valores devem estar acima de 0,7. Da mesma forma, para cada constructo foi estabelecida a variância média extraída (AVE), que verifica o poder de explicação dos indicadores sobre a variável latente. Para que as medidas sejam adequadas, esse valor deve estar acima de 0,50 (FORNELL e LARCKER, 1982). Outra forma de verificar a validade convergente para cada constructo, utilizando a AVE (FORNELL e LARCKER, 1982), é pela observação de seus resultados em comparação ao quadrado das correlações entre os constructos latentes: a AVE deve sempre ser maior que esse quadrado.

Na análise do ajustamento dos dados e indicadores ao modelo proposto, observa-se que todos se apresentaram adequados (χ^2 = 831,554; 389 gl; p < 0,001; χ^2 / gl = 2,138; NFI = ,960; NNFI = ,974; CFI = ,978; IFI = ,978; RMR = ,083; RMSEA = ,057).

Em seguida, para a análise do desempenho do modelo, verificou-se a correlação entre os constructos latentes. Seu resultado é o coeficiente de correlação, que pode variar de -1 a +1 (o sinal indica a direção da relação) em que +1 representa uma perfeita relação positiva, 0 indica relação nenhuma e -1 uma perfeita relação negativa ou reversa (HAIR et al., 2005).

A Tabela 2 apresenta, no triângulo inferior, o resultado dos coeficientes de correlação entre as variáveis latentes e, no triângulo superior, esses mesmos coeficientes elevados ao quadrado.

Tabela 2 — Resultado das correlações entre as variáveis latentes na CFA e os quadrados dessas correlações

	Táticas Mktg – mala direta	Táticas Mktg – tratamento preferencial	Táticas Mktg – comunic. interpessoal	Táticas Mktg – recompensas tangíveis	Investimento no relacionamento	Benefícios do relacionamento	Satisfação	Confiança	Comprometimento	Lealdade
Mala direta		,194	,169	,061	,077	,016	,052	,033	,030	,092
Tratamento preferencial	.441*		,297	,127	,084	,124	,033	,008	,046	,056
Comunicação interpessoal	.411*	.545*		,457	,291	,319	,101	,067	,213	,109
Recompensas tangíveis	.246*	.357*	.676*		,436	,348	,228	,338	,496	,221
Investimento no relacionamento	.278*	.290*	.539*	.660*		,177	,206	,370	,336	,169
Benefícios do relacionamento	.126 ns	.352*	.565*	.590*	.421*		,205	,187	,377	,123
Satisfação	.229*	.183*	.318*	.477*	.454*	.453*		,542	,582	,411
Confiança	.182*	.091 ns	.259*	.581*	.608*	.432*	.736*		,803	,536
Comprometimento	.173*	.215*	.461*	.704*	.580*	.614*	.763*	.896*		,645
Lealdade	.303*	.236*	.330*	.470*	.411*	.351*	.641*	.732*	.803*	
Variância média extraída (AVE)	,853	,831	,658	,707	,793	,536	,624	,691	,777	,751

*correlações significativas a 0,01.
ns = resultados estatisticamente não significativos.

Fonte: coleta de dados do projeto.

Percebe-se, pelo exame da Tabela 2, que, na maioria, os constructos latentes apresentaram correlações significativas (com exceção das relações entre os constructos mala direta e benefícios do relacionamento, e dos constructos tratamento preferencial e confiança), no sentido adequado e não muito altas. Observa-se, entretanto, que duas correlações apresentam coeficientes com valores acima de 0,8 – a correlação entre comprometimento e confiança e a correlação entre lealdade e comprometimento, o que, segundo a teoria (HAIR et al., 2005), deve ser investigado.

O valor acima de 0,8, encontrado na correlação entre comprometimento e confiança (0,896), pode não representar um problema devido ao "efeito halo" (GARBARINO e JOHNSON, 1999), produto de processos cognitivos e de memória, também chamado de síntese de avaliação global. Assim, apesar de esse coeficiente de correlação de 0,896 ter ultrapassado o limite de 0,8, esse valor não alcançou o limite que estabelece a multicolinearidade (0,9), definida por Prado (2004), o que torna válida a correlação para efeito da continuidade desta análise.

No que diz respeito aos valores da correlação entre lealdade e comprometimento (0,803) a primeira constatação a fazer é que o limite estabelecido (0,8) por Hair et *al.* (2005) foi ultrapassado num valor muito pequeno. De qualquer forma, é importante frisar, que, como apresenta Prado (2004, p. 92), apesar de os conceitos entre lealdade e comprometimento serem muito próximos, eles podem ser trabalhados "com a perspectiva do Comprometimento aproximando-se da definição da Lealdade Atitudinal, em que ambas referem-se à predisposição a uma avaliação positiva do fornecedor/marca, com uma tendência de continuidade do relacionamento, com a possibilidade de realizarem sacrifícios de curto prazo para esse fim. Já o comprometimento (Lealdade Atitudinal) seria um antecedente à lealdade comportamental, como indicam Jacoby e Chesnut (1978), Chaudhuri e Holbrook (2001), e Morgan e Hunt (1994)".

De mesma forma, na análise da relação entre a variância média extraída e o quadrado do coeficiente, observa-se que elas demonstraram adequação ao conceito de convergência, com todos os resultados dos quadrados dos coeficientes apresentando valores menores do que a respectiva AVE (FORNELL e LARCKER, 1982). A exceção foi a correlação entre os constructos comprometimento e confiança, que apresentou valor (0,803) mais alto do que a estabelecida pela teoria (0,7), mas ainda abaixo de 0,9, estabelecido como limite para a multicolinearidade entre os constructos.

Concluindo, então, essa etapa do estudo, ressalta-se que foi verificada a validade convergente entre os constructos (com todos apresentando variância média extraída, AVE, acima de 0,5 e confiabilidade composta acima de 0,7), assim como validade discriminante, tendo sido verificada a maioria das correlações sem que nenhuma delas tenha apresentado coeficiente acima de 0,9. Isso permite que se dê continuidade às análises.

4.1. Teste do modelo estrutural proposto e verificação das hipóteses

O teste das relações propostas nas hipóteses de pesquisa deste estudo foi realizado utilizando-se o método de equações estruturais. Segundo Hair *et al.* (2005, p. 468), o método de equações estruturais é uma técnica multivariada que "combina aspectos de regressão múltipla (examinando relações de dependência) e análise fatorial (representando conceitos não medidos – fatores – com múltiplas variáveis) para estimar uma série de relações de dependência inter-relacional simultânea", além da vantagem adicional de explicar os erros de mensuração no processo de estimação (HAIR *et al.*, 2005).

Para a avaliação do desempenho global do modelo, antes de testar as hipóteses de pesquisa, foi necessária a análise de seus indicadores de ajustamento (χ^2 = 1.024,677; 411 gl; $p < 0,001$; χ^2 / gl = 2,493; NFI = ,951; NNFI = ,966; CFI = ,970; IFI = ,970; RMR = ,108; RMSEA = ,066).

Percebe-se, nos resultados desses indicadores, que o valor qui-quadrado é significativo. Porém, quando examinado relativamente aos graus de liberdade do modelo, assume níveis aceitáveis (HAIR et al., 2005). Os demais índices mostram um bom ajustamento aos dados: os valores NFI, NNFI e CFI são satisfatórios, assim como o RMR. O RMSEA também é aceitável entre os valores 0,05 e 0,08, conforme estabelece a teoria (HAIR et al., 2005).

Após satisfeitas as condições para utilização de equações estruturais, apresenta-se, na Figura 2, o modelo estrutural testado neste projeto. Nela constam os relacionamentos estimados, seus coeficientes padronizados de regressão e os valores t[1] (*t-values*) associados a esses (valor apresentado entre parênteses). Esses coeficientes identificam a magnitude e a direção das relações entre os diversos constructos do modelo, atuando diretamente na confirmação ou rejeição das hipóteses de pesquisa. Também nessa figura constam os coeficientes de determinação (R^2) de cada variável endógena do modelo.

Figura 2 — Modelo estrutural testado pela pesquisa

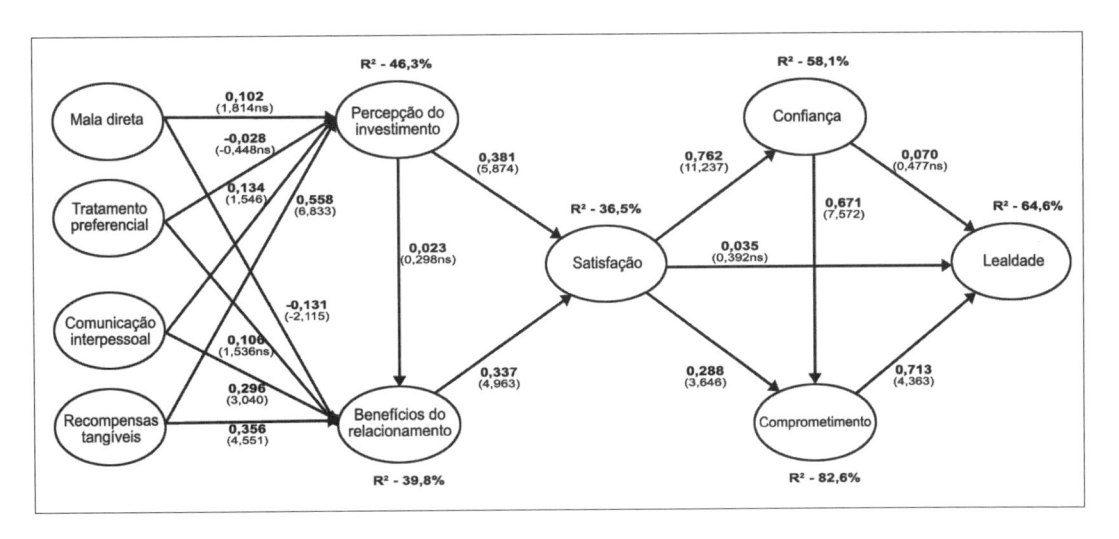

Fonte: coleta de dados do projeto.

---

[1]Valores limites de t : para p = 0,05, t = 1,96. Para p = 0,01, t = 2,53.

A Tabela 3 apresenta também os resultados dos testes de hipóteses propostas no modelo estrutural.

Na seqüência, serão apresentados o detalhamento dos testes, efetuados nas hipóteses propostas no modelo, a explicação das relações, testadas por meio dos coeficientes de determinação, e a verificação dos efeitos diretos entre os constructos do modelo.

Tabela 3 — Coeficientes padronizados (paths) estimados para as relações teóricas propostas no modelo

Relação estrutural	Coeficiente padronizado	t-value	Hipótese	Status de verificação da hipótese
Mala direta → Percepção do investimento	0,102	1,814^{ns}	H1a	Rejeitada
Tratamento preferencial → Percepção do investimento	-0,028	-0,448^{ns}	H1b	Rejeitada
Comunic. interpessoal → Percepção do investimento	0,134	1,546^{ns}	H1c	Rejeitada
Recompensas tangíveis → Percepção do investimento	0,558	6,833**	H1d	Verificada
Mala direta → Benefícios do relacionamento	-0,131	-2,115*	H2a	Verificada
Tratamento preferencial → Benef. do relacionamento	0,106	1,536^{ns}	H2b	Rejeitada
Comunicação interpessoal → Benef. do relacionamento	0,296	3,040**	H2c	Verificada
Recompensas tangíveis → Benef. do relacionamento	0,356	4,551**	H2d	Verificada
Percepção do investimento → Benef. do relacionamento	0,023	0,298^{ns}	H3	Rejeitada
Percepção do investimento → Satisfação	0,381	5,874**	H4	Verificada
Benefícios do relacionamento → Satisfação	0,337	4,963**	H5	Verificada
Satisfação → Confiança	0,762	11,237**	H6	Verificada
Satisfação → Comprometimento	0,288	3,646**	H7	Verificada
Satisfação → Lealdade	0,035	0,392^{ns}	H8	Rejeitada
Confiança → Comprometimento	0,671	7,572**	H9	Verificada
Confiança → Lealdade	0,070	0,477^{ns}	H10	Rejeitada
Comprometimento → Lealdade	0,713	4,363**	H11	Verificada

* Resultados significativos a 0,05
** Resultados significativos a 0,01
ns = resultados estatisticamente não significativos

Fonte: coleta de dados do projeto.

A **primeira hipótese** foi analisada a partir das sub-hipóteses que a compunham, em função do estudo da influência de cada uma das táticas de marketing de relacionamento sobre a percepção dos investimentos no relacionamento. A primeira delas refere-se aos efeitos positivos da percepção da mala direta sobre a percepção dos investimentos. A segunda, terceira e quarta sub-hipóteses apresentam a mesma configuração, apenas alterando a tática considerada.

Pelo modelo exposto, a relação entre a percepção da mala direta e a percepção dos investimentos (H1.a) não foi verificada. Apesar de positivo, o valor do coeficiente entre esses constructos esteve aquém dos limites estatísticos de aceitação (β = 0,102; t = 1,814; p = 0,077). O mesmo ocorreu com as relações entre os constructos tratamento preferencial e comunicação interpessoal com a percepção dos investimentos (H1.b e H1.c). Nesses casos, também as relações não foram significativas (β = -0,028; t = -0,448; p = 0,361 e β = 0,134; t = 1,546; p = 0,121).

Já a relação entre a percepção das recompensas tangíveis e a percepção dos investimentos no relacionamento (H1.d) foi verificada. O coeficiente padronizado entre essas variáveis foi positivo e significativo (β = 0,558; t = 6,833; $p \geq 0,01$), conforme a hipótese correspondente. Portanto, a relação proposta em H1 não foi totalmente rejeitada, exceto pela sub-hipótese H1.d, que foi verificada. Assim, as percepções de mala direta, tratamento preferencial e a comunicação interpessoal não geram uma percepção de investimento no relacionamento por parte das redes de lojas, sendo que as recompensas tangíveis geram essa percepção de forma direta.

Observa-se, na análise da literatura, que a relação entre a percepção das táticas de marketing de relacionamento e a percepção dos investimentos mostrou-se compatível com os resultados encontrados nas pesquisas de De Wulf, Odekerken-Schröder e Iacobucci (2001). Da mesma forma que no presente estudo, os resultados de De Wulf, Odekerken-Schröder e Iacobucci (2001) revelaram uma relação não significativa entre tratamento preferencial e percepção de investimento no relacionamento em quase todas as amostras observadas, o que contraria a opinião comum de que compradores regulares devem ser tratados e servidos diferentemente dos ocasionais.

Da mesma forma que no estudo da primeira hipótese, a **segunda hipótese** foi analisada a partir das sub-hipóteses que a compunham, em função do estudo da influência de cada uma das táticas de marketing de relacionamento sobre a percepção dos benefícios do relacionamento. A primeira delas refere-se aos efeitos positivos da percepção da mala direta sobre a percepção dos benefícios do relacionamento. A segunda, terceira e quarta apresentam a mesma configuração, apenas alterando a tática considerada.

Observa-se, no modelo em estudo, que a relação entre a percepção da mala direta e a percepção dos benefícios do relacionamento (H2.a) foi verificada. Os valores do coeficiente padronizados entre as variáveis foram significativos, porém negativos (β = -0,131; t = -2,115; $p \geq 0,05$) e, portanto, no sentido contrário da hipótese sugerida.

Já na relação entre o constructo tratamento preferencial com a percepção dos benefícios (H2.b) não houve a verificação da hipótese proposta. Nesse caso, a relação ficou abaixo dos limites estatísticos de aceitação (β = 0,106; t = 1,536; p = 0,123).

As relações dos constructos comunicação interpessoal e recompensas tangíveis com o constructo percepção dos benefícios (H2.c e H2.d) foram verificadas. Os coeficientes padronizados entre essas variáveis foram positivos e significativos (β = 0,296; t = 3,040 e â = 0,356; t = 4,551, respectivamente, p $\geq$ 0,01) conforme a hipótese correspondente.

Portanto, a relação proposta em H2 foi parcialmente aceita, exceto pela sub-hipótese H2.b. Pode-se afirmar, assim, que as percepções sobre o tratamento preferencial não geram uma percepção de benefícios do relacionamento, mas a comunicação interpessoal e as recompensas tangíveis geram essas percepções de forma direta e a mala direta gera uma percepção de benefício do relacionamento, porém, com sentido inverso.

Essa relação entre a percepção das táticas de marketing de relacionamento e a percepção dos benefícios do relacionamento mostrou-se compatível com os achados de Gwinner, Gremler e Bitner (1998).

A **terceira hipótese** envolveu a relação entre a percepção dos investimentos no relacionamento e a percepção dos benefícios do relacionamento. De acordo com os testes efetuados, não foi encontrada uma relação entre a percepção dos investimentos e a percepção dos benefícios do relacionamento. Apesar de positivo, o valor do coeficiente entre esses constructos não se adequou aos limites estatísticos de aceitação (β = 0,023; t = 0,298; p = 0,381).

Dessa forma, H3 é rejeitada, o que corrobora os achados de Gwinner, Gremler e Bitner (1998) com relação à importância dada pelos consumidores aos benefícios recebidos no relacionamento. No caso das redes de lojas de varejo, constata-se que o citado alto contato entre empregado e consumidor, descrito por Gwinner, Gremler e Bitner (1998) ocorre de forma muito superficial.

Já a **quarta hipótese** apresentou uma relação positiva entre os constructos percepção dos investimentos no relacionamento e a satisfação no relacionamento. O coeficiente padronizado apresentou resultado positivo e significativo, de acordo com a direção proposta (β = 0,381; t = 5,874; p = 0,01), o que verifica a hipótese. A relação entre a percepção dos investimentos da empresa no relacionamento e o nível de satisfação com o relacionamento, encontrada nessa pesquisa, corrobora os achados de Morgan e Hunt (1994).

De acordo com De Wulf, Odekerken-Schröder e Iacobucci (2001, p. 37), a associação entre investimento no relacionamento e qualidade no relacionamento raramente tem sido investigada empiricamente. Entretanto, forte evidência pode ser encontrada para o impacto do investimento no relacionamento sobre as dimensões da qualidade do relacionamento (entre estes a satisfação com o relacionamento). Investimento no relacionamento tem sido demonstrado para predizer a satisfação em marketing de relacionamento de negócios (ANDERSON; NARUS, 1990; GANESAN, 1994; SMITH e BARCLAY, 1997). Clientes tendem a estar mais satisfeitos com vendedores que fazem esforços deliberados em direção a eles.

A **quinta hipótese** relaciona a percepção dos benefícios do relacionamento com a satisfação com o relacionamento. Essa hipótese também foi verificada no modelo estrutural, no qual o coeficiente padronizado apresentou resultado positivo e significativo, de acordo com a direção proposta ($\beta = 0,337$; $t = 4,963$; $p \geq 0,01$), demonstrando, portanto, influência direta da percepção dos benefícios na satisfação com o relacionamento.

A hipótese confirma os achados de Gwinner, Gremler e Bitner (1998). Reynolds e Beatty (1999) perceberam que os clientes que nunca haviam tido um relacionamento com esse tipo de vendedor apresentavam mais dificuldade em perceber os benefícios advindos do relacionamento.

A **sexta hipótese** relaciona os constructos satisfação com confiança. Como o coeficiente padronizado, apresentou resultado positivo e significativo ($\beta = 0,762$; $t = 11,237$; $p \geq 0,01$); essa hipótese foi verificada no modelo estrutural. A hipótese H6 corrobora os achados de Oliver (1997). Hart e Johnson (1999) defendem que os consumidores são fiéis somente àquelas empresas nas quais podem confiar. Oliver (1999) e Santos (2001) também acreditam que a satisfação leva a níveis maiores de confiança do consumidor para com a empresa.

Na análise da **sétima hipótese,** o constructo satisfação apresentou uma relação positiva com o constructo comprometimento. Essa hipótese, portanto, também foi verificada, tendo apresentado coeficiente padronizado com resultado positivo e significativo ($\beta = 0,288$; $t = 3,646$; $p \geq 0,01$).

A hipótese encontra eco nos resultados encontrados por Garbarino e Johnson (1999, p. 81). A primeira importante conclusão é a de que a satisfação geral determina as intenções futuras de clientes com pouco relacionamento com a empresa. Já para os clientes relacionais, os grandes responsáveis pelas intenções futuras são a confiança e o comprometimento.

Reynolds e Beatty (1999) examinaram a lealdade num contexto varejista sob o prisma da relação consumidor-empresa, e consumidor-vendedor. Essa diferença se deve principalmente à perspectiva indicada por Oliver (1997), na qual a "lealdade interpessoal" é mais significativa que aquela associada a uma marca ou empresa, pois, na primeira, aspectos associados a confiança, comprometimento e ligação pessoal podem ser desenvolvidas de forma mais efetiva.

A **oitava hipótese** envolveu a relação entre a satisfação e a lealdade do relacionamento. De acordo com os testes efetuados, não foi encontrada uma relação entre a satisfação e a lealdade no relacionamento, sendo a hipótese rejeitada. Apesar de positivo, o valor do coeficiente entre estes constructos não se adequou aos limites estatísticos de aceitação ($\beta = 0,035$; $t = 0,392$; $p = 0,369$).

A hipótese foi rejeitada, pois, de acordo com Garbarino e Johnson (1999, p. 82), "diferentes fatores medeiam as futuras intenções dos clientes com relacionamentos fracos ou fortes". Tais resultados, segundo Garbarino e Johnson (1999, p. 93) "implicam que programas de marketing de relacionamento dirigidos a clientes com alto índice relacional devem focar na manutenção e construção da confiança e comprometimento, não satisfação".

Em relação ao impacto da satisfação sobre a propensão à lealdade, Reichheld e Sasser (1990) argumentam que em mercados altamente competitivos, um índice de alta satisfação apresenta baixa relação com a lealdade, sendo que os clientes mudam de fornecedor com foco em preço, tecnologia, marca e outros elementos. Há que se investigar as características específicas (confiança, lealdade, comprometimento) dos relacionamentos de longo termo entre clientes e lojas, por exemplo, clientes com mais de quatro ou cinco anos de relacionamento.

A **nona hipótese** envolve os constructos confiança e comprometimento, tendo-se encontrado uma relação positiva entre eles. O coeficiente padronizado encontrado nessa relação foi positivo e significativo ($\beta = 0,671$; $t = 7,572$; $p \geq 0,01$), o que verifica a hipótese, demonstrando uma influência positiva da confiança sobre o comprometimento do relacionamento.

Nesse caso, verifica-se a validade da hipótese, pois, como estabelecem Morgan e Hunt (1994, p. 34), "confiança e comprometimento no relacionamento desenvolvem-se quando as firmas cuidam dos relacionamentos ao: (1) fornecer recursos, oportunidades e benefícios que são superiores às ofertas de parceiros alternativos; (2) mantêm altos padrões de valores corporativos e se aliam com parceiros de troca com valores similares; (3) comunicam informações valiosas, incluindo expectativas, inteligência de mercado e avaliações das performances dos parceiros". Naturalmente, algumas dessas práticas apontadas pelos autores precisam ser alteradas para a realidade do relacionamento entre redes de lojas de varejo de confecções e clientes, pois Morgan e Hunt (1994) trabalharam com as relações entre empresas cujas características são diferentes do marketing entre lojas e clientes.

A confiança cria benefícios para o consumidor (ou seja, eficiência do relacionamento através da diminuição dos custos de transação), que, por sua vez, favorecem o comprometimento e a lealdade do relacionamento (GARBARINO e JOHNSON, 1999; MORGAN e HUNT, 1994).

Na análise da **décima hipótese,** verificou-se a relação entre a confiança e a lealdade do relacionamento.Também nessa hipótese, de acordo com os testes efetuados, não foi encontrada relação entre a confiança e a lealdade do relacionamento, sendo a hipótese rejeitada. Apesar de positivo, o valor do coeficiente entre esses constructos não se adequou aos limites estatísticos de aceitação ($\beta = 0{,}070$; $t = 0{,}477$; $p = 0{,}356$).

Nesse caso, em que pese o fato de a hipótese ter sido rejeitada, convém ressaltar que elementos adicionais não considerados no modelo podem influenciar positivamente na ampliação da influência indireta da confiança sobre a lealdade, como é o caso do valor percebido do relacionamento. Esse fator está presente na pesquisa de Sidershmukh, Singh e Sabol (2002), os quais lembram que essa variável pode funcionar como mediadora entre a confiança e a lealdade e exercer relações relativamente fortes com a lealdade.

Por fim, a **décima primeira hipótese** envolve os constructos comprometimento e lealdade, tendo encontrado uma relação positiva. Essa hipótese também foi verificada no modelo estrutural, no qual o coeficiente padronizado apresentou resultado positivo e significativo, de acordo com a direção proposta ($\beta = 0{,}713$; $t = 4{,}363$; $p \geq 0{,}01$), demonstrando, assim, influência direta do comprometimento com a lealdade do relacionamento. A hipótese corrobora as opiniões de Prado e Santos (2003), que examinaram a questão dos antecedentes da lealdade e consideraram que o constructo lealdade possui, na verdade, três categorias de antecedentes: cognitivos (acessibilidade, confiança, centralidade e clareza), afetivos (combinação de emoções, estados de humor, afetos primários e satisfação) e os conativos (custos de troca, custos não previstos e expectativas futuras).

De modo geral, a relação entre os constructos de comprometimento e lealdade, assim como a suas definições conceituais estão muito próximos, convergindo fortemente para um mesmo conceito. Prado e Santos (2003) – com base em Hennig-Thurau e Klee (1997) –, consideram que os conceitos de lealdade e comprometimento resultam ambos de uma dimensão da lealdade atitudinal ou comprometimento, e de outra dimensão da lealdade comportamental. Essa quase completa identificação entre os constructos lealdade e comprometimento pode explicar os resultados encontrados pela pesquisa brasileira.

O próximo passo foi a análise dos poderes de explicações dos constructos sobre as relações hipotetizadas. Esse poder de explicação estabelecido pelo coeficiente de determinação (R^2) é a "medida da proporção da variância da variável dependente em torno de sua média, que é explicada pela variável independente ou preditora" (HAIR et al., 2005, p. 132). Para Prado (2004, p. 232), o coeficiente de determinação (R^2) extraído para cada variável endógena do modelo, "representa a proporção de variância desse constructo que é explicada pelas variáveis latentes antecedentes a ela pelo modelo estrutural". Esse coeficiente pode variar de 0 a 1, sendo que se pode admitir que, quanto maior o valor de R^2, maior o poder de explicação da equação de regressão, e, portanto, melhor a previsão da variável dependente (HAIR et al., 2005).

A Tabela 4 apresenta o coeficiente de determinação (R^2) extraído para cada variável endógena do modelo proposto.

Observa-se que os constructos que formam a percepção dos benefícios do relacionamento – percepção do investimento e benefícios do relacionamento – apresentaram um coeficiente de determinação de 46,3% e 39,8%, respectivamente.

Tabela 4 — Coeficientes de determinação dos constructos endógenos do modelo

Relação estrutural	R^2 Coeficiente de determinação
Percepção do investimento	46,3%
Benefícios do relacionamento	39,8%
Satisfação	36,5%
Cofiança	58,1%
Comprometimento	82,6%
Lealdade	64,6%

Fonte: coleta de dados do projeto.

Já os constructos que formam a qualidade no relacionamento apresentaram coeficientes de determinação nos seus constructos formadores que variaram entre o mínimo de 36,5% para o constructo satisfação, tendo como antecedentes a percepção do investimento e benefícios do relacionamento; 58,1% para o constructo confiança, antecedido pelo constructo satisfação; e o constructo comprometimento, com R^2 de 82,6%, o mais alto coeficiente de determinação obtido, com seus antecedentes satisfação e confiança. Considerando que se trata dos constructos centrais em um relacionamento (PRADO, 2004), é de extrema importância que sejam bem planejados e geridos pelas lojas de departamentos.

Por fim, o constructo lealdade, que teve o segundo maior coeficiente de determinação (64,6%), com seus antecedentes, satisfação, confiança e comprometimento. Diante da complexidade do modelo, pode-se dizer que é um alto nível de explicação do constructo, pouco abaixo do encontrado por Prado (2004) em seu trabalho sobre o relacionamento nos bancos, que foi de 67,6%. Da mesma forma que os anteriores, a gestão cuidadosa da lealdade dos consumidores é de vital importância para o estabelecimento e manutenção das relações entre as redes de lojas e seus consumidores.

Como forma de complementar as análises das hipóteses, foram realizadas as análises dos efeitos indiretos entre os constructos do modelo proposto. Verificou-se que os efeitos da mala direta sobre qualquer um dos demais constructos testados no modelo são não significativos, lembrando que o mesmo aconteceu em sua relação direta com a percepção do investimento. Apesar de esse constructo ter apresentado relação direta com os benefícios do relacionamento (mesmo fraca, $\beta = -0,131$; $t = -2,115$; $p \leq 0,05$), essa se deu no sentido inverso. Assim, a utilização da mala direta como elemento de construção ou manutenção do relacionamento com os clientes das lojas de departamento mostrou-se ineficiente.

Da mesma forma, os efeitos indiretos do constructo tratamento preferencial apresentaram-se não significativos em qualquer das relações, o mesmo tendo acontecido nas relações diretas. Portanto, também táticas de tratamento diferencial dirigido aos clientes das lojas de departamentos poderão ter efeitos inócuos.

Por outro lado, também os efeitos indiretos da comunicação interpessoal mostraram-se não significativos apenas em sua relação com os benefícios do relacionamento, apesar de terem-se apresentado significativos em sua relação direta com esse constructo ($\beta = 0,296$ $t = 3,040$; $p \leq 0,05$). Observa-se que os efeitos indiretos alcançam todos os constructos relacionados à qualidade do relacionamento (satisfação, confiança e comprometimento), ($\beta = 0,152$, $0,116$ e $0,121$ respectivamente, com $p \leq 0,01$), assim como a lealdade ($\beta = 0,100$; $p \leq 0,01$).

Assim também as recompensas tangíveis apresentaram uma única relação não significativa com os benefícios do relacionamento — compensado por uma relação direta significativa ($\beta = 0,356$; $p \leq 0,05$). Todas as demais relações de recompensas tangíveis são significativas — satisfação ($\beta = 0,337$), confiança ($\beta = 0,257$), comprometimento ($\beta= 0,269$) e lealdade ($\beta = 0,221$), em todos os casos $p \leq 0,01$. Portanto, o uso de táticas de recompensas tangíveis nas ações de marketing de relacionamento mostram-se eficientes sobre os constructos do modelo proposto.

Os efeitos indiretos dos benefícios do relacionamento não foram significativos sobre a satisfação — apesar de ter um efeito direto significativo ($\beta = 0,337$; $p \leq 0,05$), como já discutido. Entretanto, seus efeitos indiretos sobre os demais constructos analisados (confiança, comprometimento e lealdade) são significativos ($\beta= 0,257$, $0,269$ e $0,221$ respectivamente, com $p \leq 0,01$).

Já todos os efeitos da percepção do investimento sobre seus constructos subseqüentes indiretos tiveram coeficientes significativos – confiança (β = 0,296; p ≤ 0,01), comprometimento (β= 0,311; p ≤ 0,01) e lealdade (β = 0,311; p ≤ 0,01).

A satisfação, por sua vez, teve seus efeitos indiretos significativos sobre os constructos comprometimento e lealdade, com significâncias mais altas do que as relações diretas estabelecidas por esse constructo (β = 0,511 e 0,622, respectivamente para p ≤ 0,01), sendo, inclusive, os coeficientes mais altos encontrados em todas as relações indiretas.

Por fim, a construção indireta da lealdade a partir da confiança foi constatada como significativa (β = 0,478, p ≤ 0,01). Como na relação direta a significância não foi constatada, verifica-se que nos relacionamentos entre os consumidores e as redes de lojas de confecções, a lealdade se estabelece, a partir daquele constructo, de forma intensa, sendo mediada pelo comprometimento. Os gestores de marketing devem, portanto, desenvolver ações de marketing de relacionamento ou assumir comportamentos perante seus consumidores que propiciem o surgimento da confiança e do comprometimento, para que, a partir deles, se estabeleça a lealdade no relacionamento.

5. Considerações finais

De forma geral, os resultados apresentados pela pesquisa indicam que as táticas de marketing de relacionamento são ferramentas importantes na construção e manutenção de um relacionamento profícuo entre consumidor e empresa, desde que sejam empregadas da forma apropriada, isto é, estabelecendo objetivos outros que não os simplesmente transacionais, e verificando a adequação desses ao perfil de seus consumidores.

Quanto à influência da avaliação dos investimentos no relacionamento sobre a avaliação dos benefícios do relacionamento, os resultados da pesquisa demonstram a não existência de influência significativa de uma sobre a outra.

Os resultados mostraram que existe influência direta, significativa sobre o constructo satisfação, e indireta, igualmente significativa, sobre os demais componentes. Essa constatação demonstra a existência de impacto positivo da avaliação dos benefícios no relacionamento sobre a qualidade do relacionamento. Em outras palavras, uma boa avaliação por parte do consumidor sobre os benefícios recebidos no relacionamento gera uma boa avaliação da qualidade do relacionamento.

Verificou-se que a satisfação tem impacto direto e significativo sobre a confiança e o comprometimento, enquanto a confiança, por sua vez, também impacta positiva e significativamente o comprometimento. Os resultados encontrados pelo modelo proposto corroboram a opinião de Garbarino e Johnson (1999), para quem a relação entre satisfação e comprometimento reflete a composição de elementos importantes, entre os quais a confiança, na construção de um relacionamento, devendo esse caminho ser positivo e de grande intensidade.

Com base nos dados do modelo, é possível concluir que a satisfação, a confiança e o comprometimento são realmente antecedentes da lealdade e que essa é gerada, em algumas situações, em relações diretas e, em outras, de forma indireta, a partir da interação entre aqueles intensamente a lealdade.

As táticas de marketing de relacionamento, examinadas à luz do modelo estrutural, constituem ferramenta poderosa de criação e manutenção de relacionamento entre consumidores e redes de lojas de confecções. No entanto, dependem de um engajamento sólido dos atendentes na busca de ofertar um atendimento que, ao final, leve à lealdade dos consumidores. A mala direta, ferramenta de uso generalizado, porém, nem sempre adequado, deve substituir sua abordagem mercadológica promocional por uma abordagem de relacionamento.

Todas as táticas de marketing de relacionamento dependem, para se mostrar eficazes, da definição e do estabelecimento de objetivos claros e mensuráveis, orientados para o estabelecimento e manutenção de um relacionamento concreto com seus clientes. Nesse processo, devem ser identificados perfis, necessidades e aspirações dos clientes e se ajustarem aquelas táticas a essas características, principalmente no que tange à mala direta.

A implementação correta das táticas de marketing de relacionamento, em consonância com as expectativas dos consumidores por um atendimento de qualidade, e com o adequado treinamento dos funcionários da linha de frente, prediz a criação, nos consumidores, de sentimentos de satisfação, confiança e comprometimento, os quais gerarão, mesmo que de forma indireta, a lealdade dos clientes.

Implicações gerenciais

Pode-se dizer, por fim, que as táticas de marketing de relacionamento examinadas à luz do modelo estrutural constituem ferramenta poderosa na criação e manutenção do relacionamento entre consumidores e redes de lojas de confecções.

Porém, a eficácia do uso de algumas dessas táticas, em especial o tratamento diferencial e a comunicação interpessoal, dependem de um engajamento sólido dos atendentes na busca de ofertar um atendimento que, ao final, leve à lealdade dos consumidores.

A mala direta, ferramenta de uso generalizado, mas nem sempre adequado, deve substituir sua abordagem mercadológica puramente promocional por uma abordagem de relacionamento. A comunicação de ofertas promoções no contexto do relacionamento não são efetivadores da lealdade, como demonstraram os resultados desta pesquisa.

Todas as táticas de marketing de relacionamento dependem, para se mostrarem eficazes, desde sua definição e estabelecimento de objetivos, claros e mensuráveis, no sentido de estabelecer e manter um relacionamento concreto com seus clientes. Neste processo, devem ser incluídos os perfis, necessidades e aspirações dos clientes, e ajustar aquelas táticas a estas características, principalmente no que tange a mala direta.

Mesmo que impliquem em alterações da estratégia de auto-serviço das cadeias varejistas de confecções, os resultados desta pesquisa demonstram a importância dos investimentos em interações sociais entre consumidores e a rede. Assim, atendimento diferenciado e reconhecimento da relevância dos principais clientes são armas para a conquista da satisfação com o relacionamento e criação da lealdade desses.

Não podem ser esquecidos também as recompensas tangíveis retratadas neste estudo, como premiações, rebatimentos de descontos e/ou pontuações por volume de compras, pois elas demonstraram fortes correlações com os constructos componentes da qualidade do relacionamento e com a lealdade dos consumidores.

Bibliografia

ANDALEEB, S.S. Dependence relations and the moderating role of trust: implications for behavioral intentions in Marketing Channels. **International Journal of Research in Marketing**, v.12, p.157-172, 1995.

ANDERSON, E.; WEITZ, B. The use of pledges to build and sustain commitment in distribution channels. **Journal of Marketing Research**, v.29, n.1, p.18-34, Feb, 1992.

ANDERSON, J. C.; NARUS, J. A. A model of distributor firm and manufacturer firm working relatioships. **Journal of Marketing**, vol. 54, n. 1, Jan. 1990.

BERRY, L. L. Relationship marketing of services ¾ perspectives from 1983 and 2000. **Journal of Relationship Marketing**, v. 1, n. 1, 2002.

CHAUDHURI, A.; HOLBROOK, M. B. The chain of effects from brand trust and brand affect to brand performance: the role of brand loyalty. **Journal of Marketing**, v. 65, n. 2, p. 81-83, Apr. 2001.

DE WULF, K.; ODEKERKEN-SCHRÖDER, G.; IACOBUCCI, D. Investment in consumer relationships: a cross-country and cross-industry exploration. **Journal of Marketing**, vol. 65, oct. 2001.

FARIAS, J. S.; CARVALHO, K. M. **Marketing de relacionamento** – modismo ou necessidade? (III) Disponível em: <www.ufs.br/departamentos/dad/mktrela3.htm>. Acesso em: 12 maio 2005.

FORNELL, C.; LARCKER, D. Evaluating structural equation models with unobservable variables and measurement error. **Journal of Marketing Research**, v. 17, n. 1, Feb. 1982.

FOURNIER, S. et al. Preventing the premature death of relationship marketing. **Harvard Business Review**, vol. 76, n. 1, Jan./Feb. 1998.

GANESAN, S. Determinants of long-term orientation in buyer-seller relationships. **Journal of Marketing**, n. 58, vol. 2. 1994.

GARBARINO, E.; JOHNSON, M.S. The different roles of satisfaction, trust and commitment on customer relationships. **Journal of Marketing**, Apr. p.70-87, 1999.

GRUEN, T.W.; SUMMERS, J.O.; ACITO, F. Relationship marketing activities, commitment and membership behaviors in professional associations. **Journal of Marketing**, v.37, n.3, p.34-49, Aug. 2000.

GRÖNROOS, C. **Services Management and Marketing: a customer relationship management approach**. 2nd. ed. England: Wiley, 2000.

GUMMESSON, E. Making relationship marketing operational. **International Journal of Service Industry Management**, vol. 5, n. 5, 1994.

_____ Implementation requires a relationship marketing paradigm. **Journal of the Academy of Marketing Science**, vol. 26, n. 3, pp. 242-249, 1998.ABI/INFORM Global.

GWINNER, K. P.; GREMLER, D. D.; BITNER, M. J. Relacional benefits in services industries: the costumer's perspective. **Journal of the Academy of Marketing Science**, vol. 26, n. 2, Spring 1998. ABI/INFORM Global.

HAIR et al. **Análise Multivariada de Dados**. 5ª ed. Porto Alegre: Bookman, 2005.

HART, C. W.; JOHNSON, M. D. Growing the trust relationship. **Marketing Management**, vol. 8, n. 1, 1999.

HENNIG-THURAU, T.; KLEE, A. The impact of costumer satisfaction and relationship quality on costumer retention: a critical reassessment and model development. 1997. In: PRADO, P. H. M. A avaliação do relacionamento sob a ótica do cliente: um estudo em bancos de varejo. Tese de Doutorado. **Fundação Getulio Vargas**. Escola de Administração de empresas de São Paulo (Programa de Pós-Graduação em Administração de Empresas). 2004.

JACOBY, J.; CHESNUT, R. W. **Brand loyalty**. New York: Wiley, 1978.

MORGAN, R. M.; HUNT, S. D. The commitment-trust theory of relationship marketing. **Journal of Marketing**, vol. 58, Jul. 1994.

OLIVER, R. L. **Satisfaction: a behavioral perspective on the consumer**. New York: McGraw-Hill, 1997.

_____. Whence consumer loyalty? **Journal of Marketing**, n. 63, ABI/INFORM Global, 1999.

PRADO, P. H. M. A avaliação do relacionamento sob a ótica do cliente: um estudo em bancos de varejo. Tese de Doutorado. **Fundação Getulio Vargas**. Escola de Administração de empresas de São Paulo (Programa de Pós-Graduação em Administração de Empresas). 2004.

PRADO, P. H. M.; SANTOS, R. C. Comprometimento e lealdade: dois conceitos ou duas dimensões de um único conceito? **27º Encontro da Associação Nacional dos programas de Pós-Graduação em Administração**. São Paulo: Atibaia. 20-24 set. 2003. Artigo.

RIBEIRO, A. H. P.; GRISI, C. C. H.; SALIBI, P. E. Marketing de relacionamento como fator-chave no sucesso no mercado de seguros. **Revista de Administração de Empresas**, vol. 39, n. 1, 1999.

REICHHELD, F.; SASSER, E. Zero defections: quality comes to service. **Harvard Business Review**, v. 68, Sep./Oct. 1990. p.105-111.

REYNOLDS, K. E.; BEATTY, S. E. Costumer benefits and company consequences of customer-salesperson relationships in retailing. **Journal of Retailing**, v. 75, n. 4, 1999.

SANTOS, C. P. Impacto do gerenciamento de reclamações na confiança e lealdade do consumidor no contexto de trocas relacionais de serviços: construção e teste de um modelo teórico. Tese (Doutorado em Administração). Porto Alegre: Universidade Federal do Rio Grande do Sul – Escola de Administração. 2001.

SIDERSHMUKH, D.; SINGH, J.; SABOL, B. Consumer trust, value and loyalty in relational exchanges. **Journal of Marketing**, vol. 66, 2002.

SINGH, S.; SIDERSHMUKH, D. Agency and trust mechanisms in consumer satisfaction and loyalty judgements. **Journal of the Academy of Marketing Science**, v. 28, n. 1, 2000.

SMITH, J. B.; BARCLAY, D. W. The effects of organizational differences and trust on the effectiveness of seling partner relationships. **Journal of Marketing**, vol. 61, n. 1, Jan. 1997. ABI/INFORM Global.

7

Mudanças na logística de redes varejistas: capacitações e recursos necessários

Márcia Maria Penteado Marchesini

Rosane Lúcia Chicarelli Alcântara

1. Introdução e justificativa

Dentro do contexto de expansão da esfera de competição interempresarial para as cadeias de suprimentos nas quais as empresas estão inseridas, surge o conceito de *supply chain management* (SCM). Mentzer *et al.* (2001)[1] definem cadeia de suprimentos como um grupo de três ou mais entidades (organizações ou indivíduos) envolvidos diretamente, a montante e a jusante, nos fluxos de produtos, serviços, financeiro e/ou de informações desde a origem até o cliente final. Lambert & Cooper (2000)[2] definem SCM como a integração de organizações da cadeia de suprimentos e o gerenciamento dos relacionamentos existentes entre elas. Nota-se que tal integração e gestão de relacionamentos (ou de processos-chave de negócios) devem ocorrer tanto na esfera interna à organização (áreas departamentais) como também na externa, isto é, com outras organizações ao longo da cadeia de suprimentos (com fornecedores e clientes de primeira camada, de segunda camada — fornecedores dos fornecedores e clientes dos clientes — e assim por diante).

O conceito de SCM surgiu na literatura sobre logística, sendo que era erroneamente considerado sinônimo de logística integrada. No entanto, houve a diferenciação entre tais conceitos, na medida em que logística é apenas uma área funcional da organização. Dentro desse contexto, apesar de o espaço de atuação da logística ter sido expandido para toda a cadeia de suprimentos, não se pode dizer que SCM é semelhante à logística integrada, sendo esta apenas uma parte do processo de SCM (LAMBERT & COOPER, 2000[3]). Ressalta-se que o aspecto similar entre logística integrada e SCM envolve a orientação em relação à cadeia de suprimentos, ou seja, a noção de encadeamento formado desde o ponto de origem até o ponto de consumo. Segundo Bowersox & Closs (2001)[4], a logística enquadra-se dentro de uma esfera estratégica, já que ela é um elemento fundamental para todas as estratégias da empresa, especialmente no atendimento aos clientes, visto que a transferência de posse do produto ou serviço não pode ocorrer sem o atendimento às questões de tempo e de local, com as quais a logística lida.

Ballou (2001)[5] afirma o SCM é uma tendência que afeta o escopo e a prática da logística tanto em empresas produtoras e em empresas prestadoras de serviços. Em convergência, Mentzer *et al.* (2001)[6] revelam que a função logística sofre uma

---

[1] MENTZER, J. T. *et al*. Defining Supply Chain Management. **Journal of Business Logistics**, v. 22, n. 2, p. 1-25, 2001.
[2] LAMBERT, D. M.; COOPER, M. C. Issues in Supply Chain Management. **Industrial Marketing Management**, New York, v. 29, p.65-83, 2000.
[3] Ibid.
[4] BOWERSOX, D. J.; CLOSS, D. J. **Logística Empresarial:** o processo de integração da cadeia de suprimento, Editora Atlas, São Paulo, 594p, 2001.
[5] BALLOU, R. H. **Gerenciamento da Cadeia de Suprimentos:** planejamento, organização e logística empresarial. 4. ed., Bookman, Porto Alegre, 532p, 2001.

expansão de seu escopo, passando das atividades de transporte e de armazenagem para a integração das operações logísticas de toda a cadeia de suprimentos e para a integração da logística com as funções de marketing e produção, o que salienta a importância assumida pela logística no conceito de SCM.

Este artigo tem como objetivo identificar e reunir os pontos de mudança na logística ocasionados pela adoção de práticas do SCM e classificados, segundo a visão baseada em recursos (VBR), como capacitações e recursos logísticos, e de avaliar a adoção de tais pontos em quatro diferentes empresas varejistas, pertencentes ao setor supermercadista, com forte atuação na distribuição de produtos de mercearia básica (alimentos, higiene, beleza e limpeza). A próxima seção apresenta a definição da função logística, as considerações sobre o SCM, a definição da VBR, as capacitações e os recursos logísticos identificados na literatura, bem como as práticas que a(o)s compõem. A terceira seção expõe os resultados e as análises dos estudos de casos, inclusive a metodologia da pesquisa. A quarta seção expõe as discussões e as conclusões.

2. Logística

2.1. Conceituação e delimitação do escopo e do conteúdo da logística

A partir da definição de gestão logística proposta pelo Council of Supply Chain Management Professionals (CSCMP), antigo CLM, percebe-se a grande influência do SCM sobre a função logística, de modo a vincular esta ao SCM:

"Gestão logística é aquela parte do SCM que planeja, implementa e controla eficiente e eficazmente o fluxo direto e reverso e a estocagem de produtos, serviços e informações relacionadas entre o ponto de origem e o ponto de consumo de modo a atender às exigências dos clientes" (CSCMP, 2003, p. 75[7]).

O aspecto similar entre logística integrada e SCM envolve a orientação em relação à cadeia de suprimentos, ou seja, a noção de encadeamento formado desde o ponto de origem até o ponto de consumo (LAMBERT & COOPER, 2000[8]). Em adição a isso, Kauffman (2002) salienta que o SCM é um conceito mais amplo em função de estar relacionado não somente à gestão dos fluxos de produtos e de informações, mas também à gestão dos relacionamentos existentes entre os membros da cadeia. Conforme Lambert & Cooper (2000)[9], o objetivo do SCM é alcançar

---

[6]MENTZER et al., op. cit.
[7]CSCMP (Council of Supply Chain Management Professionals) **Supply Chain Visions, Logistics Terms and Glossary.** Updated October 2003. Disponível em: <http://www.cscmp.org >. Acesso em: 11 jan. 2005.
[8]LAMBERT & COOPER, op. cit.
[9]Ibid.

eficiência e eficácia nas operações ao longo de toda a cadeia de suprimentos, sendo a satisfação do consumidor final o foco de todos os esforços. Para Mentzer et al. (2001)[10], os objetivos do SCM envolvem a melhoria tanto na eficiência (redução de custos) quanto na eficácia (satisfação e criação de valor ao cliente através do foco sobre o serviço ao cliente) e, conseqüentemente, a obtenção de vantagem competitiva e lucratividade. De acordo com o horizonte de influência, Tan (2002)[11] afirma que o objetivo de curto prazo do SCM é aumentar a produtividade e diminuir estoques e tempo de ciclo, enquanto o de longo prazo envolve o aumento da satisfação do consumidor, do *market-share* e dos lucros para todos os membros da cadeia de suprimentos.

A delimitação do escopo da função logística na literatura é realizada de acordo com enfoques diferentes, embora seu conteúdo apresente grande similaridade. Bowersox & Closs (2001)[12] consideram cinco áreas como as principais da competência da logística, a saber: o projeto de rede, a gestão da informação, o transporte, o estoque, a armazenagem, o manuseio de materiais e embalamento ou acondicionamento (incluindo atividades de separação, seqüenciamento e seleção de pedidos, de consolidação de cargas e de modificação/montagem de produtos).

2.2. As capacitações e os recursos logísticos identificados na literatura

Este artigo utilizará, com base na VBR, o conceito de capacitações para classificar um grupo de mudanças logísticas derivadas da adoção de iniciativas enquadradas no SCM.

Para Barney (2001)[13], a teoria da VBR defende a esfera interna da empresa como as reais fontes para os potenciais de sucesso e o desenvolvimento de vantagens competitivas em relação ao setor ou mercado. Olavarrieta & Ellinger (1997)[14] expuseram que a VBR surgiu a partir de questões não respondidas pelo modelo de Porter, que defende as características da indústria (ou setor) como fontes de vantagem competitiva para a empresa. Essas questões envolvem: por que empresas enquadradas em indústrias que possuem o mesmo nível de atratividade obtêm performances diferentes?; por que empresas inseridas em indústrias que possuem diferentes níveis de atratividade alcançam performances semelhantes? Diante de

---

[10]MENTZER et al., op. cit.
[11]TAN, K. C. Supply Chain Management: Practices, Concerns, and Performance Issues. **Journal of Supply Chain Management**, v. 38, n. 1, Feb., 2002.
[12]BOWERSOX & CLOSS, op. cit.
[13]BARNEY, J. B. Is the Resource-Based "View" a Useful Perspective for Strategic Management Research? Yes. **Academy of Management Review**, v. 6, n. 1, p. 41-56, 2001.
[14]OLAVARRIETA, S.; ELLINGER, A. E. Resource-Based Theory and Strategic Logistics Research. **International Journal of Physical Distribution & Logistics Management**, v. 27, n. 9/10, p. 559-587, 1997.

tais questionamentos, houve a suposição de que as reais fontes de sucesso para a empresa estão associadas a especificidades da empresa e seus recursos.

Heusler (2003)[15] descreve os elementos de ação que a empresa deve seguir para adotar a VBR: primeiro, ela deve selecionar cuidadosamente seus recursos e sua combinação única de recursos que gere competência a ela (a obtenção de competências consiste no segundo elemento). O terceiro elemento relaciona-se à obtenção de vantagens competitivas sustentáveis, a qual depende do desenvolvimento de uma combinação única de recursos que sejam defensáveis em relação aos competidores. A geração de renda, que é o quarto elemento, ocorre a partir do reconhecimento pelo cliente do valor agregado ao produto/serviço gerado pelos recursos e da sua predisposição para remunerar tal valor único. Barney (2001)[16] identificou a existência de quatro características ou atributos que os recursos devem possuir para gerar vantagem competitiva sustentável à empresa: valor, raridade, não imitabilidade e insubstitubilidade. A parametrização do valor depende do contexto no qual a empresa está inserida, isto é, o valor do recurso é determinado de forma exógena à empresa. A parametrização da raridade relaciona-se ao número de empresas que detêm o mesmo recurso, sendo que tal número deve ser menor do que o necessário para gerar competição perfeita. A parametrização da imitabilidade é relativa a circunstâncias históricas que sejam únicas à empresa e, assim, que sejam difíceis ou custosas de imitar. A insubstitubilidade garante a geração de vantagens competitivas, já que a existência de recursos substitutos estrategicamente equivalentes pode gerar o mesmo valor às empresas.

Conforme Ordaz, Alcázar & Cabrera (2003)[17], os recursos podem ser definidos como *inputs* ou fatores disponíveis em uma empresa através dos quais ela realiza suas atividades; e as capacitações relacionam-se à necessidade de coordenação dos recursos para gerar vantagem competitiva e se relacionam à habilidade da organização em realizar suas atividades de maneira mais eficiente e eficaz do que seus competidores. Day (1994)[18] afirma que as capacitações são conjuntos complexos de habilidades e aprendizado coletivo ou conhecimento acumulado, exercidos através de processos organizacionais que garantem a coordenação superior das atividades funcionais e o uso de seus recursos. As capacitações são caracterizadas por componentes de forças e fraquezas.

---

[15]HEUSLER, K. F. Competencies in Supply Chain Management: the contribution of the Resource-Based View of the Firm. In: SEURING, S. *et al.* (Editors) **Strategy and Organization in Supply Chains**. Heidelberg: Physica Verlag, p. 165-180, 2003.
[16]BARNEY, *op. cit.*
[17]ORDAZ, C. C.; ALCÁZAR, F. M.; CABRERA, R. V. Intangible resources and strategic orientation of companies: an analysis in the Spanish context. **Journal of Business Research**, v. 56, p. 95-103, 2003.
[18]DAY, G. S. The Capabilities of Market-Driven Organizations. **Journal of Marketing**, v. 58, n. 4, October 1994, p. 37-52.

7 — Mudanças na logística de redes varejistas: capacitações e recursos necessários

Quadro 1 — As capacitações logísticas e suas práticas

Capacitações logísticas e suas práticas	
a) Adotar a função logística como atividade estratégica	f.2) Cadeia de suprimentos virtual: troca de informações entre seus agentes em vez de estoques
b) Adotar a logística como uma das competências centrais da organização	f.3) Relacionamentos próximos e colaborativos, internos e externos à organização
b.1) A logística ocasiona vantagem competitiva em termos de alta produtividade (redução dos custos unitários)	g) Adotar o paradigma ou ressuprimento enxuto
b.2) A logística ocasiona vantagem competitiva em termos de oferta de maior valor aos clientes (oferta de serviços)	g.1) Busca da eficiência por meio da eliminação dos desperdícios
c) Adotar e implementar o conceito de *supply chain management* (SCM)	g.2) Entrega de pequenas quantidades, realizada com maior freqüência e no momento exato da necessidade.
c.1) Possuir perspectiva da cadeia de suprimentos	h) Adotar o conceito de cadeia de suprimentos híbrida ou *leagile*
c.2) Desenvolvimento de relacionamentos próximos e caracterizados pela cooperação intensa e pela integração das operações das diferentes empresas da cadeia	h.1) Utilização do conceito de ponto de desacoplamento de informações
d) Adotar o conceito de integração da logística	h.2) Utilização do conceito de ponto de desacoplamento material
d.1) Integração interorganizacional da logística: permite a realização de um sistema logístico "puxado" ou dirigido pelos clientes finais, através da inclusão dos sistemas logísticos da outras empresas da cadeia	i) Adotar a logística do JIT
d.2) Integração intra-organizacional da logística: integração com outras funções da organização, como produção, compras e marketing, mas também a integração intra departamental.	i.1) Sincronização dos agentes da cadeia de suprimentos de modo a haver sinalização antecipada das necessidades de reabastecimento (através da troca de informações)
e) Adotar a coordenação e/ou a sincronização das atividades logísticas	i.2) Eliminação de estoques excessivos no fornecedor e manutenção de pequena quantidade de estoques no cliente
e.1) Sofre coordenação, ou seja, a empresa tem suas decisões influenciadas por outra empresa da cadeia	i.3) Alta confiabilidade nas entregas
e.2) Realiza coordenação, ou seja, a empresa exerce influência sobre as decisões de outra empresa da cadeia	i.4) Alta flexibilidade para atender às necessidades de ressuprimento (volume e variedade)
f) Adotar o paradigma ou ressuprimento ágil	i.5) Consolidação de entregas de diferentes clientes para que o transporte seja de carga completa
f.1) Sensibilidade de mercado: capacidade de identificação e de resposta à demanda real	i.6) Relacionamento mais próximo entre cliente e fornecedor: troca de informações e coordenação de planejamentos

Capacitações logísticas e suas práticas	
i.7) Redução da base de fornecedores	o) Adotar melhorias na gestão de estoques
i.8) Projeto de veículos e de instalações físicas de modo a facilitar o carregamento e o descarregamento das pequenas quantidades de entrega	o1) Redução dos níveis de estoque
i.9) Utilização de provedores de serviços logísticos no gerenciamento da consolidação e do seqüenciamento de entregas	o2) Aumento do giro dos estoques
i.10) Foco sobre o serviço ao cliente	o3) Melhor dimensionamento do estoque de segurança
j) Adotar programas de reposição automática (PRAs)	p) Adotar a postergação
j.1) Resposta rápida (*quick response*)	p.1) Postergação da produção: atividade de etiquetagem
j.2) ECR	p.2) Postergação da produção: atividade de embalagem
j.3) CRP (*continuous replenishment programs* ou programas de reposição contínua)	p.3) Postergação da produção: atividade de fabricação
j.4) VMI (*vendor managed inventory* ou estoque gerenciado pelo vendedor)	p.4) Postergação logística: localização/distribuição
j.5) Estoque gerenciado conjuntamente	q) Adotar nível de serviço adequado aos objetivos da empresa
j.6) CPFR (planejamento, previsão e reposição colaborativos)	q.1) Serviço logístico na pré-transação
j.7) JIT II (participação constante de um funcionário do fornecedor nas instalações do cliente para que identifique as necessidades de ressuprimento e realize os pedidos)	q.2) Serviço logístico na transação
k) Adotar capacitações referentes às informações	q.3) Serviço logístico na pós-transação
k.1) Recebimento diário	q.4) Prestação de serviço básico
k.2) Disponibilidade em tempo real	q.5) Atendimento de pedido perfeito
k.3) Acuracidade das informações	q.6) Prestação de serviços de valor agregado
k.4) Comprometimento da abertura bilateral pelos parceiros	r) Realizar investimento na logística pós-venda
k.5) Compatibilidade de padronizações ou formatos	r.1) Prestação de serviço de manutenção
l) Adotar e implementar a recepção eletrônica de produtos	r.2) Oferta de peças de reposição
m) Adotar esforços para a redução do tempo de ciclo das atividades logísticas	s) Eliminar ou reduzir a influência do conceito de *trade-off* entre nível de serviço e custo logístico
n) Adotar e implementar a reposição eficiente de produtos	t) Realizar investimento na logística reversa
n.1) Diminuição dos níveis de estoque	t.1) Fluxo de retorno de embalagens
n.2) Implementação de um PRA	t.2) Fluxo de devoluções de clientes
n.3) Melhor utilização da capacidade de transporte (*cross-docking* é uma possível prática)	t.3) Fluxo de reaproveitamento de materiais para a produção (reciclagem de produtos)
n.4) Troca de informações	

Fonte: Marchesini (2005)[19]

---

[19] MARCHESINI, M. M. P. **As capacitações e os recursos logísticos para a prática do Supply Chain Management (SCM)**. São Carlos, Dissertação de Mestrado - Departamento de Engenharia de Produção, Universidade Federal de São Carlos (UFSCar), 2005.

Quadro 2 — Os recursos logísticos e suas práticas

Recursos logísticos e suas práticas	
a) Abertura à adoção de novos conceitos e novas estratégias	m) Tecnologia de Informação (TI) e suas ferramentas
b) Ligação estreita da logística com a alta gerência	m.1) Sistemas de planejamento computadorizado
b.1) As questões logísticas são incluídas no planejamento estratégico da empresa	m.2) Computadores de bordo
b.2) A questões logísticas são tratadas também pela alta gerência	m.3) Obtenção automática de dados
c) Ocupação de alto nível hierárquico pelo principal executivo da logística	m.4) EDI (troca eletrônica de dados)
d) Estrutura organizacional por processo	m.5) Código de barras nos produtos
d.1) Orientação ao fluxo integral de produtos para o mercado ao longo da cadeia de suprimentos	m.6) Código de barras nas etiquetas de *containers* de carregamento
d.2) Existência de uma unidade dedicada à gestão logística	m.7) *Scanners* (leitores de códigos de barra)
d.3) Integração de atividades logísticas internas e externas à empresa	m.8) Sinfos (*product data pool* ou base de dados dos produtos)
d.4) Busca pela efetividade do nível de serviço oferecido	m.9) Sistemas de gerenciamento de pedidos: como o pedido é assistido por computador (*computer assisted ordering*, CAO)
e) Metodologia de custo total	m.10) GPS (*global position system*)
f) Metodologia ABC para apuração de custos	m.11) Roteirizadores
g) Centralização do planejamento e do controle do sistema logístico por uma empresa da cadeia de suprimentos	m.12) Sistema de ponto-de-venda (*point of sale system*)
h) Coordenação estreita entre os níveis de planejamento e de operação logísticos	n) *Check-outs* automatizados
i) Planejamento logístico integrado	o) *Softwares* relacionados à logística e de sistema de informação (SI) logística
i.1) Consideração de todas as atividades logísticas internas	o1) ERP
i.2) Consideração das atividades logísticas de outras empresas da cadeia de suprimentos	o2) Planejamento estratégico da rede
j) Estratégia integrada dos processos de produção e de logística	o3) Planejamento da demanda
k) Processo de previsão de demanda conjunta e de forma precisa	o4) Planejamento mestre
k.1) Previsão de demanda realizada conjuntamente pelas empresas	o5) Planejamento da distribuição
k.2) Previsão de demanda realizada por uma empresa da cadeia e compartilhada pelas demais empresas	o6) Gestão de estoque
k.3) Participação de outras áreas internas à empresa na elaboração da previsão de demanda	o7) Programação da produção
k.4) Adoção de esforços para a melhoria da precisão	o8) TMS
l) Troca de informação e transferência de conhecimentos entre as empresas	o9) WMS

Recursos logísticos e suas práticas	
o10) Módulo compras	u) Estabelecimento da disponibilidade e padronização de docas para diferentes unidades da empresa e para diferentes empresas
o11) *Order fulfilment* (ou atendimento da demanda)	x) Separação de uma área exclusiva do armazém para a atividade de *picking* (coleta e separação de produtos conforme o pedido do cliente)
o12) Sistemas de planejamento da cadeia de suprimentos (*supply chain planning*, SCP)	y) Escolha de equipamentos de movimentação e armazenagem adequados
o13) Sistemas de radiofreqüência	y.1) Sistemas de *picking A-frame*
o14) Sistemas de roteirização geocodificada	y.2) Separação por radiofreqüência
o15) Tecnologias do comércio eletrônico (EDI ou internet)	y.3) Sistema de *picking by-light*
o16) Existência de SI logística	z) Estratégia efetiva para a manutenção de estoques
p) Determinação adequada da localização das instalações	z.1) Estoques centralizados
q) Equipamentos e métodos de gestão do transporte adequados	z.2) Estoques descentralizados
q.1) Condições adequadas de temperatura do veículo (tipo de acondicionamento)	aa) Sistemas de medição de desempenho
q.2) Possibilidade de armazenamento a granel (tipo de acondicionamento)	aa.1) Medidas de desempenho globais para a logística e toda a empresa (visão integrada e não fragmentada)
q.3) Flexibilidade no descarregamento dos produtos, como a descarga lateral	aa.2) Indicadores externos do desempenho logístico
q.4) Rastreamento da carga em tempo real (garantia da segurança no transporte)	aa.3) Indicadores internos do desempenho logístico
q.5) Utilização do princípio de consolidação de carga	bb) Sistema de avaliação, controle e melhoria do desempenho futuro do nível de serviço
q.6) Faturamento por meio de EDI	cc) Segmentação de clientes e de produtos em termos de nível de serviço a ser prestado
q.7) Utilização de tecnologias que facilitem a movimentação dos produtos, inclusive TI	cc.1) Segmentação de clientes
q.8) Utilização do transporte intermodal e de equipamentos coordenados.	cc.2) Segmentação de produtos
r) *Cross-docking*	cc.3) Segmentação de clientes e de produtos
s) Entrega direta em loja (*direct store delivery*, DSD)	dd) Ênfase sobre a construção e a manutenção de relacionamentos baseados na parceria e no longo prazo com empresas do canal de distribuição
t) Conceito de padronização	ee) Redução da base de fornecedores e de clientes
t.1) Padronização de processos e de procedimentos (rotina organizacional)	ee.1) Redução da base de fornecedores
t.2) Padronização do produto para diversas marcas	ee.2) Redução da base de clientes
t.3) Padronização de componentes do produto (projeto modular)	ff) Logística terceirizada (*third-party logistics*, 3PL)
t.4) Padronização de embalagens	gg) Avaliação, seleção e coordenação e estabelecimento de uma relação colaborativa com operadores logísticos
t.5) Padronização de equipamentos de movimentação e de armazenagem de produtos	gg.1) Nível da relação: relações distantes
t.6) Padronização de paletes para diferentes unidades da empresa e para diferentes empresas	gg.2) Nível da relação: parceria de curto prazo e limitada
v) Adoção do EUL (unidade eficiente de carregamento)	gg.3) Nível da relação: parceria de longo prazo e de atividades integradas
w) Substituição de armazéns por centros de distribuição (CDs)	gg.4) Nível da relação: parceria sem prazo limite e de atividades muito integradas

Recursos logísticos e suas práticas	
gg.5) Nível da relação: *joint-venture*	ii) Grupos multifuncionais e interorganizacionais
gg.6) Nível da relação: integração vertical	ii.1) Grupos multifuncionais
gg.7) Avaliação e seleção de operadores logísticos	ii.2) Grupos interorganizacionais
hh) Quarteirização das atividades logísticas (*fourth-party logistics*, 4PL)	jj) Treinamento e desenvolvimento de recursos humanos para atuação em sistemas logísticos enquadrados no SCM.

Fonte: Marchesini (2005)[20].

As capacitações e os recursos logísticos necessários à adoção do conceito de SCM e suas iniciativas, identificados na revisão bibliográfica desta pesquisa e desmembrados em práticas que os compõem, são apresentados nos Quadros 1 e 2. A identificação das capacitações e dos recursos logísticos e de suas práticas foi realizada por Marchesini (2005)[21].

3. Resultados e análises

3.1. Agrupamento de capacitações e recursos logísticos para a apresentação dos resultados

Quadro 3 — As capacitações e os recursos logísticos e seu agrupamento

Grupos de capacitações
a) Capacitações do lado da demanda:
• Adotar o paradigma ou ressuprimento ágil;
• Realizar investimento na logística pós-venda;
b) Capacitações do lado do suprimento:
• Adotar o paradigma ou ressuprimento enxuto;
• Adotar a logística do JIT;
• Adotar melhorias na gestão de estoques;
c) Capacitações do lado do suprimento e da demanda:
• Adotar a função logística como atividade estratégica;
• Adotar a logística como uma das competências centrais da organização;
• Adotar e implementar o conceito de SCM;
• Adotar o conceito de cadeia de suprimentos híbrida ou *leagile*;
• Adotar programas de reposição automática (PRAs);
• Adotar esforços para a redução do tempo de ciclo das atividades logísticas;
• Adotar a reposição eficiente de produtos;
• Adotar a postergação;
• Adotar nível de serviço adequado aos objetivos da empresa
• Eliminar ou reduzir a influência do conceito de *trade-off* entre nível de serviço e custo logístico;
• Realizar investimento na logística reversa;
d) Capacitações referentes à gestão da informação:
• Adotar capacitações referentes à gestão das informações;
• Adotar e implementar a recepção eletrônica de produtos;
e) Capacitações referentes à adoção da coordenação e da integração:
• Adotar o conceito de Integração da logística;
• Adotar a coordenação e/ou a sincronização das atividades logísticas.

[20] *Ibid.*
[21] *Ibid.*

Grupo de recursos	
a) Recursos do lado da demanda: • Entrega direta em loja (*direct store delivery*, DSD); • Segmentação de clientes e de produtos em termos de nível de serviço a ser prestado. **b) Recursos do lado do suprimento:** • Logística terceirizada (*third-party logistics*, 3PL); • Quarteirização das atividades logísticas (*fourth-party logistics*, 4PL); • Avaliação, seleção e coordenação e estabelecimento de uma relação colaborativa com operadores logísticos; • *Cross-docking*; • Substituição de armazéns por centros de distribuição (CDs) e escolha de equipamentos de movimentação e armazenagem adequados; • Padronização; • Estabelecimento da disponibilidade e padronização de docas, da padronização de paletes e adoção do EUL (*efficient unit loads* ou unidade eficiente de carregamento). **c) Recursos do lado do suprimento e da demanda:** • Redução da base de fornecedores e de clientes; • Ênfase sobre a construção e a manutenção de relacionamentos baseados na parceria e no longo prazo com empresas do canal de distribuição; • Determinação adequada da localização das instalações; • Equipamentos e métodos de gestão do transporte adequados; • Estratégia efetiva para a manutenção de estoques. **d) Recursos referentes à gestão da informação:**	• Sistema de avaliação, controle e melhoria do desempenho futuro do nível de serviço; • Troca de informação e transferência de conhecimentos entre as empresas; • Tecnologia de informação (TI) e suas ferramentas; • *Check-outs* automatizados; • *Softwares* relacionados à logística e de sistema de informação (SI) logística. **e) Recursos referentes à adoção da coordenação e da integração:** • Abertura à adoção de novos conceitos e novas estratégias; • Ligação estreita da logística com a alta gerência; • Ocupação de alto nível hierárquico pelo principal executivo da logística; • Estrutura organizacional por processo; • Centralização do planejamento e do controle do sistema logístico por uma empresa da cadeia; • Coordenação estreita entre os níveis de planejamento e de operação logísticos; • Planejamento logístico integrado; • Detenção de uma estratégia integrada dos processos de produção e de logística; • Processo de previsão de demanda conjunta e de forma precisa; • Grupos multifuncionais e interorganizacionais; • Sistemas de medição de desempenho que apresentem visão global ou integrada e interna e externa à organização; • Metodologia de custo total; • Metodologia ABC para apuração de custos; • Treinamento e desenvolvimento de recursos humanos para atuação em sistemas logísticos enquadrados no SCM.

Fonte: Marchesini (2005)[22].

Para facilitar a análise e apresentar as informações coletadas, houve a necessidade de realizar o agrupamento das capacitações e dos recursos em cinco categorias, cuja determinação foi baseada em Bowersox & Closs (2001)[23], Day (1994)[24] e Morash (2001)[25]. Os agrupamentos de capacitações e recursos logísticos são apresentados no Quadro 3.

---

[22]*Ibid.*
[23]BOWERSOX & CLOSS, *op. cit.*
[24]DAY, *op. cit.*
[25]MORASH, E. A. Supply chain strategies, capabilities, and performance. **Transportation Journal**, v. 41, n. 1, p. 37-54, 2001.

3.2. Análise das capacitações e dos recursos logísticos existentes

3.2.1. Análise das capacitações e dos recursos para o setor varejista

Quadro 4 — Grau de adoção das capacitações logísticas

Grupos de capacitações / grau de desenvolvimento	Setor varejista			
	Inexistente	Pouco	Parcial	Altamente
a) Capacitações do lado da demanda:			X	
Adotar o paradigma ou ressuprimento ágil			X	
Realizar investimento na logística pós-venda			X	
b) Capacitações do lado do suprimento:			X	
Adotar o paradigma ou ressuprimento enxuto			X	
Adotar a logística do JIT			X	
Adotar melhorias na gestão de estoques				X
c) Capacitações do lado do suprimento e da demanda:			X	
Adotar a função logística como atividade estratégica			X	
Adotar a logística como uma das competências centrais da organização				X
Adotar e implementar o conceito de SCM			X	
Adotar o conceito de cadeia de suprimentos híbrida ou *leagile*		X		
Adotar programas de reposição automática (PRAs)			X	
Adotar esforços para a redução do tempo de ciclo das atividades logísticas				X
Adotar a reposição eficiente de produtos				X
Adotar a postergação		X		
Adotar nível de serviço adequado aos objetivos da empresa				X
Eliminar ou reduzir a influência do conceito de *trade-off* entre nível de serviço e custo logístico				X
Realizar investimento na logística reversa				X
d) Capacitações referentes à gestão da informação:				X
Adotar capacitações referentes às informações				X
Adotar e implementar a recepção eletrônica de produtos				X
e) Capacitações referentes à adoção da coordenação e da integração:			X	
Adotar o conceito de Integração da logística: integração intra-organizacional e interorganizacional			X	
Adotar a coordenação e/ou a sincronização das atividades logísticas			X	

Fonte: entrevistas realizadas.

Quadro 5 — Grau de adoção dos recursos logísticos

Grupos de recursos / grau de desenvolvimento	Setor varejista			
	Inexistente	Pouco	Parcial	Altamente
a) Recursos do lado da demanda				X
Entrega direta em loja				X
Segmentação de clientes e de produtos em termos de nível de serviço a ser prestado			X	
b) Recursos do lado do suprimento				X
Cross-docking				X
Padronização				X
Estabelecimento da disponibilidade e padronização de docas para diferentes unidades da empresa e para diferentes empresas				X
Padronização de paletes para diferentes unidades da empresa e para diferentes empresas				X
Adoção do EUL (unidade eficiente de carregamento)		X		
Substituição de armazéns por centros de distribuição (CDs)				X
Separação de uma área exclusiva do armazém para a atividade de *picking*				X
Escolha de equipamentos de movimentação e armazenagem adequados				X
Logística terceirizada				X
Avaliação, seleção e coordenação e estabelecimento de uma relação colaborativa com operadores logísticos			X	
Quarteirização das atividades logísticas	X			
c) Recursos do lado do suprimento e da demanda				X
Determinação adequada da localização das instalações				X
Equipamentos e métodos de gestão do transporte adequados				X
Estratégia efetiva para a manutenção de estoques (centralizados ou descentralizados)				X
Ênfase sobre a construção e a manutenção de relacionamentos baseados na parceria e no longo prazo com empresas do canal de distribuição				X
Redução da base de fornecedores e de clientes	X			
d) Recursos referentes à gestão da informação				X
Troca de informação e transferência de conhecimentos entre as empresas			X	
Tecnologia de informação (TI) e suas ferramentas				X
Softwares relacionados à logística e de SI logística			X	
Sistema de avaliação, controle e melhoria do desempenho futuro do nível de serviço				X
Check-outs automatizados				X

Grupos de recursos / grau de desenvolvimento	Setor varejista			
	Inexistente	Pouco	Parcial	Altamente
e) Recursos referentes à adoção da coordenação e da integração			X	
Abertura à adoção de novos conceitos e novas estratégias				X
Ligação estreita da logística com a alta gerência				X
Ocupação de alto nível hierárquico pelo principal executivo da logística				X
Estrutura organizacional por processo			X	
Metodologia de custo total				X
Metodologia ABC para apuração de custos			X	
Centralização do planejamento e do controle do sistema logístico por uma empresa da cadeia de suprimentos	X			
Coordenação estreita entre os níveis de planejamento e de operação logísticos				X
Planejamento logístico integrado			X	
Estratégia integrada dos processos de produção e de logística	X			
Processo de previsão de demanda conjunta e de forma precisa			X	
Sistemas de medição de desempenho				X
Grupos multifuncionais e interorganizacionais			X	
Treinamento e desenvolvimento de recursos humanos para atuação em sistemas logísticos enquadrados no SCM.				X

Fonte: entrevistas realizadas.

De forma geral, houve boa adoção, na prática, das capacitações e dos recursos logísticos destacados na literatura. As capacitações logísticas adotadas e utilizadas pelo setor varejista estão expostas no Quadro 4. A partir de uma avaliação geral do setor, percebe-se que, de forma predominante, a maioria das capacitações está classificada como parcialmente desenvolvida, o que denota a possibilidade e a oportunidade de melhoria de tais pontos pelas empresas.

O setor varejista possui nove capacitações altamente desenvolvidas, nove parcialmente desenvolvidas e somente duas pouco desenvolvidas. Não há capacitação não adotada pelo setor, o que reforça a consistência do levantamento teórico.

Já os recursos logísticos adotados e utilizados pelo setor estão expostos no Quadro 5. Ao contrário das capacitações logísticas, observa-se grande difusão do enquadramento dos recursos quanto ao grau de desenvolvimento. O setor varejista apresenta 21 recursos altamente desenvolvidos, 11 parcialmente, um pouco desenvolvido e quatro inexistentes. Foi desconsiderado para o cálculo das médias o recurso da estratégia integrada dos processos de produção e de logística para o setor varejista, devido à inexistência de processos de produção nessas empresas. No entanto, em pesquisas futuras, deve-se considerar também o âmbito externo, investigando a integração da logística do varejista com os processos de produção de seus fornecedores.

Quadro 6 — Notas médias atribuídas pelo setor para as capacitações e seus desvios-padrão

Setor varejista		
Grupos de capacitações	Notas médias	Desvios-padrão
a) Capacitações do lado da demanda:	6,34	1,53
Adotar o paradigma ou ressuprimento ágil	7,42	1,93
Realizar investimento na logística pós-venda	5,25	1,66
b) Capacitações do lado do suprimento:	7,81	1,15
Adotar o paradigma ou ressuprimento enxuto	7,50	1,87
Adotar a logística do JIT	6,85	1,69
Adotar melhorias na gestão de estoques	9,08	0,83
c) Capacitações do lado do suprimento e da demanda:	7,56	1,98
Adotar a função logística como atividade estratégica	7,75	1,71
Adotar a logística como uma das competências centrais da organização	8,25	2,36
Adotar e implementar o conceito de SCM	7,50	1,87
Adotar o conceito de cadeia de suprimentos híbrida ou *leagile*	4,00	2,80
Adotar programas de reposição automática (PRAs)	7,68	2,02
Adotar esforços para a redução do tempo de ciclo das atividades logísticas	8,25	1,26
Adotar a reposição eficiente de produtos	9,09	1,05
Adotar a postergação	3,50	2,67
Adotar nível de serviço adequado aos objetivos da empresa	8,67	0,47
Eliminar ou reduzir a influência do conceito de *trade-off* entre nível de serviço e custo logístico	9,25	0,96
Realizar investimento na logística reversa	9,17	1,45
d) Capacitações referentes à gestão da informação:	8,45	0,07
Adotar capacitações referentes às informações	8,40	1,77
Adotar e implementar a recepção eletrônica de produtos	8,50	1,00
e) Capacitações referentes à adoção da coordenação e da integração:	7,16	0,04
Adotar o conceito de Integração da logística: integração intra-organizacional e interorganizacional	7,19	1,97
Adotar a coordenação e/ou a sincronização das atividades logísticas	7,13	2,39

7 — Mudanças na logística de redes varejistas: capacitações e recursos necessários

O Quadros 6 e 7 apresentam as notas médias e desvios-padrão de cada capacitação e recurso. Sobre a capacitação da redução ou eliminação da influência do conceito de *trade-off* entre nível de serviço e custo logístico (balanceamento em vez de escolha), se observa grande divergência no meio acadêmico entre os pesquisadores sobre sua viabilidade no ambiente empresarial. Entretanto, todas as empresas analisadas reconheceram a existência da redução de tal influência, em menor ou maior grau. Muitos entrevistados declararam que a essência do trabalho deles era realmente despender esforços para tentar reduzir a influência de tal *trade-off*.

Quadro 7 — Notas médias atribuídas pelo setor para os recursos e seus desvios-padrão

Setor varejista		
Grupos de recursos	Notas médias	Desvios-padrão
a) Recursos do lado da demanda	8,67	1,53
Entrega direta em loja	9,75	0,50
Segmentação de clientes e de produtos em termos de nível de serviço a ser prestado	7,58	2,95
b) Recursos do lado do suprimento	7,40	3,00
Cross-docking	7,75	1,71
Padronização	6,05	2,66
Estabelecimento da disponibilidade e padronização de docas para diferentes unidades da empresa e para diferentes empresas	9,00	1,15
Padronização de paletes para diferentes unidades da empresa e para diferentes empresas	9,50	1,00
Adoção do EUL (unidade eficiente de carregamento)	4,75	5,50
Substituição de armazéns por centros de distribuição (CDs)	10,00	0,00
Separação de uma área exclusiva do armazém para a atividade de *picking*	10,00	0,00
Escolha de equipamentos de movimentação e armazenagem adequados	9,13	1,18
Logística terceirizada	8,75	1,50
Avaliação, seleção e coordenação e estabelecimento de uma relação colaborativa com operadores logísticos	6,50	4,73
Quarteirização das atividades logísticas	0	0
c) Recursos do lado do suprimento e da demanda	6,94	3,89
Determinação adequada da localização das instalações	8,50	1,91
Equipamentos e métodos de gestão do transporte adequados	8,19	0,66
Estratégia efetiva para a manutenção de estoques (centralizados ou descentralizados)	9,00	1,15

Setor varejista		
Grupos de recursos	Notas médias	Desvios-padrão
Ênfase sobre a construção e a manutenção de relacionamentos baseados na parceria e no longo prazo com empresas do canal de distribuição	9,00	1,15
Redução da base de fornecedores e de clientes	0	0
d) Recursos referentes à gestão da informação	8,39	1,60
Troca de informação e transferência de conhecimentos entre as empresas	6,00	3,37
Tecnologia de informação (TI) e suas ferramentas	8,81	0,79
Softwares relacionados à logística e de sistema de informação (SI) logística	7,63	1,05
Sistema de avaliação, controle e melhoria do desempenho futuro do nível de serviço	9,50	0,58
Check-outs automatizados	10,00	0
e) Recursos referentes à adoção da coordenação e da integração	7,36	2,76
Abertura à adoção de novos conceitos e novas estratégias	9,50	1,00
Ligação estreita da logística com a alta gerência	10,00	0
Ocupação de alto nível hierárquico pelo principal executivo da logística	9,50	1,00
Estrutura organizacional por processo	6,75	4,60
Utilização da metodologia de custo total	9,25	1,50
Adoção da metodologia ABC para apuração de custos	5,00	5,77
Centralização do planejamento e do controle do sistema logístico por uma empresa da cadeia de suprimentos	0	0
Coordenação estreita entre os níveis de planejamento e de operação logísticos	8,25	1,26
Planejamento logístico integrado	6,38	3,15
Detenção de uma estratégia integrada dos processos de produção e de logística	0	0
Processo de previsão de demanda conjunta e de forma precisa	7,67	2,71
Sistemas de medição de desempenho	8,50	1,40
Grupos multifuncionais e interorganizacionais	5,38	4,23
treinamento e desenvolvimento de recursos humanos para atuação em sistemas logísticos enquadrados no SCM.	9,50	1,00

Fonte: entrevistas realizadas.

O recurso relativo à centralização do planejamento e do controle do sistema logístico por uma empresa da cadeia de suprimentos recebeu forte discordância por todos os entrevistados sobre sua viabilidade no ambiente empresarial, o que sugere ser um ponto de difícil consenso no ambiente empresarial.

3.2.2. Análise dos grupos de capacitações e de recursos para o setor varejista

A Figura 1 apresenta o gráfico com as notas médias referentes ao grau de adoção dos diferentes grupos de capacitações pelo setor pesquisado. O setor varejista possui 7,46 como nota média de todas as suas capacitações. No Quadro 8, verifica-se que o desvio-padrão desta média é relativamente baixo (0,78), indicando ser a média dos grupos de capacitações uma medida representativa. A hierarquia formada entre seus grupos de capacitações é: gestão da informação, lado do suprimento, lado do suprimento e da demanda, coordenação e integração, e lado da demanda.

A partir disso, pode-se constatar que as capacitações que se relacionam exclusivamente ao atendimento da demanda, ou seja, que são orientadas para o cliente, são as relativamente menos desenvolvidas. Assim, nota-se que o setor está voltado mais para o desenvolvimento de capacitações do lado do suprimento do que do lado da demanda exclusivamente.

Há, inclusive, um grupo de capacitações classificado como altamente desenvolvido, o da gestão da informação, sendo que todos os outros grupos são parcialmente desenvolvidos, não existindo grupos inexistentes ou pouco desenvolvidos.

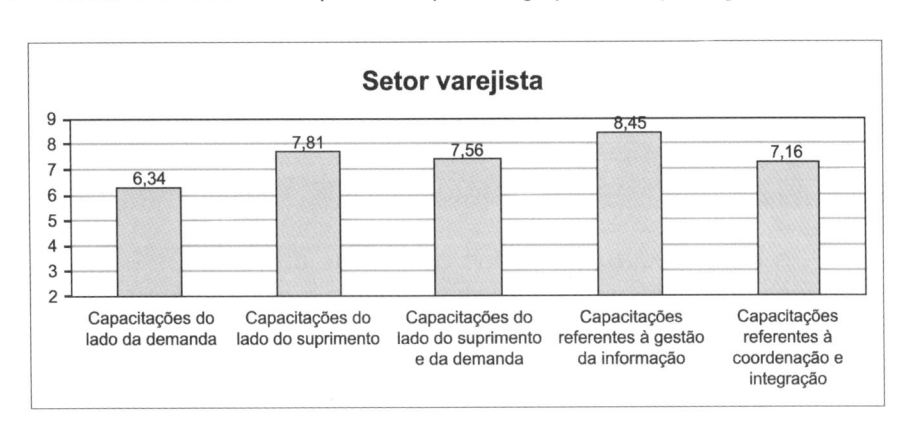

Figura 1 — Notas médias atribuídas pelo setor para os grupos de capacitações

Setor varejista

Capacitações do lado da demanda	6,34
Capacitações do lado do suprimento	7,81
Capacitações do lado do suprimento e da demanda	7,56
Capacitações referentes à gestão da informação	8,45
Capacitações referentes à coordenação e integração	7,16

Fonte: entrevistas realizadas.

Quadro 8 — Notas médias atribuídas pelo Setor para os Grupos de Capacitações e seus desvios-padrão

	Grupos de capacitações	Notas médias	Desvios-padrão
a)	Capacitações do lado da demanda	6,34	1,53
b)	Capacitações do lado do suprimento	7,81	1,15
c)	Capacitações do lado do suprimento e da demanda	7,56	1,98
d)	Capacitações referentes à gestão da informação	8,45	0,07
e)	Capacitações referentes à coordenação e integração	7,16	0,04
	MÉDIA DO SETOR	7,46	n.a.
	Desvio-padrão	0,78	n.a

Fonte: entrevistas realizadas.

Já com relação aos grupos de recursos, a Figura 2 mostra o gráfico com as notas médias de tais grupos para o setor.

Figura 2 — Notas médias atribuídas pelo setor para os grupos de recursos

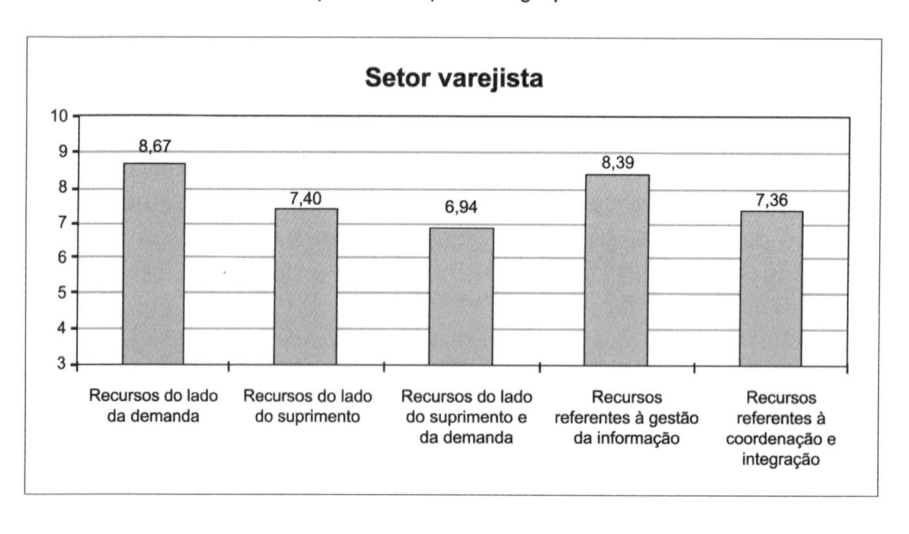

Setor varejista

Recursos do lado da demanda	Recursos do lado do suprimento	Recursos do lado do suprimento e da demanda	Recursos referentes à gestão da informação	Recursos referentes à coordenação e integração
8,67	7,40	6,94	8,39	7,36

Fonte: entrevistas realizadas.

No Quadro 9, a nota média para todos os grupos de recursos é de 7,75. Além disso, observa-se que o desvio-padrão desta média é relativamente baixo (0,74), o que reflete a consistência da média. A hierarquia formada entre os grupos de recursos é: lado da demanda, gestão da informação, lado do suprimento, coordenação e integração e lado do suprimento e da demanda.

Além disso, somente o seguinte grupo é enquadrado como altamente desenvolvido: lado da demanda e gestão da informação. Todos os outros grupos de recursos que não estão evidenciados anteriormente são classificados como parcialmente desenvolvidos, não existindo grupos inexistentes ou pouco desenvolvidos.

Quadro 9 — Notas médias atribuídas pelo setor para os grupos de recursos e seus desvios-padrão

Grupos de recursos	Notas médias	Desvios-padrão
a) Recursos do lado da demanda	8,67	1,53
b) Recursos do lado do suprimento	7,40	3,00
c) Recursos do lado do suprimento e da demanda	6,94	3,89
d) Recursos referentes à gestão da informação	8,39	1,60
e) Recursos referentes à coordenação e integração	7,36	2,76
MÉDIA DO SETOR	7,75	n.a.
Desvio-padrão	0,74	n.a

Fonte: entrevistas realizadas.

Realizadas as apresentações individuais dos grupos de capacitações e de recursos, é importante acrescentar uma análise comparativa entre tais grupos e seus graus de desenvolvimento. Em função de o agrupamento das capacitações e dos recursos serem embasados nas mesmas categorias, este artigo, que tem o caráter de pesquisa exploratória, realizará a comparação entre os grupos de mesmo nome, restando a pesquisas futuras a aplicação de testes estatísticos aprofundados para verificar e identificar a correlação exata entre os grupos de capacitações e os grupos de recursos.

Quadro 10 — Comparação entre as notas médias atribuídas pelo setor para os grupos de capacitações e de recursos

Agrupamento	Setor varejista		
	Capacitações	Recursos	Posição do grupo no setor (capacitação/recurso)
a) Lado da demanda	6,34	8,67	5/1
b) Lado do suprimento	7,81	7,40	2/3
c) Lado do suprimento e da demanda	7,56	6,94	3/5
d) Gestão da informação	8,45	8,39	1/2
e) Coordenação e integração	7,16	7,36	4/4

Fonte: entrevistas realizadas.

O Quadro 10 expõe a comparação entre as notas médias dos grupos de capacitações e de recursos. Para a categoria lado da demanda, no setor varejista, enquanto os grupos de recursos estão altamente desenvolvidos, os grupos de capacitações estão parcialmente desenvolvidos, o que denota a subutilização dos recursos dessa categoria, implicando a falta de utilização efetiva dos recursos presentes no setor para gerar capacitações voltadas para o atendimento ao cliente.

4. Conclusão

Este artigo apresentou os resultados do levantamento na literatura das capacitações e dos recursos logísticos necessários à adoção do SCM e de suas iniciativas, bem como a verificação de tais pontos em quatro empresas varejistas do canal de distribuição de produtos de mercearia básica.

A partir dos resultados desses quatro casos, pôde-se observar a adequação dos pontos teóricos de modificações logísticas na realidade de tais empresas. De forma geral, houve boa identificação na prática das capacitações e dos recursos logísticos, independentemente do grau de desenvolvimento em cada empresa. Identificou-se, *a priori*, a exceção do recurso de "centralização do planejamento e do controle do sistema logístico por uma empresa da cadeia de suprimentos", para o qual os quatro entrevistados demonstraram forte discordância sobre a sua viabilidade na prática. Aquela adequação indica a consistência e aplicabilidade desses pontos provenientes da teoria, sendo que a pesquisa realizou o próprio esforço de unificação e de consolidação de tais pontos. Em adição a isso, quando questionados sobre a existência de mais pontos, todos os entrevistados afirmaram que o levantamento teórico foi bem abrangente e coerente, não existindo mais pontos a ser adicionados.

Salienta-se que a verificação de um menor número de capacitações e/ou de recursos em uma empresa não implica necessariamente que essa empresa é menos desenvolvida e que seus resultados financeiros são inferiores em relação a outra. Essa vinculação entre o número de capacitações e de recursos logísticos adotados e os resultados financeiros (ou até a criação de vantagens competitivas sustentáveis para a empresa) não faz parte do escopo deste artigo.

Ressalta-se que o levantamento de capacitações e de recursos logísticos foi baseado na literatura e, portanto, mostra os elementos relacionados às melhores práticas compatíveis com o padrão mundial. Deve-se considerar ainda que os resultados obtidos baseiam-se na verificação a respeito da implantação de tais capacitações e recursos logísticos em empresas de grande porte, em que se enquadram três das quatro empresas varejistas analisadas, sendo que tais resultados podem diferir dos gerados em uma outra amostra formada por empresas de pequeno ou médio porte.

Quanto às suas implicações gerenciais, primeiramente, esta pesquisa levanta a necessidade de as empresas visualizarem que a logística é uma função estratégica na empresa e que pode se tornar uma de suas competências centrais. Adicionalmente, os resultados desta pesquisa consistem em um instrumento de auto-avaliação das empresas e de seus sistemas logísticos. Isso porque permitem que as empresas avaliem seus sistemas logísticos e componentes em termos de capacitações e recursos, de forma a investigar os pontos fortes e os pontos fracos. A partir da identificação de falhas no sistema logístico, os gerentes podem avaliar as possibilidades e a pertinência de esforços para a criação e/ou o desenvolvimento de capacitações e/ou recursos associados a elas. Desse modo, este artigo permite que os gerentes avaliem sistêmica e estrategicamente o sistema logístico de sua empresa para buscar seu aperfeiçoamento em termos de contribuição da logística na criação de vantagens competitivas sustentáveis para a empresa.

Agradecimentos

Esta pesquisa foi financiada pela Fundação de Amparo à Pesquisa do Estado de São Paulo (Fapesp). Deve-se agradecer também às quatro empresas analisadas, as quais colaboraram com a pesquisa através da concessão de entrevistas e da permissão quanto à divulgação dos resultados.

8

Entretenimento, cultura, informação, o que realmente os internautas brasileiros buscam na *web*?

Cristiano Oliveira Maciel

Olga Maria Coutinho Pépece

SAINT PAUL
EDITORA

Resumo

O presente estudo busca identificar uma classificação de usuários da internet a partir de suas motivações para o acesso a portais de conteúdo. A pesquisa tem caráter eminentemente exploratório e se baseou em uma amostragem por conveniência e julgamento. O levantamento dos dados foi realizado com estudantes de graduação e pós-graduação, que parecem refletir satisfatoriamente a maior parte do universo dos internautas brasileiros. Em uma primeira fase, foram feitas entrevistas qualitativas e identificadas as principais motivações ao acesso a portais de conteúdo, bem como os atributos mais relevantes na escolha e avaliação desses portais. Na seqüência, a realização de um *survey* com 360 pesquisados e as posteriores análises fatoriais revelaram três motivações mais gerais dos internautas — busca de entretenimento, cultura e informação. Como atributos dos *sites* dos portais, emergiram quatro fatores principais – espaço virtual, *layout* da página, *e-mail*, e conteúdo. A partir das motivações dos internautas, foi realizada uma análise de *cluster* e foram encontrados três grupos distintos. Por fim, a Anova e o teste do qui quadrado foram utilizados na discriminação dos grupos encontrados. A classificação apresentada sugere a presença de três *clusters* de internautas, denominados Jovens Hedonistas, Descomprometidos e Intelectuais.

1. Introdução

A *world wide web*, ou simplesmente internet, ainda não mostra sinais de exaustão no que concerne a seus impactos na forma de viver dos indivíduos na sociedade atual. Essa preocupação tem sido alardeada em diversos meios de comunicação e nas mais variadas ramificações e disciplinas das ciências sociais. No campo de estudos do comportamento do consumidor, a influência da internet sobre o consumo, enquanto tópico de pesquisa, tem crescido em interesse, mas permanece relativamente ainda pouco estudada.

Só mais recentemente, alguns esforços têm sido direcionados e sistematizados em torno dessa problemática, sobretudo no exterior, através de publicações em *journals* americanos da área de marketing e comportamento do consumidor. (*e.g.*, JOINES, SCHERER e SCHEUFELE, 2003; DONTHU e GARCIA, 1999; CHEN e WELLS, 1999; GORN *et al.*, 2004; SCHAU e GILLY, 2003; MANDEL e JOHNSON, 2002; BUCKLIN e SISMEIRO, 2003).

No contexto brasileiro, ainda são poucos os estudos que exploraram essa temática. A partir daí, a presente pesquisa foi direcionada para identificar alguns traços dos usuários de portais de conteúdo na *web*. Portais de conteúdo são aqueles *sites* que oferecem conteúdo (informação em geral) e conexão paga ou gratuita à internet, tais como IG, UOL, Terra e POP. O interesse em estudar esse consumidor se justifica pela presença maciça desse tipo de serviço na internet brasileira, e principalmente por esses *sites* figurarem como porta de entrada ao ciberespaço e conseqüentemente ao varejo virtual.

Em decorrência desse interesse, estabeleceu-se como objetivo central descortinar as relações entre as motivações ao acesso a portais de internet, a importância dos atributos considerados na avaliação realizada por seus usuários e algumas de suas características pessoais. Para tanto, leva-se a efeito a proposta de uma classificação para os usuários dos serviços dos portais de conteúdo na internet a partir de suas motivações.

2. O consumidor no ambiente virtual

É bastante evidente a necessidade de um maior número de pesquisas que contemplem o comportamento do consumidor na internet, visto sua importância crescente no varejo contemporâneo (JOINES, SCHERER e SCHEUFELE, 2003; KORGAONKAR e WOLIN, 1999; DONTHU e GARCIA, 1999; TELANG, BOATWRIGHT e MUKHOPADHYAY, 2004). Nesse cenário, em que a principal característica é a interação virtual entre consumidores e empresas varejistas, ainda faz-se necessário que sejam traçadas mais evidências empíricas acerca das relações entre as principais variáveis comportamentais e atitudinais que descrevem o internauta. O crescimento exponencial dos serviços de provedores de conteúdo e acesso à internet e o potencial de compra do internauta brasileiro justificam tal assertiva. Do universo de internautas brasileiros que se conectam à internet ao menos uma vez por semana, aproximadamente 60% têm entre 14 e 24 anos e mais de 20% entre 25 e 34 anos, cerca de 70% desse público são solteiros, não possuem filhos e pertencem às classes A e B, (MKTEAM, 2006; UOL, 2006).

Mesmo ante o potencial de oportunidades de negócios na internet com esse público, ainda são encontrados poucos estudos sobre os consumidores nessa indústria e suas ramificações. Algumas dessas pesquisas realizadas no exterior e que também exploraram constructos relacionados aos deste trabalho são expostos por Joines, Scherer e Scheufele (2003), Gorn, Chattopadhyay, Sengupta e Tripathi (2004), Schau e Gilly (2003) e Korgaonkar e Wolin (1999).

Joines, Scherer e Scheufele (2003) se interessaram em investigar as motivações para o uso da internet como prováveis preditoras da intensidade de busca de informações na rede e compras realizadas *online*. Os autores da pesquisa concluem que, associadas às motivações, as variáveis idade, renda e educação, se mostraram relevantes para a consideração da intensidade da busca de informações e compras realizadas por esse canal.

Examinando a relação entre as cores dos *sites* durante o carregamento da página e a percepção de tempo do carregamento, Gorn, Chattopadhyay, Sengupta e Tripathi (2004) encontraram evidências de que as cores realmente afetam a percepção de tempo do *download* da página. Em meio a outras conclusões, os autores sublinharam o papel do sentimento de relaxamento, decorrente da percepção da cor, como uma variável mediadora na relação.

Schau e Gilly (2003) investigaram as formas pelas quais indivíduos parecem estruturar uma identidade através de *sites* pessoais na internet. Os pesquisadores concluem, entre outros achados empíricos, que esses usuários adotam estratégias de auto-representação da vida real através dos símbolos, sinais, lugares e objetos expressos digitalmente.

Em outro estudo voltado para a utilização da internet, Korgaonkar e Wolin (1999) pesquisaram os determinantes para o uso da rede. Os autores identificaram sete fatores para as motivações e interesses dos usuários: (i) fuga social, relacionada ao divertimento e escape da realidade; (ii) interesse por privacidade e segurança nas transações na rede; (iii) busca de informação; (iv) controle da interatividade (onde e com quem interagir); (v) socialização, (vi) interesse por privacidade não transacional (*e.g.*, *e-mails* não identificáveis e *hackers*); e (vii) motivação econômica (educação e informações gratuitas sobre preços de produtos).

Diante do exposto, reitera-se que, em meio a pesquisadores, mesmo com um número não muito expressivo de trabalhos publicados nessa área, parece haver consenso quanto à necessidade de um ganho tanto em profundidade quanto em amplitude no que concerne ao conhecimento do consumidor virtual. Em adição, na esfera das práticas de mercado, as empresas varejistas também esperam por dados mais específicos em relação ao consumidor que se relaciona com as empresas ponto-com (JOINES, SCHERER e SCHEUFELE, 2003).

Nesse âmbito, espera-se que conclusões extraídas neste estudo possam servir de subsídio à tomada de decisões no contexto do varejo, e que encorajem o aumento de pesquisas dessa natureza. Para tanto, a seguir são apresentadas algumas noções essenciais dos dois principais constructos considerados nesta pesquisa, a motivação do usuário e o papel dos atributos enquanto critérios de avaliação dos portais de internet.

3. As motivações no comportamento do consumidor

Em decorrência do vasto número de trabalhos no campo da psicologia sobre as necessidades básicas do ser humano, várias disciplinas têm despendido maior esforço no sentido de identificar também as necessidades secundárias do indivíduo, como é o caso dos estudos na área do comportamento do consumidor.

Nesse contexto, entende-se que o modo de comportamento dos consumidores ocorre em razão do processo de motivação do indivíduo. Dá-se início a esse processo pelo despertar de uma necessidade, a qual automaticamente gera um estado de tensão que, por sua vez, leva o consumidor a direcionar seus esforços na eliminação ou redução desse estado. A motivação do consumidor é comumente descrita em termos de força e direção. A força da motivação é uma função do grau em que um consumidor está disposto a despender esforço para o alcance da satisfação de sua necessidade, enquanto a direção da motivação é expressa através dos objetivos especificados para sua satisfação. Outra distinção comum em relação à motivação é a diferenciação entre necessidades utilitárias e hedônicas (SOLOMON, 2002).

A dimensão utilitária está associada à necessidade individual por características funcionais dos produtos, restrita a uma lógica instrumental, ao passo que a dimensão hedônica se relaciona às sensações que derivam do uso dos produtos, refletindo a resposta experiencial do consumidor.

Sobretudo, deve-se entender que, quando essas necessidades utilitárias ou hedônicas tornam-se imperiosas, ainda que em graus variados, o consumidor determina um objetivo, que tem por finalidade saciar essa necessidade (BAGOZZI e DHOLAKIA, 1999). Esse fenômeno emerge na análise do comportamento do consumidor como o determinante primário das ações desse ator no processo de consumo (HASTREITER, MARCHETTI e PRADO, 1999). Essa análise ganha poder explicativo ao reconhecer as interseções entre essas motivações e os atributos que são considerados na escolha dos produtos, principalmente quando se espera identificar o "porquê" e o "o quê" na ativação do processo decisório e na preferência dos consumidores. Essa consideração ressalta a importância auferida aos atributos dos produtos e sua relação com os valores, necessidades e desejos de cada indivíduo (ESPINOZA e HIRANO, 2003). Em decorrência disso, discute-se no próximo tópico o papel da importância dos atributos no processo de avaliação e escolha.

4. Os atributos como elementos de avaliação

O interesse pela avaliação da importância dos atributos do produto, bem como de suas diferentes características, foi notoriamente crescente a partir da década de 70 em razão dos esforços direcionados à maior apreensão do processo de tomada de decisão dos consumidores.

No que concerne ao processo decisório, Solomon (2002) descreve os consumidores como solucionadores de problemas, assim, se mantendo fiel ao modelo de comportamento do consumidor encontrado em Engel, Blackwell e Miniard (1995).

De acordo com os autores, os consumidores são confrontados por decisões de compras que variam em seu grau de importância relativa, ou de envolvimento, como coloca Zaichkowsky (1985), partindo de decisões rotineiras e habituais de compra até soluções limitadas de problemas, ou ampliadas. Isso ocorre porque as pessoas possuem um conjunto de modelos de decisões, os quais são evocados de acordo com o esforço e a elaboração necessários em sua escolha.

Na decisão habitual, os consumidores não lançam mão de esforços orientados para busca de informações e maiores deliberações. Essas decisões são contempladas em processos tidos como rotineiros, ou seja, aquelas decisões que têm pouco esforço consciente, senão nenhum esforço, no processo de compra.

Na solução limitada de problema os consumidores não se empenham intensivamente na busca de informações para sua tomada de decisão; por outro lado, fazem uso de regras de decisão simples (*e.g.*, heurística – atalhos mentais sob a forma de crenças de mercado, do hábito ou da família) que servem de apoio ao processo de escolha entre alternativas.

A solução ampliada de problema com freqüência leva a uma forma de avaliação que consiste na consideração dos atributos de uma marca por vez. Como conseqüência, essa consideração é confrontada com as características desejadas pelo consumidor (SOLOMON, 2002).

Em algum ponto nesse processo, tanto para decisões habituais como para soluções de problemas ampliados, no outro extremo, ocorre a consideração dos atributos como elementos de avaliação, seja na aplicação de regras não compensatórias seja de regras compensatórias em seu modelo de decisão. As decisões não compensatórias são regras de decisão simples, o que equivale a dizer que, quando um produto alcança baixa avaliação em um atributo, não existe a possibilidade de que uma avaliação positiva num segundo atributo acabe por compensar a baixa avaliação do atributo anterior. Por outro lado, nas regras de decisão compensatórias, quando um atributo alcança baixa avaliação, é considerada a avaliação de outro atributo que pode compensar o anterior na avaliação geral do consumidor sobre o produto que está sendo avaliado (SOLOMON, 2002).

Essa complexidade do processo decisório acabou por dar vazão a um maior interesse pela análise das características e mensuração dos atributos. Diversos autores propuseram, então, classificações que pudessem auxiliar no entendimento da avaliação dos atributos dos produtos.

Dentre as classificações dos atributos, a mais citada parece ser a de Alpert (1971), que se preocupou em tentar identificar quais os tipos de atributos exercem maior influência na escolha e preferência do consumidor, sobretudo, aqueles tidos como determinantes. O autor descreveu como determinantes os atributos que são projetados pela imagem do produto e conduzem mais fortemente à preferência e ao comportamento de compra. Para ser considerados como tal, esses atributos devem figurar como as razões citadas com maior freqüência para a compra, ou, apresentar médias relativamente mais altas nas respostas a questões de pesquisa, quando comparados a outros atributos.

De acordo com Alpert, os atributos, enquanto elementos de avaliação, podem ser classificados em salientes, importantes e determinantes (ESPINOZA e HIRANO, 2003, p. 99-100):

— Atributos Salientes: são aqueles atributos percebidos em determinado produto. Esses tipos de atributos estruturam um conjunto total de atributos percebido por determinado grupo de consumidores, mesmo não possuindo nenhuma relevância no processo de compra do produto. Entre os atributos salientes, aqueles que não serão vistos como importantes ou determinantes podem ser ausentes sem, talvez, prejudicar a avaliação feita pelo consumidor.

— Atributos Importantes: são atributos considerados importantes no momento da escolha de um produto para determinados grupos de consumidores. São expressos na forma de atributos selecionados dentre os atributos salientes. Como conseqüência, acabam por não ser determinantes da compra, quando freqüentemente não são considerados por ser percebidos em todos os produtos de uma categoria em análise. Quando ausentes, esses atributos podem comprometer em algum grau a avaliação do produto.

— Atributos Determinantes: estão situados no conjunto dos atributos importantes que o consumidor considera como capazes de influenciar de modo positivo sua compra. Esses atributos refletem ao consumidor a melhor possibilidade no atingimento de suas necessidades e desejos em determinado produto.

Diferentemente do grau de importância, os atributos ainda podem ser classificados quanto a outras duas categorias, atributos extrínsecos e intrínsecos. Os atributos extrínsecos são os atributos não associados a características físicas do produto, enquanto atributos intrínsecos estão associados a características físicas e funcionais (ZEITHAML, 1988).

Hirschman (1980) propôs outra classificação, entretanto o foco da autora não foi diretamente o atributo em si, mas, sim, seus estímulos decorrentes. A autora discorreu sobre a tangibilidade e intangibilidade dos atributos. A tangibilidade implica em reconhecer que determinado atributo é acessível através dos sentidos humanos, e que esse atributo é objetivo e concreto. O estímulo do produto, nesse caso advém diretamente das características palpáveis do produto, que são reconhecidas por meio dos cinco sentidos humanos, ou seja, a verificação da tangibilidade ocorre em função da percepção sensorial. Nota-se que esses estímulos são reconhecidos independentemente do processamento de interpretação do consumidor, pois se restringem ao binômio estímulo-resposta.

Ao contrário dos atributos tangíveis, os atributos intangíveis têm características subjetivas e são produzidos e associados mentalmente com os produtos por cada consumidor. Nesse caso, o atributo é uma projeção mental realizada pelo avaliador que o considera (HIRSCHMAN, 1980).

Nowlis e Simonson (1997) focalizando a comparação entre atributos, apresentaram os conceitos de atributo comparável e atributo enriquecido. Um atributo comparável de um produto é facilmente percebido também no produto concorrente no processo de avaliação e escolha, enquanto um atributo enriquecido, por exemplo, a marca, não é passível de fácil comparação entre produtos de uma mesma categoria.

Em decorrência da evolução no entendimento das características dos atributos, ocorreu um maior esforço no sentido de desenvolver medidas mais confiáveis para a avaliação da importância dos atributos, bem como verificar sua relevância (validade e confiabilidade).

Tomando em análise a questão da mensuração dos atributos, Jaccard, Brinberg e Ackerman (1986) se propuseram a capturar as formas de avaliação de atributos mais utilizadas em pesquisa do consumidor e executaram uma comparação entre seis métodos de avaliação de importância. As diferentes técnicas foram apresentadas como: (i) medida de indução; (ii) medida de busca de informação; (iii) medida de avaliação de importância; (iv) medida de associação; (v) medida de probabilidade subjetiva; e (vi) medida de Thurstone (JACCARD, BRINBERG e ACKERMAN, 1986). Entretanto, os autores não encontraram validade concorrente satisfatória entre os métodos testados, advogando que posteriores testes são necessários para se verificar quais dos métodos oferecem melhor poder explicativo na variação da mudança de percepção em relação ao produto. Contudo, a explicação dada pelos autores é que a importância poderia ser interpretada como um conceito multidimensional, na qual cada medida extrai diferentes dimensões da importância dos atributos, sugerindo assim, que diferentes medidas oferecem melhor adequação, cada uma em função de diferentes objetivos de pesquisa.

Pautando-se por essas considerações anteriores e pelo objetivo geral da pesquisa, pareceu adequado também evidenciar os principais atributos considerados na avaliação de portais de internet. Por meio da construção de uma taxonomia de usuários desses portais, tais atributos, relacionados a essas motivações, devem prover substancial informação sobre o consumidor na internet. Para esse fim, é apresentada a seguir a metodologia empregada no estudo.

5. Metodologia

O objetivo principal deste estudo é propor uma classificação empírica (HAIR *et al.*, 1995) dos usuários de portais de conteúdo na internet a partir de suas motivações, bem como compreender possíveis relações entre os outros constructos e variáveis considerados na pesquisa. Tal proposta converge com os objetivos da análise de agrupamentos: descrição taxonômica, simplificação de dados e/ou identificação de relações (HAIR *et al.*, 1995). Nesses contornos, a pesquisa é eminentemente quantitativa, mas possui caráter exploratório para efeitos de segmentação (SMITH, 1956; HALEY, 1968, 1984), ante o desenho amostral adotado no estudo (MALHOTRA, 2001).

Os procedimentos metodológicos adotados na pesquisa incluíram uma revisão da literatura e a observação de diversos *sites* de conteúdo (portais de internet que oferecem conexão à rede) para um julgamento das variáveis que poderiam estar relacionadas ao principal constructo de interesse na pesquisa.

Os questionários da pesquisa foram aplicados em turmas de alunos de três cursos de graduação e um curso de pós-graduação, o que ressalta o caráter exploratório da pesquisa. Descartada a opção de uma amostra probabilística, em razão de custo e tempo disponível para a realização da pesquisa, a amostra por conveniência e julgamento foi a alternativa adotada.

Inicialmente foi desenvolvido um roteiro semi-estruturado de pesquisa para a realização de entrevistas em profundidade. Essas entrevistas foram feitas com 13 alunos de dois cursos de graduação. O objetivo da pesquisa qualitativa nessa fase exploratória foi levantar indicadores que melhor representassem as razões para o acesso a *sites* de conteúdo na internet e os atributos considerados na escolha desses portais.

Com base nas 13 entrevistas em profundidade, foi possível desenvolver o instrumento de coleta de dados. O questionário estruturado para a realização de um *survey* se mostrou a opção mais adequada. O instrumento de coleta de dados envolveu a mensuração de 14 variáveis sociodemográficas e de natureza comportamental, e mais 70 questões atitudinais.

O conjunto de variáveis de natureza pessoal incluiu idade, renda, nome do provedor de acesso, sexo, escolaridade, experiência de compra pela internet, local de acesso mais freqüente, tipo de acesso (discado ou banda larga), tempo de acesso (horas por semana), posse de cartão de crédito, ter filhos ou não, estado civil, dia da semana de maior tempo de navegação, e uso do Messenger. Essas questões foram todas mensuradas através de escalas nominais. O conjunto de variáveis atitudinais incluiu uma questão de risco percebido em navegar pela internet, quatro questões referentes à atitude (favorabilidade) de comprar pela internet, 22 sobre atributos dos *sites* de conteúdo e 43 sobre os motivos para acesso. O risco percebido foi medido por uma escala de sete pontos (muito inseguro até muito seguro), a atitude em relação a comprar pela internet foi medida através de quatro questões de diferencial semântico de sete pontos, sugeridas por Engel, Blackwell e Miniard (1995) (muito desfavorável — muito favorável, ruim — bom, não atraente — atraente, e não é legal — é legal). As motivações foram avaliadas através de escalas de freqüência de cinco pontos e os atributos através de escalas de importância de cinco pontos.

Dada a extensão do questionário, foi feito um primeiro levantamento com 44 estudantes de um curso de graduação e outro de pós-graduação. Esse levantamento inicial permitiu uma redução substancial no número de variáveis do questionário através da análise fatorial de componentes principais e testes de consistência interna através do coeficiente alfa de Cronbach, para purificação das medidas (CHURCHILL, 1979). O questionário posterior envolvia, então, questões sobre 12 variáveis sociodemográficas e comportamentais (renda e nome do provedor foram excluídas por apresentar altos índices de valores faltantes), um de risco percebido, quatro de atitude em relação à compra pela internet, 18 sobre atributos e 24 sobre motivos.

A próxima fase consistiu em uma segunda aplicação de questionários que deu origem a mais 316 observações válidas (após a análise dos valores faltantes e das inconsistências nas respostas), o que gerou uma amostra final de 360 observações.

Para garantir a qualidade do instrumento de coleta dos dados, foram realizados alguns procedimentos recomendados por Churchill (1979), Hair *et al.* (1995), Malhotra (2001) e Prado (1999). Um resumo dos procedimentos metodológicos adotados no estudo aparece na Figura 1.

Figura 1 — Procedimentos metodológicos adotados na pesquisa

Exame da literatura e observação de *sites* de portais de conteúdo na internet.	Identificação das dimensões das motivações e atributos.
Entrevista em profundidade para geração dos itens das escalas (n=13).	Análise de *cluster* hierárquica com o método de Ward (n=360).
Análise fatorial exploratória (AFE) e teste do alfa de Cronbach (n=44).	Anova – *one way* para cálculo do R – quadrado de 1 a 8 clusters (n=360).
Divisão da amostra em grupo teste (n=157) e grupo de validação (n=203).	Análise de *cluster* não hierárquica *K-means* (n=360).
AFE e alfa de Cronbach para motivações (grupos teste e validação).	Anova – *one way* para os grupos com base nas motivações.
AFE e alfa de Cronbach para atributos (grupos teste e validação).	Qui-quadrado (χ^2) — *pearson chi-square*
AFE e alfa de Cronbach para motivações e atributos (n=360).	Perfilação dos grupos e proposta da taxonomia.

Fonte: elaborado pelos autores.

Após a revisão da literatura, realização das entrevistas em profundidade, e análise fatorial exploratória (AFE) com os primeiros 44 respondentes, ocorreu a divisão aleatória da amostra final de 360 casos válidos em dois grupos, um para teste e outro para validação de alguns dos procedimentos estatísticos. O grupo teste e o grupo de validação foram representados por 157 e 203 observações respectivamente.

Para purificação das medidas, foram realizadas mais duas etapas de análise fatorial exploratória de componentes principais e avaliação do coeficiente alfa de Cronbach para verificação da consistência interna dos fatores. Esse processo ocorreu para o grupo teste e de validação dos constructos motivação e atributos até que se obtivesse a estabilidade dos fatores, o que ocorreu de forma satisfatória somente com o constructo motivação ao acesso a portais de conteúdo. Como resultado desse processo, os dados finais consistiram em 360 observações sobre 12 variáveis de natureza pessoal, uma de risco percebido, quatro de atitude em relação à compra pela internet, 11 sobre atributos e 18 sobre motivações.

Com a identificação das dimensões subjacentes ao constructo motivação, o próximo passo consistiu na análise de *cluster*. Para ter uma idéia do número de grupos a ser retidos na solução final da análise, foi realizada uma análise de *cluster* hierárquica das motivações para os dois grupos (n=157), (n=203) e para a amostra final (n=360). Na seqüência das análises, foi realizada uma análise de variância (Anova) para o cálculo do R-quadrado. Esse procedimento também revelou a amplitude mais adequada para o número de grupos a se considerar no desenvolvimento da classificação das motivações para o acesso aos portais de conteúdo. Os procedimentos estatísticos que se seguiram foram a análise de *cluster* não hierárquica *K-means*, Anova e qui-quadrado. Essa seqüência final de análises permitiu uma leitura mais adequada e confiável das características que melhor discriminassem os grupos da pesquisa. Com base em tais características, ocorreu a perfilação dos grupos e a proposta da classificação.

5.1. Avaliação das escalas de mensuração

Após a primeira AFE (n=44) foram realizadas mais duas etapas de purificação das medidas. A primeira com a amostra particionada (n=157) e (n=203), a segunda com a amostra total (n=360). Nessa última análise, para se verificar a qualidade das medidas utilizadas no estudo, novamente foram avaliadas a validade e a confiabilidade das escalas. A validade das escalas foi obtida através da análise fatorial de componentes principais com rotação ortogonal Varimax e a observação das correlações entre os fatores da solução fatorial. A observação do resultado da análise e da matriz de correlação permitiu observar a validade convergente e discriminante das escalas.

A confiabilidade das escalas foi avaliada através do coeficiente alfa de Cronbach, que permitiu identificar o grau de consistência interna entre as variáveis que se prestaram a medir os fatores relacionados a motivação, atributos e atitude em relação à compra pela internet.

O constructo motivação foi submetido à análise fatorial e apresentou um KMO de 0,760 e teste de esfericidade de Bartlett de 2415,646 (significância de 0,00). Esses índices sugerem a adequação da amostra para a realização da análise fatorial.

Tabela 1 — Análise fatorial para as motivações do acesso aos portais de conteúdo

	Entretenimento	Cultura	Informação
Passar o tempo	0,820		
Saciar meu vício em navegar na web	0,785		
Me divertir	0,705		
Por costume	0,654		
Puro lazer	0,653		
Descobrir curiosidades	0,614		
Saber notícias do exterior		0,710	
Ter mais conteúdo para conversar		0,701	
Saber informações sobre economia		0,656	
Formar uma opinião		0,630	
Acessar e-mail			0,799
Saber notícias nacionais			0,681
Me manter informado			0,567
Ter notícias da minha cidade			0,549
Variância explicada (%)	17,49	14,08	12,02
Variância total acumulada (%)	17,49	31,57	43,59
Alfa de Cronbach	**0,82**	**0,70**	**0,71**

Fonte: dados primários.

Como resultado da análise fatorial, foram identificados três fatores: entretenimento, cultura e informação. Apesar de esses fatores estarem todos correlacionados, o coeficiente de correlação de Pearson não superou 0,41 na matriz de correlações, não sendo, portanto, identificada multicolinearidade entre os fatores. A variância explicada de cada um dos três fatores, a variância acumulada e os coeficientes alfa de Cronbach para o teste de confiabilidade constam na Tabela 1.

Com o objetivo de chegar a uma redução das variáveis que se referem aos atributos dos portais de conteúdo, as 11 variáveis desse conjunto também foram submetidas a uma análise fatorial de componentes principais após a realização da mesma análise com os grupos teste e validação. O método permaneceu o mesmo da análise anterior, a rotação ortogonal Varimax. O índice de KMO = 0,708 e o teste de Bartlett = 715,780 (significância de 0,000) atestaram a adequação da amostra.

O resultado da análise sugeriu a existência de quatro fatores para os atributos: espaço virtual, *layout* da página, *e-mail*, e conteúdo do *site*. A Tabela 2 apresenta os carregamentos dos indicadores, variância explicada e acumulada e os coeficientes de confiabilidade das escalas, mensurados através do alfa de Cronbach.

Tabela 2 — Análise fatorial para os atributos dos portais de conteúdo

	Espaço Virtual	Layout	E-mail	Conteúdo
Páginas pessoais	0,741			
Cores escuras e fortes	0,719			
Álbum digital	0,653			
E-group	0,625			
Cores claras e leves		0,790		
Páginas agradáveis de se olhar		0,730		
Espaçamento entre os links		0,680		
Espaço de e-mail			0,795	
Facilidade no uso do e-mail			0,656	
Quantidade de notícias				0,817
Variedade de conteúdo				0,749
Variância explicada (%)	18,64	16,32	13,51	12,57
Variância total acumulada (%)	18,64	34,96	48,47	61,04
Alfa de Cronbach	**0,66**	**0,65**	**0,61**	**0,52**

Fonte: dados primários.

A matriz de correlação dos quatro fatores também foi observada. Assim como na matriz dos fatores das motivações, os fatores encontrados na análise fatorial dos atributos se encontram todos correlacionados, todavia, nenhum dos coeficientes superou o coeficiente de Pearson = 0,351. O resultado da análise fatorial e a matriz de correlação dos fatores atestaram a validade convergente e discriminante da escala.

Por sua vez, o constructo atitude em relação à compra pela internet também foi submetido à análise fatorial de componentes principais com a rotação ortogonal Varimax. Representado por quatro variáveis, o constructo teve sua matriz de correlação dos indicadores analisada, juntamente com seu KMO = 0,789 e resultado do teste de esfericidade de Bartlett = 941,502 (significância de 0,000), que permitiram concluir um julgamento favorável em relação à adequação da amostra para a análise de fatores. A Tabela 3 apresenta os carregamentos das variáveis, variância explicada e acumulada da análise fatorial não rotacionada[1], e o coeficiente de consistência interna (alfa de Cronbach).

---

[1] O SPSS não disponibiliza a tabela com os carregamentos das variáveis no caso de a análise fatorial apresentar como resultado um único fator.

Tabela 3 — Análise fatorial não rotacionada do constructo atitude

Variáveis	Atitude
V.1. Atitude	0,888
V.2. Atitude	0,881
V.3. Atitude	0,877
V.4. Atitude	0,867
Variância explicada (%)	77,18
Variância acumulada total (%)	77,18
Alfa de Cronbach (α)	0,90

Fonte: dados primários.

Com a verificação da validade e confiabilidade das escalas, foi possível prosseguir com a análise de *cluster* para o desenvolvimento da taxonomia como se propôs no estudo. Os procedimentos utilizados nessa fase são discutidos na próxima seção.

5.2. Procedimentos para o desenvolvimento da taxonomia

A análise de *cluster*, ou análise de agrupamentos, pareceu a melhor alternativa para o desenvolvimento da classificação de usuários de portais de conteúdo a partir das suas motivações ao acesso; todavia, esse procedimento não assegura ao pesquisador o alcance da solução mais acertada no que concerne ao número de grupos. O recomendável é que o pesquisador se paute pelo exame das soluções com os variados números de *clusters* para que seja possível comparar as soluções até que um número de grupos seja considerado mais adequado aos propósitos do pesquisador (HAIR *et al.*, 1995).

Dada essa dificuldade na definição do número de grupos a ser retido na análise, alguns procedimentos estatísticos, relativamente heurísticos, têm ajudado a indicar o número de *clusters* que parece mais coerente. Para tanto, foi feito uso do R-quadrado[2] (*R-squared*) para auxiliar na determinação do número de *clusters* a reter. Esse critério indica o percentual da variabilidade total que é retida em cada uma das soluções dos grupos. O cálculo do R-quadrado se dá pela razão entre a soma dos quadrados entre os *clusters* e a soma dos quadrados totais, que é disponibilizada na Anova. Dessa forma, o R-quadrado ajuda a indicar quais os extremos em que se encontra o número mais adequado de *clusters* (MAROCO, 2003).

Para o cálculo do R-quadrado, foi então aplicada uma análise de *cluster* hierárquica com o método de Ward e distância euclidiana ao quadrado para a amostra total, o que gerou um dendograma de 2 a 14 grupos. Para se ater a um número mais razoável para o cálculo do R-quadrado foram consideradas as soluções de *clusters*

---
[2]Esse critério está disponível para cálculo automático no programa estatístico SAS.

de dois a oito grupos para a análise de variância (Anova). Na comparação do critério R-quadrado para as sete soluções optou-se por permanecer com o agrupamento de três clusters que reteve pelo menos 60% da variabilidade total da solução. Parcialmente, esse critério deu suporte à decisão de se considerar uma solução de três grupos com base na observação do dendograma da análise de *cluster* hierárquica.

O próximo passo no desenvolvimento da classificação foi a análise de cluster não hierárquica *K-means* para a amostra total (n=360) em que foi definida *a priori* uma análise para a formação de uma solução de três grupos. O resultado da análise revelou grupos relativamente equilibrados no que concerne à distribuição dos elementos em relação à amostra da pesquisa. Os grupos apresentaram 113, 138, e 109 observações cada um. Por conseguinte, a Anova demonstrou diferença significativa (p<0,000) das três motivações para os três grupos encontrados na pesquisa. A Tabela 4 apresenta as médias para as três motivações dos três grupos com a indicação das suas diferenças encontradas no teste de comparações múltiplas de Tukey. Foram encontradas diferenças (*p-value* < 0,05) entre todas as médias.

Tabela 4 — Teste de Tukey para a diferença das médias

	Cluster 1 n= 113	*Cluster* 2 n= 138	*Cluster* 3 n= 109
Entretenimento	3,73*	2,50*	2,27*
Cultura	3,30*	2,43*	3,65*
Informação	3,92*	2,87*	4,12*

*Diferenças significativas entre os dois outros grupos ao *p-value* < 0,05.

Fonte: dados primários.

Para auxiliar na perfilação dos três grupos também foi realizada uma Anova e teste Tukey para o conjunto dos fatores encontrados como critérios de avaliação dos portais de conteúdo, para a atitude em relação a comprar pela internet e para segurança percebida em navegar na *web*. Os resultados da Anova e do teste de comparações múltiplas aparecem nas Tabelas 5 e 6.

Tabela 5 — Teste Tukey para a diferença das médias

	Cluster 1	*Cluster* 2	*Cluster* 3
Espaço virtual	2,89	2,90	2,81
Layout	3,60	3,47 a	3,75 a
E-mail	4,25 a	3,96 a, b	4,21 b
Conteúdo	4,11 a	3,69 a, b	4,22 b

(a, b) diferenças entre grupos ao *p-value* < 0,05.

Fonte: dados primários.

Tabela 6 — Teste Tukey para a diferença das médias de atitude e segurança na internet

	Cluster 1	Cluster 2	Cluster 3
Atitude	4,05 a, b	4,58 a	4,52 b
Segurança	3,49 a	3,76	3,88 a

(a, b) diferenças entre grupos ao p-value < 0,05.

Fonte: dados primários.

Além das indicações das diferenças entre as médias dos três grupos encontrados no resultado da análise de agrupamentos, optou-se por dar seguimento aos procedimentos estatísticos com o emprego do teste qui-quadrado.

Tabela 7 — Teste qui-quadrado para características pessoais e comportamentais da amostra

	Grupo 1	Grupo 2	Grupo 3	χ^2	p-value
Idade 15 a 18	27,40%	15,20%	18,30%	21,253	0,002*
Idade 19 a 25	52,20%	54,30%	42,20%		
Idade 26 a 32	13,30%	12,30%	26,60%		
Idade 33 a 39	7,10%	18,10%	12,80%		
Sexo masculino	51,30%	49,30%	49,50%	0,118	0,943
Sexo feminino	48,70%	50,70%	50,50%		
Escolaridade superior	83,20%	83,30%	87,20%	0,876	0,645
Escolaridade pós-graduação	16,80%	16,70%	12,80%		
Experiência de compra (sim)	46,90%	49,30%	46,80%	0,201	0,904
Experiência de compra (não)	53,10%	50,70%	53,20%		
Acesso em casa	65,50%	61,60%	53,20%	3,956	0,412
Acesso no trabalho	23,90%	26,10%	33,90%		
Acesso na faculdade	10,60%	12,30%	12,80%		
Conexão discada	18,60%	29,70%	21,10%	4,810	0,090
Conexão banda larga	81,40%	70,30%	78,90%		
Tempo de acesso (até 5 horas)	34,50%	45,70%	47,70%	12,228	0,050*
Tempo de acesso (até 10 horas)	27,40%	30,40%	29,40%		
Tempo de acesso (até 20 horas)	20,40%	13,00%	17,40%		
Tempo de acesso (+ 20 horas)	17,70%	10,90%	5,50%		
Posse de cartão de crédito (sim)	55,80%	62,30%	67,90%	3,481	0,175
Posse de cartão de crédito (não)	44,20%	37,70%	32,10%		
Filhos (sim)	13,30%	20,30%	18,30%	2,842	0,241
Filhos (não)	86,70%	79,70%	81,70%		
Estado civil (solteiro)	85,80%	79,00%	74,30%	4,637	0,098
Estado civil (casado)	14,20%	21,00%	25,70%		

	Grupo 1	Grupo 2	Grupo 3	χ^2	p-value
Dia de navegação (seg.-sexta)	68,10%	71,00%	74,30%	1,998	0,736
Dia de navegação (sábado)	15,00%	13,00%	14,70%		
Dia de navegação (domingo)	16,80%	15,90%	11,00%		
Uso do Messenger (sim)	82,30%	68,80%	67,00%	8,042	0,018*
Uso do Messenger (não)	17,70%	31,20%	33,00%		

* p-value < 0,05.

Fonte: dados primários.

O teste qui-quadrado (χ^2) — Pearson chi-square: $\chi^2 = \chi [(o - e)^2 / e]$ —, em que **o** é a freqüência observada para a classe, e **e** é a freqüência esperada para aquela classe (SPIEGEL, 1985; TRIOLA, 1999). Essa análise pareceu mais adequada diante de a face da pesquisa também ter considerado outras variáveis que seriam utilizadas na perfilação dos grupos, como as questões de natureza pessoal.

A maior parte das variáveis não apresentou poder de discriminação entre os grupos. Essas variáveis incluíram as categorias sexo, escolaridade, experiência de compra, local de acesso, tipo de conexão, posse de cartão de crédito, ter filhos ou não, estado civil e dia de maior tempo de navegação na internet. As variáveis que apresentaram algum poder de discriminação entre os grupos foram a idade, tempo de acesso na internet por semana e a utilização do Messenger.

O teste qui-quadrado (χ^2) para idade sugere a maior concentração de idade na faixa de 19 a 25 anos para os três grupos, mas o grupo 1 se diferencia principalmente nas categorias de 15 a 18 com maior percentual relativo e de 33 a 39 com menor percentual relativo. Na variável tempo de acesso, o grupo 1 também se diferencia dos outros no maior percentual para acesso à internet, acima de 20 horas por semana. A utilização do Messenger também é característica discriminadora para o grupo 1 com um elevado percentual para o uso do serviço de mensagens instantâneas na internet. A Tabela 7 apresenta de forma resumida os valores associados ao qui-quadrado (χ^2) para essas variáveis e seu nível de significância (p-value).

5.3. Perfil dos grupos da classificação

A partir dos resultados da Anova para motivações, atributos, atitude a comprar pela internet, segurança percebida na web e os resultados do teste qui-quadrado (χ^2), foi realizada uma perfilação dos três grupos encontrados na pesquisa. As caracterizações dos grupos 1, 2 e 3 sugeriram, respectivamente, as seguintes denominações: Jovens Hedonistas, Descomprometidos e Intelectuais. Esses grupos têm suas características resumidas a seguir.

5.3.1. Jovens hedonistas

O *cluster* dos Jovens Hedonistas (grupo 1) é composto por 113 consumidores, 31,39% da amostra, e apresenta como razão mais freqüente para o acesso a portais de conteúdo a busca por informação ($\bar{x}$ = 3,92), mas tem a média mais alta ($\bar{x}$ = 3,73) entre grupos para a busca de entretenimento. A sua freqüência de busca por cultura é moderada em relação aos outros grupos ($\bar{x}$ = 3,30). No que concerne ao fator espaço virtual (páginas pessoais, cores escuras e fortes, álbum digital, e *e-group*), não existem diferenças estatisticamente significativas entre os três grupos, e esse é o fator com menor nível de importância ($\bar{x}$ = 2,89) para o grupo. Na importância dada ao *layout* das páginas, esse grupo também não se diferencia dos demais. Com relação ao fator *e-mail* (espaço de *e-mail* e facilidade no uso) os Jovens Hedonistas têm uma média superior ($\bar{x}$ = 4,25) em importância somente em comparação ao grupo 2 ($\bar{x}$ = 3,96), sem se diferenciar do grupo 3 ($\bar{x}$ = 4,21).

É importante destacar também que o grupo dos Jovens Hedonistas apresenta a menor média ($\bar{x}$ = 4,05) de favorabilidade (atitude) em relação a comprar pela internet na comparação das médias com os outros dois grupos. E em relação à segurança percebida em navegar pela internet, esse grupo apresenta um nível mais baixo ($\bar{x}$ = 3,49) quando comparado apenas ao grupo 3 ($\bar{x}$ = 3,88). A idade também parece ser uma variável que distingue bastante esse grupo dos outros. Esses consumidores parecem pertencer a um grupo composto por internautas mais novos, e apresenta um percentual menor na faixa etária de 33 a 39 anos, e uma concentração maior que os outros grupos na faixa de idade de 15 a 18 anos (χ^2 = 21,253, p< 0,005). Esse grupo também sustenta o maior percentual na variável tempo de acesso na categoria para acesso acima de 20 horas por semana (χ^2 = 12,228, p = 0,005). Essa variável parece estar relacionada também à utilização do Messenger (programa de mensagens instantâneas), em que o percentual é estatisticamente superior em relação aos outros dois grupos (χ^2 = 8,042, p< 0,005).

5.3.2. Descomprometidos

O *cluster* dos Descomprometidos (grupo 2) é composto por 138 consumidores, 38,33% da amostra, que se caracteriza por uma busca moderada por entretenimento ($\bar{x}$ = 2,50) e tem o nível mais baixo de busca por cultura ($\bar{x}$ = 2,43) e informação ($\bar{x}$ = 2,87) na comparação entre grupos. Assim como os outros grupos, esse *cluster* também apresenta uma média mais elevada na busca por informação. Quanto ao fator espaço virtual (páginas pessoais, cores escuras e fortes, álbum digital, e *e-group*) não existem diferenças estatisticamente significativas entre os três grupos, e esse é o fator com menor nível de importância ($\bar{x}$ = 2,90) para os Descomprometidos também. A importância ao *layout* das páginas é estatisticamente superior ($\bar{x}$ = 3,47) e difere estatisticamente apenas do grupo 3.

Mesmo com médias relativamente altas de importância para o fator *e-mail* ($\bar{x}$ = 3,96) (espaço de *e-mail* e facilidade no uso) e conteúdo ($\bar{x}$ = 3,69) (quantidade de notícias e variedade de conteúdo), o grupo dá menos importância a esses atributos do que os outros dois grupos. E, de forma geral, apresenta as menores médias de importância para os fatores que refletem os atributos dos *sites* de conteúdo. Quanto à atitude em relação a comprar pela internet, tem médias relativamente altas ($\bar{x}$ = 4,58) somente na comparação com o grupo dos Jovens Hedonistas. E em relação à segurança percebida em navegar pela internet os Descomprometidos não apresentam diferenças significativas em comparação aos outros dois grupos.

Os Descomprometidos também têm a mais baixa concentração na faixa etária de 15 a 18 anos e a maior concentração na faixa de 33 a 39 anos (χ^2 = 21,253, p< 0,005), o que pode indicar uma composição de elementos com idade mais avançada em relação aos outros dois grupos. Em comparação aos outros dois grupos, os Descomprometidos apresentam um percentual intermediário na variável tempo de acesso na categoria para acesso acima de 20 horas por semana (χ^2 = 12,228, p = 0,005).

5.3.3. Intelectuais

O *cluster* dos Intelectuais (grupo 3) é composto por 109 consumidores, 30,28% da amostra, e apresenta os índices mais altos de busca por informação ($\bar{x}$ = 4,12) e cultura ($\bar{x}$ = 3,65) e o menor nível de busca por entretenimento ($\bar{x}$ = 2,27) quando as médias dos grupos são contrastadas. Assim como os Jovens Hedonistas e os Descomprometidos, esse grupo apresenta a menor média de importância ao fator espaço virtual ($\bar{x}$ = 2,81) (páginas pessoais, cores escuras e fortes, álbum digital, e *e-group*).

Os intelectuais se diferenciam com uma média superior apenas em relação aos Descomprometidos em importância atribuída ao *layout* ($\bar{x}$ = 3,75) das páginas dos *sites* de conteúdo na internet. Parece haver uma relação entre aqueles usuários que procuram predominantemente informações e cultura e uma maior importância para a aparência do *site*. Essa aparência, de acordo com os itens agrupados no fator *layout* é representada por: cores claras e leves, páginas agradáveis de se olhar, e o espaçamento entre os *links*; todavia, resta saber quais são as medidas mais adequadas desses espaçamentos para esse grupo.

Em importância para o fator *e-mail* ($\bar{x}$ = 4,21) (espaço de *e-mail* e facilidade no uso) e conteúdo ($\bar{x}$ = 4,22) (quantidade de notícias e variedade de conteúdo), esse grupo apresenta maior importância para esses atributos somente em relação ao grupo dos Descomprometidos. Assim como os Descomprometidos, esse grupo se diferencia apenas dos Jovens Hedonistas em sua atitude ($\bar{x}$ = 4,52) de comprar pela internet. E no que concerne à segurança percebida em navegar pela internet, os Intelectuais apresentam um nível mais alto de segurança ($\bar{x}$ = 3,88) quando comparados aos Jovens Hedonistas. Em relação aos Descomprometidos não há diferença. Esse grupo também apresenta maior percentual na faixa etária de 26 a 32 anos em comparação aos outros grupos (χ^2 = 21,253, p< 0,005) e o menor percentual na variável tempo de acesso na categoria para acesso acima de 20 horas por semana (χ^2 = 12,228, p = 0,005).

6. Considerações finais

Tendo como base os resultados da pesquisa é possível caracterizar os grupos encontrados entre os internautas pesquisados como uma útil classificação para os determinantes do acesso a portais de conteúdo na internet, sobretudo, para a faixa etária de jovens estudantes que representam boa parte do universo dos internautas no Brasil (MKTEAM, 2006; UOL, 2006).

Foram encontrados três grupos de internautas com base nas motivações para o acesso a portais de conteúdo. O primeiro grupo foi denominado Jovens Hedonistas, pois se diferenciam dos outros grupos principalmente pela busca de entretenimento. Esse grupo é representado por uma maioria de jovens que passam conectados à internet por mais de 20 horas por semana, têm o maior percentual na utilização do Messenger, são os mais inseguros em relação a navegar na *web*, e dão alta importância ao fator *e-mail* no que concerne aos atributos dos *sites* de conteúdo. Talvez, esse comportamento possa explicar em, alguma medida, a mais baixa atitude em relação a comprar pela internet, apresentando uma fatia do mercado varejista a ser melhor explorada.

Os indivíduos do segundo grupo da amostra pesquisada, denominado Descomprometidos, são internautas bem mais "desconectados" em comparação aos Jovens Hedonistas e os Intelectuais. Esse grupo não apresenta maiores médias na busca de cultura e informação e tem média apenas moderada na busca por entretenimento. Também apresenta a menor importância para os fatores *e-mail* e conteúdo. Quanto à idéia de comprar pela internet o grupo tem uma média comparável à dos Intelectuais e mais alta do que a dos Jovens Hedonistas, logo, esse é provavelmente um perfil que efetivamente compra pela internet, representando um grupo que as empresas de varejo virtual devem se esmerar em atender.

Os internautas do grupo dos Intelectuais parecem ser os indivíduos mais sérios, esclarecidos e equilibrados no acesso a portais de conteúdo. Eles apresentam a busca por informação e cultura como suas principais motivações. Não utilizam tanto o Messenger, não passam tanto tempo por semana na internet, dão importância maior aos fatores *layout*, *e-mail* e conteúdo dos *sites*. São mais seguros em navegar na internet e sustentam uma atitude mais favorável à compra pela *web*. Esse grupo é aquele que é exigente no que diz respeito principalmente à aparência e conteúdo nos *sites*, exigindo especial atenção do varejo virtual em relação a esses quesitos.

Deve-se chamar a atenção para o fato de que a busca por informação aparece como a razão mais freqüente em todos os *clusters* encontrados na pesquisa; entretanto, a diferenciação mais clara entre os grupos é melhor apontada na busca por cultura e entretenimento na internet. Essas duas últimas razões parecem discriminar melhor os perfis dos pesquisados, assim como as variáveis que se referem à idade, tempo de acesso por semana e utilização do Messenger. Esses resultados chamam a atenção das empresas varejistas virtuais para desenvolver estratégias de divulgação e comercialização de seus produtos pela *web* de forma mais: interativa (oferecendo um SAC que permita a conversação imediata com o cliente); lúdica (contemplando a questão do entretenimento), talvez oferecendo informações a respeito de seus produtos em forma de *puzzle* e que envolvam informações inclusive culturais, como história, origens e evolução dos produtos (suprindo a busca por cultura dos internautas).

De forma geral, o artigo expressa a riqueza de informações provenientes das interações entre as bases comportamentais e atitudinais de segmentação na descrição de segmentos de mercados assumidos como altamente homogêneos, como é o caso do grupo de estudantes no Brasil.

Bibliografia

ALPERT, Mark I. Identification of determinant attributes: a comparison of methods. **Journal of Marketing Research**. v. 8, may, p. 184-191, 1971.

BAGOZZI, Richard P.; DHOLAKIA, Utpal. Goal setting and goal striving in consumer behavior. **Journal of Marketing**. v. 63, p. 19-32, Special issue,1999.

BUCKLIN, Randolph E.; SISMEIRO, Catarina. A model of web site browsing behavior estimated on clickstream data. **Journal of Marketing Research**. v. XL, August, p. 249-267, 2003.

CHEN, Q.; WELLS, W. D. Attitude toward the site. **Journal of Advertising Research**. v. 39, n. 5, p. 27-37, 1999.

CHURCHILL JR., Gilbert A. A paradigm for developing better measures of marketing constructs. **Journal of Marketing Research**. v. XVI, February, p. 64-73, 1979.

DONTHU, N.; GARCIA, A. The internet shopper. **Journal of Advertising Research**. v. 39, n. 3, p. 52-58, 1999.

ESPINOZA, Francine da Silveira; HIRANO, Adriana Shizue. As dimensões de avaliação dos atributos importantes na compra de condicionadores de ar: um estudo aplicado. **Revista de Administração Contemporânea**. v. 7, n. 4, p. 97-117, 2003.

ENGEL, James F.; BLACKWELL, Roger D.; MINIARD, Paul W. **Comportamento do Consumidor.** 8 ed. Rio de Janeiro: LTC Editora, 1995. 461 páginas.

GORN, Gerald J.; CHATTOPADHYAY, Amitava; SENGUPTA, Jaideep; TRIPATHI, Shashank. Waiting for the web: how screen color affects time perception. **Journal of Marketing Research**, v. XLI, p. 215-225, May, 2004.

HAIR JR., Joseph F.; ANDERSON, Rolph E.; TATHAM, Ronald L.; BLACK, William C. **Multivariate Data Analysis:** with readings. 4th edition. New Jersey: Prentice-Hall, Inc.,1995.

HALEY, Russel I. Benefit segmentation: a decision-oriented research tool. **Journal of Marketing**. v. 32, p. 30-35, july,1968.

HALEY, Russel I. Benefit segmentation – 20 years later. **Journal of Consumer Marketing**, v. 16, p. 5-13, Dec. 1984.

HASTREITER, Silvana; MARCHETTI, Renato Z.; PRADO, Paulo. Tipologia de consumidores baseada nas razões e motivações de freqüência em shopping centers. **XXIII ENANPAD**, Foz do Iguaçu, 1999. 14 páginas.

HIRSCHMAN, Elizabeth C. Atributtes of atributes and layers of meaning. **Advances in Consumer Research**. v. 7, p. 7-12, 1980.

JACCARD, James; BRINBERG, David; ACKERMAN, Lee J. Assessing attribute importance: a comparison of six methods. **Journal of Consumer Research**. v. 12, p. 463-468, March, 1986.

JOINES, Jessica L.; SCHERER, Clifford W.; SCHEUFELE, Dietram A. Exploring motivations for consumer web use and their implications for e-commerce. **Journal of Consumer Marketing**, v. 20, p. 90-108, 2003.

KORGAONKAR, P. K.; WOLIN, L. D. A multivariate analysis of web usage. **Journal of Advertising Research**. v. 39, n. 2, p. 53-68, 1999.

MAROCO, João. **Análise Estatística**. Lisboa: Edições Silabo: 2003. 487 páginas.

MALHOTRA, N.K. **Pesquisa de Marketing**: uma orientação aplicada. Porto Alegre: Bookman, 2001. 719 páginas.

MANDEL, Naomi; JOHNSON, Eric J. When web pages influences choice: effects of visual primes on experts and novices. **Journal of Consumer Research**. v. 29, p. 235-245, September, 2002.

MKTEAM. Perfil do internauta brasileiro. Disponível em: <http://www.mkteam.com.br>. Acesso em: 30 mar. 2006.

NOWLIS, Stephen M.; SIMONSON, Itamar. Attribute – task compatibility as a determinant of consumer preference reversals. **Journal of Marketing Research**, v. 34, p. 205-218, May, 1997.

PRADO, Paulo H. Muller. Satisfação do consumidor em supermercados: uma extensão. In: ANGELO, Claudio F.; SILVEIRA, José Augusto G. (Coordenadores). **Varejo Competitivo**. São Paulo: Atlas, 1999, p. 149-169.

SCHAU, Hope J.; GILLY, Mary C. We are what we post? Self-presentation in personal web space. **Journal of Consumer Research**. v. 30, p. 385-404, Dec. 2003.

SMITH, W. Product differentiation and market segmentation as alternative marketing strategies. **Journal of Marketing**. v. 21, p. 3-8, july, 1956.

SPIEGEL, Murray Ralph. **Estatística**. 2ª ed. São Paulo: McGraw-Hill do Brasil, 1985. 454 páginas.

SOLOMON, Michael R. **O Comportamento do Consumidor**: comprando, possuindo e sendo. 5ª ed. Porto Alegre: Bookman, 2002. 446 páginas.

TELANG, Rahul; BOATWRIGHT, Peter; MUKHOPADHYAY, Tridas. A mixture model for internet search-engine visits. **Journal of Marketing Research**. XLI, p. 206-214, May, 2004.

TRIOLA, Mario F. **Introdução à Estatística**. 7ª ed. Rio de Janeiro: LTC, 1999.

UOL. Homens e jovens são maioria na internet. Disponível em: <http://www1.folha.uol.com.br>. Acesso em: 30 mar. 2006.

ZAICHKOWSKY, Judith Lynne. Measuring the involvement construct. **Journal of Consumer Research**. v. 12, p. 341-352, Dec. 1985.

ZEITHAML, V. A. Consumer perceptions of price, quality, and value: a means-end model and synthesis of evidence. **Journal of Marketing**. v. 52, n. 3, p. 2-22, July, 1988.

9

Análise da Etailq como instrumento para mensurar a qualidade no varejo eletrônico

Valter Afonso Vieira

Luiz Antonio Slongo

1. Introdução

Uma pesquisa demonstrou que existem aproximadamente cerca de 25 milhões de internautas no Brasil, fazendo uma taxa penetração da internet de apenas 14%, comparada com uma taxa média de 50% nos países desenvolvidos (NILSEN NET-RATINGS, 2005). Diante dessas circunstâncias, observa-se uma penetração muito pequena da tecnologia no cenário nacional. Portanto, compreender a internet e sua potencialidade é fundamental para as novas organizações que trabalham nesse meio.

Visando especificamente a analisar aspectos relacionados ao varejo eletrônico (um tipo de organização na internet), uma característica fundamental para o seu desenvolvimento é a comprovação da qualidade do serviço prestado. No entanto, não somente pesquisas sobre qualidade de serviços em varejo eletrônico ainda carecem de realizações, como também a definição do constructo nesse mesmo ambiente. De fato, Gummerus et al., (2004) afirmam essa situação de escassez e comentam que parece existir uma deficiência teórica do desenvolvimento da qualidade eletrônica na internet em termos de antecedentes, conseqüentes, dimensões e mensurações (ZEITHAML, BERRY e PARASURAMAN, 1996).

Se o quesito mensuração da qualidade for tomado de modo avulso, contribuições para o ambiente convencional têm sido feitas desde os trabalhos seminais de Parasuraman, Zeithaml e Berry (1988) e Cronin e Taylor (1992 e 1994) com a proposta da Servqual e Servperf. Todavia, subsídios para o ambiente virtual sobre a medição da qualidade ainda são necessários, especificamente no campo do varejo eletrônico.

Sob esse contexto, Wolfinbarger e Gilly (2003) sugeriram um instrumento para aferir a qualidade eletrônica de *sites* varejistas, denominado Etailq. Entretanto, a proposta desses autores foi testada em um único país (USA). O problema com teste em um único país é o aspecto Emic da escala (específico de uma cultura), em vez de uma característica Etic (universalmente cultural). A vantagem do aspecto Etic é o suporte da equivalência do instrumento para medir o fenômeno manifestado em diversos países (WICKLIFFE, 2004). Sob esse contexto, este artigo tem por objetivo principal verificar empiricamente a estrutura da Etailq no varejo eletrônico brasileiro visando a uma propriedade Etic.

Logo, para tal finalidade, o artigo está estruturado da seguinte forma. A próxima etapa analisa definições e compreensões da qualidade, tanto em ambientes convencionais como nos virtuais. Na seqüência, discutem-se as contribuições oriundas dos trabalhos que ousaram em ponderar uma estrutura da qualidade no ambiente eletrônico. Em seguida, a metodologia é proposta e, após, os dados são analisados e discutidos. Considerações finais e contribuições terminam o trabalho.

2. Referencial teórico

Partindo do resgate da definição convencional, a qualidade percebida é definida como o julgamento do consumidor sobre a superioridade ou excelência geral de um serviço (ZEITHAML, 1987), ocasião essa de julgamento que caracteriza a qualidade percebida como uma forma de atitude (PARASURAMAN, ZEITHAML e BERRY, 1985). Por sua vez, qualidade eletrônica tem sido previamente conceituada como "a extensão pelo qual o *site* eficientemente e eficazmente facilita a atividade de visita, de compra e de entrega do bem" (ZEITHAML, PARASURAMAN e MALHOTRA, 2000, p.11). Logo, o trabalho utilizará essa definição para tratamento do fenômeno, pois ela foge das especificações convencionais e se encaixa numa outra realidade. Assim, a vantagem dessa definição esta no fato de que ela é específica para o fenômeno aqui estudado e exclusivo para ambientes de "varejo eletrônico" (GUMMERUS *et al.*, 2004, p.177).

Tomando por base os estudos de qualidade da década de 80, diversos trabalhos tentaram evoluir na apreciação de qualidade tanto em ambiente convencional como virtual. Pela perspectiva eletrônica, nota-se a existência de várias propostas de dimensões para avaliar qualidade de serviço. Assim, essas sugestões têm indicado distintos fatores para o constructo, os quais podem variar de três até 16, dependendo do nível de abstração (KAYNAMA e BLACK, 2000; SRINIVASAN, ANDERSON e PONNAVOLU, 2002; VAN-RIEL, LILJANDER e JURRIENS, 2001; WOLFINBARGER e GILLY 2003; ZEITHAML, PARASURAMAN e MALHOTRA, 2000). Nesse sentido, os estudos descritos anteriormente indicaram, ou mesmo insinuaram teoricamente, a necessidade de multifacetar o constructo qualidade no meio eletrônico. Logo, discutir-se-ão algumas das variações das dimensões.

3. Estudos sobre qualidade na internet

Inicialmente, Loiacono (2000), entrevistando consumidores, estudantes de graduação e *designers* de *homepage*, propôs o instrumento chamado de Webqual, visando a mensurar o constructo qualidade em ambientes virtuais. As 12 dimensões de qualidade eletrônica encontradas pelos pesquisadores são descritas como: adequação de informação para a tarefa: é indicativo de instruir os visitantes sobre os aspectos de qualidade do *site* e que esse execute uma tarefa caso solicitada[1]; interação: é a condição que a empresa possui de conhecer e saber as razões pelas quais os consumidores visitam a página, permitindo assim uma interação entre *site* e consumidores, para que esses últimos obtenham a informação necessária para suas necessidades; confiança: significa o sentimento de se sentir seguro no momento de fornecer informações pessoais para a empresa, tais como da-

---
[1] "*Its fit to task*" (p.143).

dos pessoais, número do cartão de crédito etc; tempo de resposta: corresponde aos aspectos de *download* dos dados solicitados, ou seja, a troca das informações entre a empresa e os comandos solicitados pelo usuário; *design*: representa os aspectos de desenho e aparência do *site*; intuitividade: são as características extras do *site* e de suas condições; apelo visual: corresponde à condição de agradabilidade do *site* aos olhos do visitante, não sendo chato ou irritante. Inovatividade: deve gerar um senso de novo, criativo e único, diferenciando em aspectos de *design*, mas agradável de modo geral; apelo para o fluxo emocional: é a sugestão de que o consumidor perca do senso do mundo real no momento em que ele estiver navegando naquela página; comunicação integrada: é a comunicação ou projeção da imagem da empresa para o consumidor; Processos de Negócios: significa capacidade do indivíduo de completar a tarefa de compra, fornecer o *feedback* à empresa etc.; substitutabilidade: uma alternativa viável para contato de ambos — cliente e empresa — ou seja, fazer o pedido *online* não deve ser mais demorado do que fazer o pedido por telefone. Algumas críticas lançadas à Webqual estão no fato de que ela gera informações mais para *designers* sobre a qualidade de serviços do que informações experimentadas pelos clientes em si (PARASURAMAN, ZEITHAML e MALHOTRA, 2005). Em outras palavras, o instrumento tem por base uma análise mais profissional do que amadora, a qual essa última se encaixaria melhor a concepção de consumidores que buscam simplesmente uma compra. Além do mais, a utilização de estudantes que não tinham necessariamente feito uma compra eletrônica também foi erroneamente empregada e pode ser contra-argumentada, uma vez que, ao comprar, o indivíduo analisa outras características mais do *site* (algumas vezes até mais profundas) do que apenas visitar a página.

No ano seguinte, Van-Riel *et al.*, (2001) propuseram que o serviço eletrônico de um *site* poderia ser dividido em cinco componentes. Os serviços principais: aqueles que são a essência do portal; os serviços facilitadores: aqueles que auxiliam na criação dos serviços principais; os serviços de suporte: seriam as assistências eletrônicas; os serviços complementares: aqueles que não são de essência do portal, mas devem existir; e a interface com o usuário: condições de familiaridade entre o *site* e o indivíduo. Os resultados da pesquisa empírica indicaram que os serviços principais, os complementares e a interface com o usuário foram identificados com uma relação significativa quanto a satisfação. Isso indica que aspectos como as propostas principais do *site* (informações sobre novos produtos, sugestões, notícias, mostra visual de produtos), os serviços complementares (tais como *download* de *softwares*, sugestão financeira) e a interface (método pelo qual a pessoa acessa o serviço) impactavam na satisfação. Em termos de comparação, Van-Riel *et al.* (2001) diferem de Loiacono (2000) por pressupor que aspectos mais de qualidade do serviço prestado, em vez de características do *site* em si, levam a satisfação.

Desse modo, a soma dos dois trabalhos trás perspectivas divergentes e importantes para a estruturação da qualidade da página.

Yoo e Donthu (2001), baseando-se em 141 estudantes, desenvolveram a escala Sitequal para mensurar qualidade do *site*. O instrumento sugerido possui quatro dimensões (com total de nove itens) identificadas como: facilidade de uso: condições de rápida e simples navegação; características de *design*: por exemplo, criatividade da página para com a multimídia e os gráficos; velocidade de Processamento: isto é, prontidão do processamento *online* e capacidade de resposta interativa às dúvidas dos clientes; e segurança: tanto pessoal das informações, quanto financeira das transações. A crítica feia ao trabalho de Yoo e Donthu (2001) está no fato de ele carecer de uma análise de compra em ambiente eletrônico, pois os estudantes foram solicitados a fazer visitas a *sites* específicos e, após isso, avaliá-los, ou seja, a mesma limitação encontrada em Loiacono (2000). Portanto, para superar esse problema, a idéia seria a de obter um instrumento que tivesse sido criado por meio de compras a *sites*.

Gefen (2002) buscou estender a escala Servqual para o ambiente eletrônico, analisando-a por meio de compras eletrônicas, o que seria o mais ideal. Os resultados mostraram que as "cinco dimensões (tangibilidade, empatia, confiabilidade, capacidade de resposta e segurança) se fundiram em três, sendo elas (1) tangibilidade, (2) uma dimensão combinada de capacidade de resposta, confiabilidade e segurança e (3) uma de empatia" (p. 40). Os resultados ainda indicaram validade discriminante e convergente dessas três novas dimensões. Todavia, esse resultado discriminatório é contraditório com o encontrado no ambiente convencional por Parasuraman, Zeithaml e Berry (1988) e pode ser contra-argumentado. Isso porque a escala que visa a mensurar qualidade em serviços no ambiente real até que teve bom desempenho no ambiente virtual, mas é de ordem conceitual-dimensional um pouco confusa e sobreposta, sendo essa a crítica à investigação de Gefen (2002). Além do mais, uma adaptação de escala de um ambiente para outro pode não refletir a realidade. Desse modo, um instrumento elaborado especificamente para avaliar a qualidade eletrônica, em vez da adequação de uma escala convencional, poderia ter melhores resultados.

Francis e White (2002) criaram um instrumento de mensuração *online* com 302 compradores australianos, baseando nas expectativas *versus* performance. Note-se que essa base teórica não é uma referência amplamente aceita (MARCHETTI e PRADO, 2000) e por vezes criticada pela literatura (CRONIN e TAYLOR, 1992). Não obstante, Francis e White (2002) evoluíram das limitações de visita de Loiacono (2000) e Yoo e Donthu (2001), utilizando a compra em si e também nos obstáculos de adaptação de instrumento de Gefen (2002), sugerindo assim uma escala nova. O instrumento foi denominado Pirqual pelos autores e inclui seis dimensões conhecidas como: funcionalidade da loja eletrônica: representa a eficiência e a prática do *site* como um centro de vendas, utilizando critérios de endereço, acesso ao *site*, velocidade, solicitação de pedidos e facilidade de navegação; entrega dos produtos: condição de entregar dentro do prazo prometido; serviço ao consumidor: contatar o *staff* da empresa, enviar *e-mail* e poder obter rápidas respostas, sentir o desejo da empresa de arrumar os problemas/reclamações etc; condições de propriedade: representam circunstâncias pelas quais os consumidores estão aptos a reivindicar propriedade, por exemplo, recibo de compra, poder negociar as condições da compra do produto; descrição dos atributos do produto: diz respeito à comunicação dos atributos através das descrições verbais e imagens dos produtos; e segurança: informação segura sobre os dados do cliente e possíveis problemas/sigilo no cartão de crédito. Uma consideração importante no trabalho de Francis e White (2002) é a utilização de intenções comportamentais como uma medida dependente de intenções da revisita à página. Isso significa que uma análise final de regressão foi feita entre os seis fatores identificados de qualidade da Pirqual contra as intenções comportamentais (isto é, condições de visitar e recomendar a página). Os resultados demonstraram valores significativos para todas as dimensões, exceto para descrição dos atributos do produto. Portanto, Francis e White (2002) descobriram que fatores como funcionalidade da loja eletrônica, entrega dos produtos, serviço ao consumidor, condições de propriedade e segurança afetam a intenção comportamental do internauta de voltar a determinado *site*.

Zeithaml, Parasuraman e Malhotra (2002), por meio de uma revisão de literatura sobre o tema, sugerem caminhos para pesquisas futuras. Inicialmente, os autores indicam que existem alguns "critérios pelos quais consumidores avaliam *site*s e qualidade" (p. 364). Esses fatores são agrupados da seguinte maneira: informação e disponibilidade do conteúdo: benefícios gerados pela facilidade de obter informações sobre produtos/serviços sem necessidade de um vendedor e com custos de procura baixos; facilidade do uso: parte do princípio de que a adoção da tecnologia pelos indivíduos deve ser fácil, ou seja, o grau pelo qual o usuário espera que o sistema a ser utilizado não exija esforços; privacidade/segurança: privacidade envolve a proteção da informação pessoal, significando o não compartilhamento da informação pessoal e o anonimato, e segurança, por sua vez, envolve proteger os usuários do risco da fraude e da perda financeira; estilo gráfico: seria basicamente o estilo em termos de cores, *layout*, tamanho da fonte, tipo da fonte, número de fotos, logos, gráficos e a animação do *site;* e cumprimento/confiança: definido como a habilidade que o *site* tem de desempenhar (ou realizar) o serviço prometido de modo preciso. A intenção principal de Zeithaml, Parasuraman e Malhotra (2002) nesse trabalho foi a de apresentar o que foi feito e o que ainda falta ser realizado em termos de qualidade em ambientes virtuais. Assim, a proposta foi mais teórica do que empírica. Todavia, ela fornece aspectos interessantes e algumas vezes não considerados pelos trabalhos anteriormente discutidos; por exemplo, considerar a qualidade de modo diferente para quem reclama ou não reclama.

No ano seguinte, Wonfinbarger e Gilly (2003), baseando-se nas limitações e orientações de Zeithaml, Parasuraman e Malhotra (2002) e no ponto das expectativas *versus* performance de Francis e White (2002), fizeram uma nova proposta de medição. Essa sugestão foi baseada em grupos de foco *online* e *offline* e em uma *survey* – denominada Etailq. As dimensões foram objetivadas na experiência de compra eletrônica e não na interação com o *website*. Os resultados apontaram as dimensões como sendo:

- **preenchimento/confiabilidade:** descrição precisa de um produto de modo que consumidores recebam o que eles exatamente buscam, e entrega do produto correto dentro do tempo prometido;

- ***design*:** inclui todos os elementos da experiência no *web site*, incluindo navegação, personalização, ajuda, busca por informações, seleção de produto e processo de fechar o pedido;

- **serviço ao consumidor:** resposta, ajuda e desejo de responder às questões dos clientes; e

- **segurança/privacidade:** segurança no sistema de pagamento e privacidade no momento de dividir a informação.

Alguns aspectos principais das conclusões dos autores foram: (i) a dimensão segurança/privacidade não teve impacto significativo na regressão contra satisfação, e isso talvez seja explicado pelo fato de os consumidores já esperarem aspectos de segurança em um *site*. Em outro ponto, a segurança/privacidade não teve impacto significativo na lealdade e na atitude para com o *site*, indicando que o aspecto de segurança pode não levar o indivíduo a ficar nem satisfeito nem fiel com o *site*. De fato, pelos resultados encontrados, cogita-se o papel de segurança como preditora de lealdade e satisfação, embora se reconheça a função crítica desse quesito para compras *online*. Adicionalmente, (ii) a dimensão serviço ao consumidor não teve impacto significativo para com o constructo satisfação. Esse último resultado é contraditório com o de Francis e White (2002), pois para eles serviço ao consumidor, definido como contatar o *staff* da empresa, enviar *e-mail*, poder obter rápidas respostas e sentir o desejo da empresa de resolver os problemas/reclamações, impactou, sim, na satisfação. A Tabela 1 apresenta a análise de regressão das dimensões propostas por Wonfinbarger e Gilly (2003).

Tabela 1 — Análise de regressão das dimensões contra qualidade geral

	Amostra total	Amostra Navegadores	Compradores Freqüentes	Amostra Livros/Música
Design	ß=,38*	ß=,61*	ß=,40**	ß=,57**
Cumprimento	ß=,42*	ß=,49*	ß=,22**	ß=,22**
Segurança	ß=-,04 (n.s.)	ß=,10 (n.s.)	ß=,20**	ß=-,03 (n.s.)
Serviço ao Consumidor	ß=,13*	ß=-,09 (n.s.)	ß=,08 (n.s.)	ß=,05 (n.s.)
R^2 Ajustado	70%	81%	63%	63%

Nota: * $p < 0,05$; ** $p < 0,01$; n.s. = não significativo

Dando continuidade, Yang e Fang (2004), baseados em experiência *online* de serviços varejistas, objetivaram descobrir 52 itens que corresponderiam a 16 grandes dimensões de qualidade eletrônica. Os resultados demonstraram as seguintes dimensões: capacidade de resposta, confiabilidade, credibilidade, competência, acesso, cortesia, melhoramento contínuo da comunicação, portfólio de serviço, conteúdo, condições de tempo, segurança, aspecto de facilidade de uso, confiabilidade do sistema, flexibilidade do sistema. Um resultado interessante do trabalho é que os maiores preditores da satisfação são as dimensões resposta, confiabilidade do serviço e competência. No outro extremo, os maiores explicadores da insatisfação são as dimensões resposta, confiabilidade do serviço e competência. Diferentemente dos outros trabalhos, Yang e Fang (2004) não avançam em termos estatísticos por utilizar apenas uma análise de freqüência.

Sumarizando, a contribuição dos estudos discutidos anteriormente para o desenvolvimento da pesquisa ocorre, pois, eles auxiliam a compreender as várias facetas do fenômeno qualidade em ambiente eletrônico, os termos de definições empregados, as variáveis exógenas que possuem impactos nos outros conceitos e os resultados que podem convergir ou divergir daqueles a ser verificados aqui. Com base nesse contexto apresentado, infere-se de modo geral que qualidade realmente possui um aspecto multidimensional.

4. Método de pesquisa

Para compreender a estrutura da Etailq, foi realizada inicialmente uma tradução reversa das escalas que seriam utilizadas no estudo. Depois desse processo foi realizado um pré-teste do questionário. No total, sete pesquisadores de marketing de uma grande universidade brasileira avaliaram e criticaram a versão prévia do instrumento. Modificações foram sugeridas e implementadas na nova versão. Conseqüentemente, partiu-se para a pesquisa de campo. Assim, para a coleta de dados optou-se pelo modo de levantamento (MALHOTRA, 2001). Portanto, um questionário em HTML foi criado para a coleta de dados. O levantamento ocorreu pela internet em domínio próprio e o questionário autopreenchível estava ligado a uma base de dados (SQL).

A amostra continha apenas pessoas que já compraram produtos/serviços no varejo eletrônico. Uma pergunta-filtro excluía as pessoas que não compraram pela internet, as quais poderiam não ter conhecimento real para o preenchimento das respostas. A amostra foi do tipo bola de neve, fazendo um total de 344 pessoas.

Para realizar as regressões múltiplas, as definições conceituais e operacionais dos constructos utilizados na investigação são apresentadas no Quadro 1 e Anexo I. Esse processo visa a compreender mais a fundo o fenômeno qualidade e seus envoltórios, tais como satisfação, lealdade etc.

Quadro 1 — *Definições operacionais e constitutivas dos constructos*

Constructo	Definição constitutiva	Definição operacional
Lealdade	Um profundo comprometimento para recomprar um produto ou serviço preferido de maneira consistente no futuro, causando uma compra repetida da mesma marca ou conjunto de marcas, apesar dos esforços de marketing para causar uma mudança de comportamento (OLIVER, 1997, p.392).	Item baseado em Zeithaml *et al.*, (1996). Variação de 7 pontos "discordo totalmente" até "concordo totalmente" (1 item).
Qualidade	A extensão pela qual um *website* facilita de modo efetivo e eficiente a compra e a entrega (ZEITHAML, PARASURAMAN e MALHOTRA, 2000, p.11)	Escala baseada nas quatro dimensões de Etailq, de Wolfinbarger e Gilly (2003). Cumprimento (3), *Design* (9), Serviço ao Consumidor (4) e Segurança (4) mensurados em uma variação de 7 pontos, de "discordo totalmente" até "concordo totalmente".
Satisfação	O julgamento de avaliação com respeito específico à experiência de compra *online* (OLIVER, 1997).	Instrumento baseado em Oliver (1980). Foi utilizada uma escala de 7 pontos, variando de "pouco satisfeito" até "muito satisfeito" (1 item)
Valor percebido	A avaliação geral de utilidade de um serviço baseada nas percepções do que é recebido sobre o que é dado (ZEITHAML, 1988).	Escala de Mathwick *et al.* (2001) em uma variação de 7 pontos, "discordo totalmente" até "Concordo Totalmente" (1 item).
Boca-a-boca	Uma comunicação oral, de pessoa a pessoa, entre um emissor e o receptor (ARNDT, 1967, p.189).	Escala de Gummerus (2001). Variação de 7 pontos, "discordo totalmente" até "concordo totalmente" (1 item).

Fonte: autores.

5. Análise dos resultados

Inicialmente, dos 344 respondentes, 338 já haviam comprado um produto ou serviço pela internet. Assim, os seis casos que responderam nunca ter comprado eletronicamente foram excluídos do banco de dados devido a um possível não conhecimento do processo de compra *online*. Conseqüentemente, a análise de *missing values* mostrou que somente os itens relacionados ao constructo "Qualidade Serviço ao Consumidor" tiveram um percentual alto de dados ausentes, sendo de 6% no item *q_sc_1*, "Eu sinto que o *site* XYZ se preocupa com as necessidades dos consumidores"; 45,9 no item *q_sc_2*, "No *site* XYZ, as pessoas do atendimento *online* (*chat*) estão sempre prontas para atender o cliente"; 41,1% no item *q_sc_3*, "Quando eu tenho um problema, o *site* XYZ se apresenta interessado e sincero em resolver"; e 34,6% no item *q_sc_4*, "Dúvidas e solicitações são respondidas prontamente pela empresa". Todos os demais itens do questionário apresentaram um número de dados ausentes inferior a 7% (HAIR *et al.*, 1998). Logo, o problema encontrado inicialmente na estrutura de Wonfinbarger e Gilly (2003) foi devido ao percentual alto de dados ausentes na dimensão Qualidade Serviço ao Consumidor. Optou-se, portanto, pela sua exclusão, pois um excesso de valor omisso, diga-se, acima de 10%, pode prejudicar a análise (HAIR *et al.*, 1998).

Algumas possíveis explicações para esses péssimos resultados são: (i) acredita-se que alguns dos varejistas não têm opções de *link* de atendimento *online*, tanto de reclamações, quanto de dúvidas dos clientes. Adicionalmente, (ii) quando os *sites* possuem essa opção, a fila de espera pode ser muito grande, como é o caso de empresas aéreas, desmotivando clientes a uma interação com a empresa. No outro item analisado (*q_sc_2*), parece que as dúvidas e as solicitações dos consumidores não são respondidas prontamente pela empresa. Assim, ou consumidores não conseguem esclarecer exatamente seus problemas para o varejista – ficando de certo modo difícil para interpretar a dúvida, ou, quando o fazem, esses problemas não chegam às pessoas responsáveis que deveriam responder. Por fim, há a hipótese de que esses três itens podem não existir nos *sites* varejistas brasileiros. Em resumo, os resultados apresentaram uma extrema quantidade de dados ausentes nessa dimensão e isso sugere urgentemente outras pesquisas e opiniões profissionais para encontrar respostas visando a esse problemático achado.

A seguir, os dados e as três dimensões restantes foram submetidos à crítica de *missing values* e *outliers*. Uma alta porcentagem de valores omissos foi encontrada em quatro observações, sendo esses, portanto, excluídos. Quanto aos *outliers* multivariados, eles foram examinados via procedimento sugerido por Hair et al. (1998, p.69) de cálculo da distância de Mahalanobis (*i.e.*, exclusão dos casos com valores de $d^2/d.f.$ significativos no nível de $p < 0,001$) e *outliers* univariados via *score* Z acima de ±3 (ULLMAN, 2000). Seguindo esse procedimento, cinco casos foram identificados como *outliers* univariados e cinco como multivariados, sendo excluídos. Portanto, a amostra ficou reduzida a 324.

Na seqüência, examinou-se a normalidade das informações obtida. Para tanto, foram empregados procedimentos de análise univariada, considerando-se os valores de assimetria e de curtose. Nesse sentido, detectou-se a existência de não normalidade em boa parte das variáveis; porém, dentro de parâmetros que são considerados moderados – aqui admitidos como assimetria d" 2 e curtose d" 7, conforme West, Finch e Curran (1995). Além do mais, o teste de Kolmogorov-Smirnov confirmou também a não-normalidade em todas variáveis ($p < 0,001$). Por fim, a análise de multicolinearidade não apresentou nenhum valor de correlação acima de ±0,90, o qual poderia indicar que duas variáveis estariam mensurando a mesma coisa (PRADO, 2004).

Dando prosseguimento, após a seqüência da análise exploratória dos dados e de exclusão das observações que poderiam acarretar em problemas para a análise, optou-se pela análise demográfica da amostra e características gerais da pesquisa. Logo, dos 324 valores retidos, os resultados demonstraram que 176 (54%) eram do sexo masculino, 175 (54%) tinham idade variando entre 26 e 35 anos, 111 (34,3%) afirmaram possuir renda mensal acima de R$ 5.000, seguidos do grupo entre R$ 1.001 e R$ 2.000 (22,5%). Quanto ao tempo em que efetuou a última compra *online*, a maioria respondeu tê-la feito há menos de um mês (176 ou 54%), seguida do período entre dois e três meses (75 ou 23,1%). A maioria afirmou gastar mais de 13 horas por semana navegando na internet (132 ou 41%). Nesse sentido, esses valores de tempo evidenciam um período pequeno entre a compra eletrônica e a resposta no questionário, o que pode indicar uma boa precisão das opiniões dos indivíduos.

Adicionalmente, o produto comprado com maior freqüência pelos respondentes foi livros ou revistas (110 ou 34% — sempre na ponta das pesquisas), seguido de eletrônicos em geral (75 ou 23%), passagem aérea (45 ou 14%), serviços bancários (25 ou 7,7%) e outros (69 ou 22%). Fazendo uma analogia desses dados da pesquisa com o levantamento anual realizado pela empresa E-bit, http://www.ebitempresa.com.br/, com uma compilação da http://www.e-commerce.org.br, os dois produtos mais vendidos pelo varejo eletrônico brasileiro foram os CDs/DVDs e os livros/revistas (ver Quadro 2). É possível, portanto, esperar que esses produtos (CDs/DVDs e os livros/revistas) tenham uma tendência para revezar na primeira posição em compras pela internet.

Quadro 2 — Produtos mais vendidos no varejo eletrônico

Produto	2003	2004	2005
CD e DVD	32%	26%	21%
Livros e revistas	26%	24%	18%
Informática	4,7%	6,0%	7%
Saúde e beleza	3,3%	7,2%	8%
Telefonia/celular	1,7%	3,5%	*
DVD player	1,6%	1,9%	*
Eletrônico	*	*	9%
Outros	*	*	37%
Flores	1,4%	1,7%	*

*outros

Fonte: e-bit, http://www.ebitempresa.com.br/, com uma compilação da http://www.e-commerce.org.br.

Após as análises demográficas da amostra e dos produtos comprados, a escala Etailq foi submetida à análise fatorial exploratória, a fim de se testar a dimensionalidade. O procedimento utilizado foi o da análise de componentes principais com rotação Varimax. Portanto, notou-se um problema inicial de dimensionalidade. O item q_design5, descrito como "O site XXX apresenta informações detalhadas", foi retirado devido a problemas de dimensionalidade e de carga em fator não correspondente. Nesse contexto, caso ele fosse mantido, uma estrutura com quatro fatores estava surgindo, explicando 70%. Após sua exclusão, uma estrutura límpida com três fatores apareceu, a qual era esperada. Os seguintes resultados, conforme podem ser vistos na Tabela 2, foram: Kaiser-Meyer-Olkin = 0,89; Bartlett's test of sphericity: $\chi^2=2863,49$; df=105; p<0,000. A variância total explicada foi de 65,49%. Isso representa que, das 15 variáveis sugeridas inicialmente para representar o fenômeno da qualidade eletrônica, 65% de todas elas podem ser representadas simplesmente pelas três dimensões (design, segurança e cumprimento).

Além do mais, Hair et al., (1998) comentam que na análise fatorial exploratória a comunalidade não deve ser inferior a 0,50. Para Malhotra (2000) comunalidade é a porção da variância que uma variável compartilha com todas as outras variáveis consideradas. Logo, em termos de crítica, o item "q_design_9" teve comunalidade de 0,35, significando a menor carga fatorial do modelo ($\lambda=0,43$). Todos os demais indicadores tiveram comunalidades acima de 0,50. Em seguida e como complemento, todos autovalores (variância total explicada por cada fator) da estrutura foram maiores do que 1.

Por fim, esperava-se que os valores de confiabilidade da escala fossem todos maiores do que 0,70. Conseqüentemente, os resultados mostraram valores de design $\alpha=0,85$; segurança $\alpha=0,93$ e cumprimento $\alpha=0,75$, corroborando a alta confiabilidade do instrumento. De modo geral e inicial, os resultados descobertos apontaram que a estrutura da Etailq obteve bons resultados, tanto de confiabilidade quanto de dimensionalidade.

Tabela 2 — Análise fatorial exploratória dos construtos

	Design	Segurança	Cumprimento	Comunalidade
Q_design_1	,84			,75
Q_design_7	,77			,63
Q_design_6	,75			,62
Q_design_2	,73			,59
Q_design_3	,68			,61
Q_design_8	,70			,57
Q_design_4	,60			,50
Q_design_9	,43			**,35**
Q_security_4		,88		,88
Q_security_1		,84		,84
Q_security_3		,86		,81
Q_security_2		,77		,79
Q_fulfillment_1			,79	,67
Q_fulfillment_3			,79	,69
Q_fulfillment_2			,69	,51
Auto-valor	6,25	2,25	1,31	
% Variância	42%	15%	9%	
% Variância Acu.	42%	57%	65%	
Alpha Cronbach	,85	,93	,75	

Tendo em vista que as dimensões e a confiabilidade estão conforme o sugerido, partiu-se para a verificação da estrutura utilizando a analise fatorial confirmatória. Para Bagozzi e Philips (1982), a análise fatorial confirmatória serve para fazer a avaliação da validade convergente dos constructos. A análise da validade convergente indica se as medidas de um constructo estão suficientemente relacionadas aos constructos latentes de interesse (MALHOTRA, 2001). Os critérios sugerem que seja verificada a significância das cargas fatoriais dos constructos no nível de 5% ou 1%. Nesse sentido, os achados apresentaram todos valores significativos a $p < 0,001$ e valores t variando entre 7,51 e 24,54, comprovando a validade convergente da Etailq.

A Figura 1 apresenta o modelo de mensuração da escala de qualidade percebida eletrônica. O objetivo foi ponderar as cargas fatoriais, as suas ligações com os constructos e a performance da estrutura geral. Como pode ser visto, inicialmente todas associações são positivas entre si. Em termos de co-variância, a saída do

Amos mostrou que qualidade de *design* e qualidade cumprimento foram associadas no grau $r = 0,26$; qualidade segurança e qualidade *design* $r = 0,64$ e, por fim, qualidade segurança e qualidade cumprimento $r = 0,57$ (todas $p < 0,01$).

Dando prosseguimento, partiu-se para uma avaliação mais específica do modelo de mensuração. Portanto, considerando que o teste de qui-quadrado é influenciado pelo tamanho da amostra, o qui-quadrado relativo (χ^2/df) é analisado. Os resultados obtidos foram baseados no método ML (*maximum-likelihood*). Logo, o qui-quadrado relativo foi de 3,90, estando um pouco acima do nível aceitável (ARBUCKLE, 1997). O modelo geral obteve os seguintes ajustes: AGFI=0,81; GFI=0,86; IFI=0,91; TLI=0,89; CFI=0,91; RMSEA=0,09. Os indicadores sugerem, de modo geral, uma performance mediana da Etailq.

Figura 1 — Modelo de medida da qualidade (Etailq)

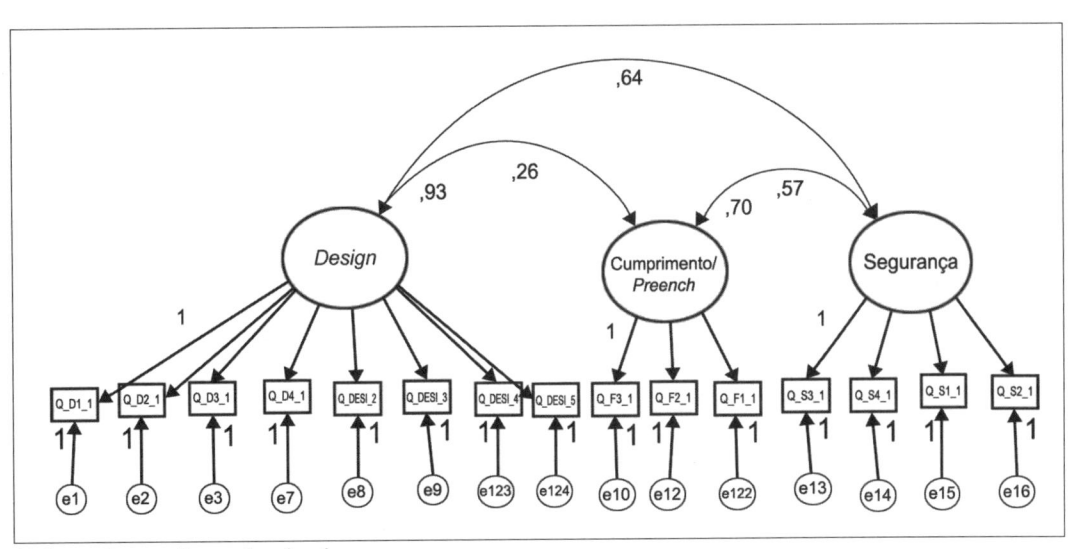

Nota: valores não padronizados.

A pesquisa foi um pouco além do teste único da Etailq, pois foram mensurados outros indicadores que se acredita estarem associados com as dimensões de qualidade. Esses indicadores são lealdade, satisfação, boca-a-boca e valor. Portanto, antes de utilizar a análise de regressão para determinar quais constructos são preditores de outros, optou-se por examinar a associação entre eles. Desse modo, a Tabela 3 apresenta os valores de correlações entre constructos por meio da saída do Amos. Nota-se que as relações foram em sua maioria positivas e próximas da média de 0,45. Contudo, estranhamente o constructo valor associou-se negativamente com todos outros conceitos. Como possível explicação para esses resultados não positivos, acredita-se que valor parece não ter sido percebido ou obtido no momento de compra eletrônica. Assim, consumidores parecem estarem percebendo muito pouco valor na transação com o varejista.

Tabela 3 — Tabela de correlação entre as variáveis

	1	2	3	4	5	6	7
1. Design	1						
2. Cumprimento	,32	1					
3. Segurança	,53	,54	1				
4. Lealdade	,30	,46	,37	1			
5. Satisfação	,46	,60	,47	,51	1		
6. Boca-a-boca	,41	,40	,43	,50	,59	1	
7. Valor	-,03(n.s.)	-,25	-,15	-,17	-,27	-,22	1

Nota: todas correlações são significativas a p<0,01; n.s. = não significativo; correlações via saída do Amos.

Após as análises da estrutura da Etailq e das associações, empregou-se a análise de regressão. Primeiramente, qualidade eletrônica foi considerada um constructo de segunda ordem. A análise de regressão foi feita utilizando-se de variáveis latentes para as três dimensões exógenas e variáveis observáveis como endógenas. Desse modo, visou-se a verificar apenas se o fenômeno qualidade tinha impacto nos outros quesitos avaliados. Os resultados mostraram um impacto significativo ($p < 0,001$) em todas as variáveis (ver Tabela 4). Isso quer dizer que existe relação linear positiva entre qualidade e lealdade, satisfação e boca-a-boca, e relação linear negativa entre qualidade e valor. Os resultados do modelo foram: $\chi^2/d.f.=3,03$; AGFI=0,82; GFI=0,86; IFI=0,90; RFI=0,85; NFI=0,87; CFI=0,91; RMSEA=0,09.

Tabela 4 — Regressão de qualidade de segunda ordem contra lealdade, boca-a-boca e satisfação

Exógena	Endógena			
	Lealdade	Satisfação	Boca-a-boca	Valor
Qualidade Varejo 2ª. ordem	β=0,63***	β=0,81***	β=0,70***	β=-0,29***
t-value	7,38	8,17	7,76	-4,353
R² Ajustado	40%	66%	49%	8%

Nota: ***p<0,001; valores betas são padronizados.

Na seqüência, foi feita uma série de análises de regressão em que se utilizaram as três dimensões de qualidade (constructo de primeira ordem) contra os itens de lealdade, satisfação, valor e boca-a-boca. Essa análise visou a verificar quais dimensões da qualidade percebida impactavam em outros conceitos de modo exclusivo.

Assim, de acordo com a Tabela 5, duas dimensões de qualidade tiveram impacto positivo e significativo sobre lealdade, ou seja, qualidade de cumprimento/preenchimento e qualidade de *design*. Wolfibarger e Gilly (2003) também encontraram exatamente o mesmo resultado desta pesquisa, possuindo como diferença o valor de R^2 de 56%. Francis e White (2002), do mesmo modo, encontraram o conceito de cumprimento/preenchimento como preditor das intenções comportamentais da revisita ao *site*. Não obstante, segurança proporcionada pelo varejista não impacta na intenção de retorno do consumidor. Isso pode ser explicado pelo fato de que compradores podem esperar aspectos de segurança como quesitos obrigatórios e não como um motivador potencial da fidelidade. Conseqüentemente, devido às três evidências encontradas, acredita-se que o cumprimento e a capacidade do *site* em descrever exatamente o que o indivíduo busca são fortes preditores de lealdade.

Analisando sob a perspectiva do constructo satisfação, duas dimensões tiveram impacto positivo e significativo sobre ele, ou seja, qualidade de cumprimento/preenchimento e qualidade de *design*. Fazendo um comparativo com a literatura, Wolfinbarger e Gilly (2003) também encontraram as duas dimensões de qualidade (*site design* e cumprimento) como explicatórias de satisfação ($R^2=63\%$). Adicionalmente, o resultado da relação *design*-satisfação foi o mesmo de Szymanski e Hise (2000), indicando que *design* é um potencial explicador da satisfação. Ainda no contexto virtual, Gummerus *et al.* (2004) acharam necessidade de preenchimento como sendo significativa em explicar a satisfação com o *site*. Portanto, somando os resultados da literatura com os dados empíricos, infere-se que *design* e cumprimento são fatores-chaves para a criação da satisfação do consumidor no varejo virtual. Adicionalmente, o constructo satisfação teve um R^2 de 44%, criando assim a maior variância explicada pela estrutura da Etailq.

No constructo boca-a-boca, as três dimensões de qualidade eletrônica tiveram associação positiva e significativa com a probabilidade de o comprador de falar positivamente do *site*. Assim, o *design*, o cumprimento e a questão de segurança foram significantes em predizer o boca-a-boca. Nota-se que o cumprimento e o *design* tiveram os maiores impactos no construto boca-a-boca. Todavia, mesmo com as três variáveis impactando significativamente no boca-a-boca, o R^2 do mesmo foi baixo, chegando a 27%.

O último constructo, valor, sofreu impacto significativo unicamente de cumprimento. Contudo, esse impacto foi negativo. Assim, cumprimento teve um peso beta de -0,25 sobre valor. Isso indica dois possíveis resultados. Primeiro, que, quanto mais cumprimento existe, menor valor percebido é gerado. Segundo, que, quanto menos cumprimento existe, maior valor percebido é gerado. Esse resultado negativo não foi esperado. Sob o mesmo ângulo de apreciação, o valor percebido teve uma correlação significativa negativa com quase todas variáveis mensuradas (conforme Tabela 3). Assim, novamente as evidências apontam que o valor pode não ser percebido pelos compradores. Nota-se também que a média desse constructo foi de 2,21 em uma escala de sete pontos, indicando uma baixa avaliação. Conseqüentemente, futuros estudos poderiam verificar o porquê de tal associação invertida.

Tabela 5 — Regressão dos fatores de qualidade contra lealdade, boca-a-boca e satisfação

Fatores	Lealdade	Satisfação	Boca-a-boca	Valor	CR	AVE	Valores indicados
Design	β=,12*	β=,28***	β=,24***	β=,08 (n.s.)	,87	,47	
Cumprimento	β=,36***	β=,47***	β=,23**	β=-,25***	,77	,53	
Segurança	β=,11(n.s.)	β=,07(n.s.)	β=,18**	β=-,06(n.s.)	,94	,79	
R² Ajustado	25%	44%	27%	7%	—	—	
χ²	358,19	351,72	367,53	348,61			—
χ²/d.f.	3,61	3,55	3,71	3,52			<0,03
p value	0,000	0,000	0,000	0,000			p > 0,05
AGFI	,82	,82	,81	,82			>0,90
GFI	,87	,87	,86	,87			>0,90
IFI	,91	,91	,91	,91			>0,90
TLI	,89	,90	,89	,89			>0,90
CFI	,91	,92	,91	,91			>0,90
RMSEA	,09	,09	,09	,09			<0,08

Nota: *$p<0,05$; **$p<0,01$; ***$p<0,001$; valores betas são padronizados; CR=composite reliability; AVE=average variance extracted; n.s.= não significativo.

Um outro diagnóstico feito deve ainda ser salientado. No quesito de confiabilidade, visando a complementar o alfa de Cronbach, cálculos da confiabilidade composta (CR) e da média da variância extraída (AVE) foram feitos a partir do modelo de mensuração na Figura 1. Consideram-se satisfatórios valores iguais ou maiores que 0,70, para a confiabilidade composta do constructo, e iguais ou maiores que 0,50, para a variância extraída (HAIR et al., 1998). Pelos achados (ver Tabela 3), apenas o constructo design teve um valor abaixo de 0,50 no AVE. Isso significa que 53% da informação gerada pela qualidade design é devida ao erro. Tomando no geral e excluindo esse pequeno problema, os valores de AVE e CR da Etailq tiveram uma boa performance.

6. Considerações finais

O constructo qualidade de serviços tem sido amplamente pesquisado na literatura de marketing em termos de antecedentes, conseqüentes, dimensões, mensurações etc. (ZEITHAML, BERRY e PARASURAMAN, 1996). No entanto, não somente pesquisas sobre a qualidade de serviços em varejo eletrônico ainda carecem de realizações como também a definição e a dimensionalidade do fenômeno nesse ambiente. Sob esse pretexto, o trabalho buscou compreender mais a fundo o constructo qualidade percebida no varejo eletrônico, confirmando a existência das dimensões de cumprimento/confiabilidade, *design* e segurança. Portanto, algumas conclusões interessantes inteiram a finalização deste trabalho.

Primeiramente, a escala para mensurar qualidade em varejo eletrônico de modo geral apresentou resultados muito bons nas três dimensões em termos de confiabilidade, ajustamento, performance e dimensionalidade. Esses resultados suportam ainda mais o caráter Emic da escala. Todavia, dos quatro fatores inicialmente propostos, uma dimensão apresentou excesso de valores omissos (o respondente marcou "não sei" no questionário) e, portanto, o constructo precisou ser excluído. Portanto, a dimensão qualidade de serviço ao consumidor – definida como resposta, ajuda e desejo de responder às questões dos clientes – carece de maiores investigações devido aos muitos valores omissos. Duas possíveis explicações para esse resultado foram lançadas na análise e, nesse sentido, são necessários novos testes para verificar as reais causas dos valores em branco.

Segundo, os resultados buscaram avançar na discussão da literatura sobre a qualidade, uma vez que ela vem sendo estudada com grande fervor no ambiente convencional. No que tange a esse avanço, a qualidade de *design* obteve três relações significativas de quatro preditas, ou seja, com satisfação, com boca-a-boca e com lealdade. Essas evidências apontam que *design* é um fator de avaliação de performance do *site*, um indicador da comunicação oral positiva entre pessoas e um determinante da revisita à página. Qualidade de cumprimento — descrição precisa de um produto de modo que consumidores recebam o que eles exatamente buscam e entrega do produto correto dentro do tempo prometido — teve relações significativas com lealdade, satisfação e boca-a-boca e significativa de modo contrário com valor. Como exemplo prático da dimensão cumprimento, o *site* Amazon® apresenta-se como uma organização que faz o possível para detalhar ao máximo o produto, de modo que consumidores recebam o que eles exatamente buscam. Portanto, considera-se importante que profissionais tenham atenção com a dimensão de qualidade de cumprimento, pois ela se demonstrou extremamente significativa para o lojista. Qualidade de segurança, o último aspecto avaliado na regressão, teve impacto significativo unicamente na variável boca-a-boca. Alguns esclarecimentos prováveis para esse achado são: o indivíduo pode ter intenção de retornar e recomprar em um varejista eletrônico porque reconhece que esse fornece características seguras quanto a número de cartão de crédito e informações pessoais. Por outro lado, se uma loja fornece e comprova uma transação de compra segura, isso faz com que consumidores falem positivamente da empresa. Vale salientar que o impacto único de segurança (dentre quatro preditos) não significa a menor importância desse no ambiente varejista. De fato, compras virtuais necessitam de aspectos bem fortalecidos e tecnologicamente avançados de segurança e confiança.

Tomando no geral, a estrutura da Etailq teve boas performances nos quesitos avaliados e destacou as dimensões *design* e cumprimento como as mais fortes em explicar julgamentos dos compradores. Em resumo, os 16 itens finais purificados e listados no Anexo 1 podem auxiliar nos testes de futuras teorias em ambientes virtuais, uma vez que a escala mensura fielmente o fenômeno sugerido. Além do mais, o instrumento pode auxiliar a detectar qual aspecto do lojista está sendo mais bem avaliado pelos consumidores. Nesse sentido, varejistas eletrônicos, tais como lojas de eletrodomésticos, livrarias, bancos, farmácias, dentre outros, poderiam iniciar um processo de julgamento de suas páginas com a estrutura já validada.

Limitações do trabalho

Assim, a primeira limitação de pesquisa é o caráter transversal do método de pesquisa, o qual representa um obstáculo do presente estudo, uma vez que esta abordagem baseia-se na análise de um único momento. Futuros testes longitudinais poderiam avançar em novas descobertas no campo. Uma segunda limitação é o aspecto não probabilístico da amostra, o qual não permite fazer generalizações precisas para toda a população. Futuras pesquisas poderiam incluir cálculos amostrais para determinadas populações, gerando assim resultados mais plausíveis de generalização. Em um terceiro momento, há idéia de mensurar lealdade, valor, boca-a-boca e satisfação via um único item. Esse processo poderia não refletir fielmente os constructos avaliados. Assim, trabalhos futuros poderiam utilizar variáveis latentes para cada um desses conceitos.

Bibliografia

ARNDT, J. Role of product-related conversation in the diffusion of a new product. **Journal of Marketing Research**, v.1, n.4, August. 1967. p.291-295.

BAGOZZI, R. P.; PHILIPS, L.W. Representing and testing organizational theories: a holistic construal. **Administrative Science Quarterly**, v.27, n.3, September, 1982. p.459-489.

CRONIN J.J.; TAYLOR, S.A. Measuring Service Quality: a reexamination and extension. **Journal of Marketing**, v.56, n.3, 1992. p.55-68.

CRONIN, J.J.; TAYLOR, S.A. SERVPERF versus SERVQUAL: reconciling performance-based and perceptions-minus-expectations measurement of service quality. **Journal of Marketing**, v.58, n.1, January 1994. p.125-131.

E-BIT disponível em **http://www.e-commerce.org.br/STATS.htm** acesso em 27 de setembro de 2005a.

FRANCIS, J.E., WHITE, L. Pirqual: a scale for measuring customer expectations and perceptions of quality in internet retailing. **American Marketing Association Conference Proceedings**, v.13, 2002. p.263-270.

GEFEN, D. Customer Loyalty in e-commerce. **Journal of the Association for Information Systems**, v.3, p.27-51, 2002.

GUMMERUS, J.; LILJANDER, V.; PURA, M.; VAN-RIEL, A. Customer royalty to content-based web *sites*: the case of an *on-line* health-care service. **Journal of Services Marketing**, v.18, n.3, p.175-186, 2004.

HAIR, J.; ANDERSON, R.E.; TATHAM, R.; BLACK, W. **Multivariate Data Analysis**. New Jersey: Prentice Hall, 1998.

HERNANDEZ, J. M. Entendendo melhor o processo de decisão de compra na internet: uma análise sobre o papel da confiança em diferentes. In: Encontro Nacional da ANPAD, 2002, Salvador. **Anais**... Salvador, 2002.

KAYNAMA, S.A., BLACK, C.I. A proposal to assess the service quality of *on-line* travel agencies: an exploratory study. **Journal of Professional Services Marketing**, v.21, n.01, p. 63-88, 2000.

LOIACONO, E. T. **Webqual**: a web site quality instrument. PhD Thesis, University of Georgia, 2000.

MARCHETTI, R.Z.; PRADO, P. M.H. Um tour pelas medidas de satisfação do consumidor. **Revista de Administração de Empresas**, v.41, n.4, p.56-67, out./dez. 2001

MATHWICK, C.; MALHOTRA, N.; RIGDON, E. Experiential value: conceptualization measurement and application in the catalog and internet shopping environment. **Journal of Retailing**, v.77, n.1, p.39-56, 2001.

NILSEN NET-RATINGS capturado em **http://www.e-commerce.org.br/STATS.htm**. Acessado em Nov. 2005

OLIVER, R.L. A cognitive model of the antecedents and consequences of satisfaction decisions. **Journal of Marketing Research**. p. 460-469, November, 1980.

OLIVER, R L. **Satisfaction**: a behavioral perspective on the consumer. New York: McGraw-Hill, 1997.

PARASURAMAN, A.; ZEITHAML, V.; BERRY, L. L. A conceptual model of service quality and its implications for future research. **Journal of Marketing**, v. 49, n. 2, p. 41-50, 1985.

PARASURAMAN, A.; ZEITHAML, V.; BERRY, L.L. SERVQUAL: a multiple-item scale for measuring consumer perceptions of service quality. **Journal of Retailing**, v. 64, n. 1, p. 12-40, 1988.

PARASURAMAN, A.; ZEITHAML, V.; MALHOTRA, A. E-S-QUAL a multiple-item scale for assessing electronic service quality. **Journal of Academy Marketing Science**, v.7, n.3, p.213-233, 2005.

SRINIVASAN, S.S.; ANDERSON, R.; PONNAVOLU, K. Customer loyalty in e-commerce: an exploration of its antecedents and consequences. **Journal of Retailing**, v.78, p.41-50, 2002.

ULLMAN, J. Structural Equation Modeling. In: TABACHNICK, Barbara; FIDELL, Linda. **Using Multivariate Statistics**. Boston: Allyn & Bacon, 2000.

VAN-RIEL, A.; LILJANDER, V.; JURRIENS, P. Exploring consumer evaluations of e-services: a portal **site. International Journal of Service Industry Management**, v.12, n.4, p.359-377, 2001.

WEST, S.; FINCH, J.; CURRAN, P. Structural Equation Models with Nonnormal Variables: problems and remedies. In: HOYLE, Rick (ed.). **Structural Equation Modeling:** concepts, issues and applications. London: SAGE, 1995.

WICKLIFFE, V.P. Refinement and re-assessment of the consumer decision-making style instrument. **Journal of Retailing and Consumer Services**, v.11, p.9-17, 2004.

WOLFINBARGER, M.; GILLY, M.C. eTailQ: dimensionalizing, measuring and predicting e-tail quality. **Journal of Retailing**, v.79, p.183-198, 2003.

YANG, Z.; FANG, X. On-line service quality dimension and their relationships with satisfaction: the content analysis of customer reviews of securities brokerage services. **International Journal of Service Industry Management**, v.15, n.3/4, p.302-326, 2004.

YOO, Boonghee; DONTHU, Naveen. Developing a scale to measure the perceived quality of an internet shopping *site* (*Site*qual). **Quarterly Journal of Eletronic Commerce**, v.2, n.1, p.31-46, 2001.

ZEITHAML, V.A.; PARASURAMAN, A.; MALHOTRA, A. A conceptual framework for understanding e-service quality: implications for future research and managerial practice. **Working Paper**, p.00-115, Marketing Science Institute, Cambridge MA, 2000.

ZEITHAML, V.A.; BERRY, L.L.; PARASURAMAN, A. The behavioral consequences of service quality. **Journal of Marketing**, v.60, n.2, p.31-47, April, 1996

ZEITHAML, V. **Defining and Relating Price, Perceived Quality and Perceived Value**. Cambridge: MSI, 1987.

ANEXO I: Escala Etailq

Dimensão Qualidade

Q_design_5: O *site* XXX apresenta informações detalhadas

Q_design_4: Navegar pelo *site* XXX não desperdiça meu tempo

Q_design_3: É fácil e rápido completar uma transação de compra no *site* XXX

Q_design_2: O nível de personalização do *site* XXX é ideal

Q_design_1: A organização e o *layout* do *site* XXX facilitam a procura de produtos

Q_design_6: O *site* XXX tem um apelo visual muito bom

Q_design_7: Eu posso navegar rapidamente e de maneira precisa dentro do *site* XXX

Q_design_8: A aparência do *site* XXX parece ser profissional

Q_design_9: O *site* XXX tem uma ampla variedade de produtos que acaba me interessando

Dimensão Segurança

Q_security_3: Eu sinto que minha privacidade está protegida utilizando esse *site*

Q_security_4: Eu me sinto seguro quando eu estou fazendo transações/compras com o *site* XXX

Q_security_1: Eu posso confiar no *site* XXX

Q_security_2: O *site* XXX tem as características de segurança necessárias a uma boa compra pela internet

Dimensão Preenchimento/Cumprimento

Q_f_3: Eu obtive exatamente o que solicitei do *site* XXX

Q_f_2: O produto foi entregue no tempo (prazo) prometido pela empresa

Q_f_1: O produto que recebi correspondia àquele apresentado no *site* (inclusive os detalhes do produto)

10

O comportamento do consumidor de vestuário: uma avaliação do processo decisório de compra

Flávia Adriana Bordim

Luciano Zamberlan

Lurdes Marlene Seide Froemming

SAINT PAUL
EDITORA

Resumo

A presente pesquisa objetivou avaliar o comportamento do consumidor em relação ao processo decisório de compra de vestuário. O método de pesquisa utilizado foi estruturado em duas etapas. Na etapa qualitativa, a amostra foi composta por 15 consumidores de vestuário de diferentes idades e classes econômicas. Utilizou-se um roteiro com sete questões para direcionar as entrevistas, sendo que essas foram gravadas e transcritas e serviram para a estruturação do instrumento de coleta de dados utilizado na fase descritiva. Na etapa quantitativa, a amostra foi constituída por 200 respondentes, sendo 100 homens e 100 mulheres. Foi aplicado um questionário estruturado com 54 questões que avaliavam as cinco etapas do processo decisório de compra dos consumidores, mais a caracterização do entrevistado. De maneira geral, tanto na etapa qualitativa como na quantitativa, aspectos relacionados ao atendimento foram destacados como os de maior relevância.

1. Introdução

O varejo tem apresentado uma significativa profissionalização dos processos de gestão ao longo dos últimos anos. As organizações do setor atuam em um ambiente altamente competitivo, disputando segmentos de mercado através de ações cada vez mais focadas nas atitudes e motivações dos clientes.

O varejista busca agregar valor através de uma atitude proativa voltada para as necessidades e desejos dos consumidores. O estabelecimento de estratégias de marketing eficazes parte do conhecimento das variáveis que definem o comportamento do consumidor e seu potencial de relacionamento com a empresa. Entender o processo de segmentação de mercado, os modelos de tomada de decisão de compra e os fatores influenciadores no processo de compra são a base para uma análise consistente.

Para a organização obter sucesso no emprego de suas estratégias de marketing, é extremamente importante conhecer primeiro quais são as características comportamentais de seu público-alvo. Conhecer, por exemplo, seus anseios, suas preferências, seu estilo de vida faz com que as estratégias possam ser mais bem direcionadas e resultem no efeito desejado. Segundo Solomon (2002) as necessidades dos consumidores só poderão ser satisfeitas à medida que os profissionais de marketing puderem compreender as pessoas que usarão os produtos e serviços que estão tentando vender e acreditar que o fazem melhor que seus concorrentes.

As informações sobre os consumidores auxiliam as organizações a definir o mercado e a identificar as oportunidades e ameaças para uma determinada marca ou produto. Sheth, Mittal e Newman (2001) asseveram que os profissionais de marketing querem que os clientes não só visitem os estabelecimentos de varejo, mas que o façam repetidas vezes. Eles querem conquistar a lealdade de seus clientes. Portanto, necessitam saber o que torna um cliente fiel a uma loja.

Entender o processo de compra dos consumidores, neste caso os de vestuário, é importante para criar estratégias consistentes e orientadas para atender às reais necessidades dos consumidores. Vestuário é um produto estético que expressa uma auto-imagem desejada, atratividade, e às vezes sexualidade (HIRSCHMAN e HOLBROOK, 1982). Atualmente, a maioria dos consumidores vê na roupa muito mais do que uma necessidade básica. Os consumidores diferem em atitudes, valores e expectativas quanto ao vestir. Pessoas usam a roupa como forma de se identificar perante um determinado grupo, projetar uma imagem positiva e como meio para melhorar sua aparência diante dos que as cercam (ALEXANDER, CONNELL e PRESLEY, 2005).

Conhecer o que leva um consumidor a reconhecer uma necessidade, a buscar informações sobre o produto que quer adquirir, de que forma avalia as alternativas disponíveis, o que leva em conta, como toma a decisão de comprar certo produto e onde, bem como entender o processo de avaliação do consumidor após ter adquirido um produto, é a base para a elaboração de estratégias de marketing eficientes voltadas para o *marketing mix*.

O presente artigo aduz os resultados de uma pesquisa efetuada com universitários da cidade de Santa Rosa (RS), objetivando identificar como se comportam esses consumidores com relação às etapas do processo decisório de compra de vestuário. O artigo está estruturado em três partes. Num primeiro momento, apresenta-se o referencial teórico acerca do tema em estudo. Na segunda parte, são descritos os procedimentos metodológicos utilizados, e, na terceira, os resultados obtidos pelo *survey*, assim como as conclusões obtidas a partir dos levantamentos.

2. O processo decisório de compra

As decisões do cliente incluem questões referentes a: *se* deve comprar, *o que* comprar, *quando* comprar, de *quem* comprar e *como* pagar. Como o tempo e o dinheiro são recursos finitos para o comprador, ele procura alocá-los da maneira mais sensata possível. A questão de saber *se* a compra deve ser feita é o primeiro nível de decisão; logo após o cliente faz uma outra decisão quanto a o que comprar, ao escolher entre as diversas marcas dos produtos, com uma avaliação das alternativas levando em conta as características do produto, as marcas, as lojas, os fornecedores, entre outros fatores. Após escolhida uma alternativa, o consumidor irá decidir se compra ou não o produto e de que forma vai pagá-lo.

Deve-se levar em conta que a avaliação pós-compra é importante, pois vai revelar a satisfação ou insatisfação com o produto ou serviço adquirido, o que se reflete diretamente nas compras futuras desse consumidor. Existem quatro tipos de comportamento de compra do consumidor (Quadro 1) baseados em seu grau de envolvimento e o grau de diferenças entre as marcas.

Quadro 1 — Tipos de comportamento de compra

	Alto envolvimento	Baixo envolvimento
Diferenças significativas entre as marcas	Comportamento de compra complexo	Comportamento de compra em busca da variedade
Poucas diferenças entre marcas	Comportamento de compra com dissonância cognitiva reduzida	Comportamento de compra habitual

Fonte: Assael (1987).

O comportamento de compra é complexo quando há alto envolvimento dos consumidores em uma compra, ligado a seu ego e auto-imagem, envolvendo risco financeiro, social e pessoal. Conforme Schiffman e Kanuk (2000, p.154), "as compras de alto envolvimento são aquelas mais importantes para o consumidor e, portanto, provocam solução ampliada de problemas". Geralmente dizem respeito a produtos mais caros, como eletrodomésticos, automóveis etc. e por isso o consumidor acaba depositando mais tempo e energia nesse tipo de compra. O comportamento de compra com dissonância cognitiva reduzida é quando o comprador está altamente envolvido em uma compra, mas vê pouca diferença entre as marcas, e acaba comprando um produto com certa rapidez, mas depois tenta obter informações que venham a sustentar sua decisão. O comportamento de compra habitual é aquele que compreende uma categoria de produtos de baixo valor e comprado com freqüência, em que o consumidor não deposita tempo na procura de informações, criando muitas vezes um hábito em comprar determinado produto, e que muitas vezes nem passa pelo estágio de avaliação. E, por fim, o comportamento de compra em busca de variedade é aquele caracterizado por um baixo envolvimento, mas com diferenças significativas de marcas. Os consumidores querem experimentar diferentes marcas, devido a sua busca por variedade.

É extremamente importante compreender de que forma acontece o processo pessoal de decisão dos consumidores na hora da compra. Segundo Kotler (2000, p.199), "A tomada de decisões do consumidor no ato da compra varia de acordo com o tipo de decisão de compra". Isso significa que um produto de pequeno valor, como um creme dental, e a compra de um bem de maior valor, como uma roupa, por exemplo, envolvem decisões bastante diferentes.

Segundo alguns autores (SOLOMON, 2002; ENGEL, BLACKWELL e MINIARD, 2000; SCHIFFMAN e KANUK, 2000; RIVAS, 1997), os consumidores passam por alguns estágios durante seu processo de compra. Embora existam algumas variações, cinco estágios podem ser utilizados para explicar o processo de tomada de decisão do consumidor: reconhecimento da necessidade, procura de informações, avaliação de alternativas, decisão de compra e avaliação pós-compra.

2.1. Reconhecimento da necessidade

Nesse primeiro estágio, o consumidor reconhece um problema e então é iniciado o processo de compra. Segundo Engel, Blackwell e Miniard (2000, p.115), "é o reconhecimento de necessidade de consumo que leva o consumidor a um processo de tomada de decisão que determina a compra e o consumo do produto". Para que haja a ativação da necessidade, é preciso levar em conta a influência de diversos fatores como o tempo, a mudança de circunstâncias, a aquisição de produto, o consumo de produtos, diferenças individuais e influências de marketing. A decisão do cliente começa com o reconhecimento do problema, que ocorre em virtude de uma pista interna que nasce de um estado de insatisfação experimentado pela pessoa, ou de estímulos externos que evocam esses motivos (SHETH, MITTAL e NEWMAN, 2001).

Para Semenik e Bamossy (1995, p.212), dependendo do estado de necessidade, os consumidores darão diferentes graus de importância à decisão. Além disso, os desejos de informação variam de um estado de necessidade para outro. Conhecendo quais são esses estados, os profissionais podem adequar o *design*, o preço, ou a estratégia promocional de seu produto para que ele possa atender aos desejos de seus consumidores. Segundo Schiffman e Kanuk (2000), o reconhecimento da necessidade pode ser visto tanto do modo simples como do complexo. O modo simples pode ser descrito, por exemplo, quando alguém fica com fome e logo compra algum alimento para satisfazer essa necessidade. Já o modo complexo, por exemplo, pode ser quando alguém, ao longo de um tempo, resolve trocar seu carro, para evitar despesas futuras.

O reconhecimento da necessidade, conforme Solomon (2002) pode ocorrer de várias formas. A qualidade do estado real da pessoa pode ser diminuída simplesmente ao faltar um produto, ou quando ela compra um produto inadequado, ou quando o consumidor cria novas necessidades. Já o reconhecimento da oportunidade ocorre quando um consumidor é exposto a produtos diferenciados ou de melhor qualidade. É importante destacar que as compras sempre são feitas de acordo com a realidade do ambiente em que o indivíduo convive.

2.2. Procura de informações

Após reconhecer a necessidade, o consumidor vai buscar informações para que possa satisfazê-la. Para Schiffman e Kanuk (2000, p.402), "A busca de pré-compra começa quando o consumidor percebe uma necessidade que pode ser satisfeita pela compra e pelo consumo de um produto". A busca pode ser de natureza interna ou externa. A busca interna envolve a recuperação de conhecimento da memória, enquanto a busca externa consiste coletar informações do mercado. Caso o consumidor se lembre de produtos ou serviços capazes de satisfazer sua necessidade, não precisará fazer o levantamento das alternativas (ENGEL, BLACKWELL e MINIARD, 2000).

De acordo com Sheth, Mittal e Newman (2001), o cliente baseia-se em um conhecimento anterior, ou busca novas soluções por meio da aquisição, avaliação e integração de novas informações. A procura de informações varia entre consumidores e tipos de produtos, que podem manifestar comportamentos opostos numa determinada situação. Uns podem ser fiéis às marcas, outros levam em conta as características do produto, e alguns preferem os itens mais baratos. Segundo Underhil (1999), muitas decisões de compra são tomadas ou podem ser fortemente influenciadas no recinto da própria loja. Os consumidores são influenciados por impressões e informações adquiridas na própria loja, e não só em propaganda ou fidelidade à marca.

Várias pessoas tendem a evitar a busca externa, mesmo quando essas informações teriam mais probabilidade de trazer benefícios. Porém, a maioria dos consumidores de produtos de vestuário, como roupas, tende a fazer muita pesquisa externa. Para Solomon (2002), mesmo que os riscos sejam financeiramente menores, essas decisões podem ter conseqüências desagradáveis, caso seja feita uma escolha errada. Nesse caso o risco percebido é alto, ou seja, o produto pode ter conseqüências potencialmente negativas.

De acordo com Mowen (1995), o *quantum* de informações externas que os consumidores buscarão varia de acordo com o tipo de problema que se pretende resolver e o envolvimento associado a esse processo.

2.3. Avaliação das alternativas

A avaliação ocorre simultaneamente com o processo de busca, pois os consumidores aceitam, discutem, distorcem ou rejeitam as informações que chegam à medida que as recebem. Para Kotler (2000, p. 202), "os consumidores variam de acordo com os atributos que consideram mais relevantes e a importância associada a cada atributo. Eles prestarão mais atenção aos atributos que forneçam os benefícios buscados". O consumidor precisa desenvolver um conjunto de critérios avaliativos para usar no momento da seleção das alternativas. "Critério de avaliação pode ser definido como aquelas características que o consumidor considera ao escolher entre alternativas" (BOONE e KURTZ, 1998, p.186). Segundo Sandhusen (1998, p.194), cinco conceitos produto/mercado ajudam a explicar a dinâmica desse estágio:

- atributos do produto: são as características do produto que se relacionam com as necessidades do comprador;

- atributos marcantes: são as características que "vêm à mente" dos compradores quando o produto é mencionado;

- imagem da marca: compreende um conjunto das percepções do comprador, tanto favoráveis quanto desfavoráveis, sobre cada atributo do produto. Essas podem estar em desacordo com a verdadeira imagem da marca, por causa da percepção seletiva e da retenção pelos compradores potenciais;

- a função utilitária: define a variação da satisfação do comprador. Entender as funções utilitárias é especialmente importante no desenho e posicionamento dos produtos;

- o produto ideal: combina os atributos com os mais altos níveis utilitários desejados.

Para Solomon (2002), existem três tipos de conjunto de alternativas: o conjunto evocado são as alternativas ativamente consideradas durante o processo de escolha de um consumidor; o conjunto inerente, que são as alternativas das quais o consumidor está consciente, mas que não consideraria comprar; e o conjunto inepto são aquelas que não fazem parte do jogo.

A etapa de avaliação de alternativas depende da forma como os consumidores recebem e percebem os estímulos e molda atitudes que, futuramente, transformar-se-ão em intenções de compra (BENNETT e KASSARJIAN, 1975).

2.4. Decisão de compra

Segundo Schiffman e Kanuk (2000, p. 420), "para um consumidor tomar uma decisão, é preciso que mais de uma alternativa esteja disponível (a decisão de não comprar também é uma alternativa)". Nesse estágio, o consumidor cria preferências entre as marcas do conjunto de escolha e forma uma intenção de comprar as preferidas. Porém, segundo Kotler (2000), uma pessoa próxima do consumidor pode influenciá-lo tanto positiva quanto negativamente na compra de determinado produto, assim como os fatores situacionais imprevistos, como perda de emprego, desagrado com o vendedor ou urgência em comprar outros produtos primeiro.

Várias questões podem ser discutidas no processo de compra: comprar ou não, quando comprar, onde comprar e como pagar. Para Engel, Blackwell e Miniard (2000) os consumidores podem ser classificados em três categorias, segundo sua intenção de compra:

- compra totalmente planejada: o produto e a marca são escolhidos com antecedência;

- compra parcialmente planejada: há intenção de comprar um dado produto, mas a escolha da marca é adiada até a compra ser completada;

- compra não planejada: o produto e a marca são escolhidos no ponto-de-venda.

Em relação a esse último item, a compra não planejada é o formato de compra mais complexo de se conceituar, pois envolve uma amplitude de fatores subjetivos. Engel, Blackwell e Miniard (2000) entendem que compra por impulso é a compra realizada sem o conhecimento da necessidade antes da entrada da loja, tornando assim os termos relacionados a compras não planejadas e compras por impulso como sendo sinônimos.

2.5. Avaliação pós-compra

O consumidor mostrará satisfação ou insatisfação em relação ao produto comprado. Segundo Kotler e Armstrong (1999, p.110), "se o produto não atender às expectativas, o consumidor ficará desapontado; se satisfizer às expectativas, ele ficará satisfeito; se exceder as expectativas, ele ficará encantado". Por isso o vendedor deve dar informações reais sobre o desempenho do produto, para que os consumidores fiquem satisfeitos e não criem expectativas além do que o produto pode oferecer.

Engel, Blackwell e Miniard (2000, p.178) definem satisfação como "a avaliação pós-consumo de que uma alternativa escolhida pelo menos atende ou excede as expectativas." A satisfação reforça a lealdade do comprador, enquanto a insatisfação pode levar a reclamação, boca-a-boca negativo e tentativa para buscar reparação através de meios legais. Segundo Schiffman e Kanuk (2000, p. 413), "quando o produto sobrevive às expectativas, é provável que voltem a comprá-lo. Quando o desempenho do produto é decepcionante ou não corresponde às expectativas, porém, os consumidores irão procurar alternativas mais adequadas". Essa avaliação pós-compra retorna ao campo psicológico do consumidor em forma de experiência, e serve para influenciar futuras decisões ligadas ao produto. O consumidor também, muitas vezes, pode mostrar-se arrependido de ter tomado certa decisão. Enquanto o consumidor arrependido sabe que não tomou a decisão correta, o consumidor enfrentando um processo de dissonância cognitiva ainda não possui condições de avaliar sua decisão, não sabendo se foi boa ou má.

De acordo com Sheth, Mittal e Newman (2001), o processo pós-compra inclui quatro passos: confirmação da decisão, avaliação da experiência, satisfação ou insatisfação e resposta futura (abandono, reclamação ou lealdade). O consumidor busca confirmar se sua decisão foi realmente sensata, e passa pelo processo de dissonância cognitiva, que corresponde à dúvida que o cliente tem se realizou a melhor escolha entre as alternativas disponíveis. A segunda etapa é a avaliação da experiência, em que o produto ou serviço é realmente consumido, e o cliente irá fazer uma experiência em relação ao produto comprado, caso tenha sido a primeira vez. A terceira etapa compreende o processo de insatisfação ou satisfação quanto ao produto ou serviço. Se a experiência satisfaz as expectativas, o resultado é a satisfação, mas se as expectativas não são satisfeitas o resultado é a insatisfação. A satisfação ou insatisfação nasce respectivamente da confirmação ou não-confirmação das expectativas do cliente. Após a experiência de satisfação ou insatisfação, os clientes têm três respostas possíveis: irão abandonar determinada marca de produto se ficaram insatisfeitos com sua experiência, decidindo jamais comprá-la novamente; irão reclamar e depois decidir se devem dar à empresa ou à marca uma nova chance, ou simplesmente não comprá-la mais; ou então o cliente, após o estágio de satisfação, pode ser leal à marca ou à loja em que comprou determinado produto. Porém, mesmo estando satisfeito com determinada marca, o cliente tende a experimentar novas marcas, sempre com o objetivo de que outra poderá, talvez, trazer maior satisfação do que a anterior. O problema de muitas organizações é acreditar que a relação com o consumidor acaba após ser realizada a compra. Deve existir a preocupação de que o consumidor deve sentir-se satisfeito com o produto e os serviços oferecidos, ao contrário poderá resultar em prejuízos para a empresa e uma imagem negativa da organização na mente desse consumidor.

3. Procedimentos metodológicos

A presente pesquisa se constituiu em duas fases: exploratória e descritiva. A pesquisa exploratória se utilizou de dados secundários, através de materiais bibliográficos e documentais. Também foram coletados dados primários, através de uma pesquisa qualitativa, utilizando-se do método direto de grupos de foco por esse provocar maior espontaneidade e emoções do que seria possível em uma entrevista (AAKER, KUMAR e DAY, 1998).

Os dois grupos de foco foram realizados com pessoas entre 20 e 47 anos, de extratos socioeconômicos distintos, de classes A a D, de acordo com o critério de classificação econômica Brasil. A amostra é não-probabilística, e contou com a técnica de amostragem por julgamento, no qual o próprio pesquisador, com base em seu julgamento ou experiência, escolhe os elementos que foram incluídos na amostra que mais representassem a população de interesse e que melhor se disponibilizassem a participar do grupo de discussão (COOPER e SCHINDLER, 2003). O roteiro foi constituído por questões baseadas no comportamento dos consumidores com relação ao processo de compra de vestuário. Os respondentes tinham plena liberdade para expor suas opiniões e atitudes pessoais. Cada grupo de foco demorou cerca de duas horas e as discussões foram gravadas e transcritas, para posterior análise de dados. As discussões em grupo foram utilizadas com o objetivo de, juntamente com o referencial teórico, gerar itens para elaboração de escalas de medidas relacionadas às cinco etapas do processo decisório de compra do consumidor de vestuário.

A pesquisa descritiva se utilizou de dados quantitativos primários através do método *survey*. Esse método, segundo consistiu num interrogatório aos participantes, com perguntas sobre seu comportamento com relação ao processo decisório de compra de vestuário. Utilizou-se o corte transversal como perspectiva de análise, que se caracteriza pela coleta de dados de uma porção da população de interesse em determinado momento do tempo (MALHOTRA, 2001).

A pesquisa foi realizada com 200 universitários, na cidade de Santa Rosa, sendo que a mostra foi composta por 100 homens e 100 mulheres, de diferentes idades, estado civil e renda. A amostra é não probabilística e se utilizou da técnica de amostragem por conveniência, na qual a seleção das unidades amostrais foi deixada a cargo do entrevistador. Procurou-se escolher esse tipo de amostra por ser uma forma mais rápida e fácil de aplicar o questionário. Embora os dados não possam ser generalizados pelo procedimento amostral adotado, eles atendem aos objetivos desta pesquisa, pois ela é de caráter exploratório.

Antes da aplicação do questionário, foi realizado um pré-teste com 20 pessoas, para constatar eventuais falhas em sua elaboração e problemas de compreensão. Foram feitos ajustes em alguns itens e posteriormente realizou-se a aplicação para os consumidores-alvo do estudo. O questionário foi estruturado com 54 questões, que se referiam aos cinco processos pelos quais passam os consumidores antes, durante e após a compra. Buscou-se através dele, entender o processo de tomada de decisão desses consumidores, sendo que no final foi apresentada a parte da caracterização do entrevistado que tinha variáveis sobre sexo, estado civil, idade e renda. Para sua elaboração foram utilizadas as informações obtidas através dos grupos de foco, e a construção das cinco dimensões do processo decisório de compra (ENGEL, BLACKWELL e MINIARD, 2000; SHETH, MITTAL e NEWMAN, 2001; SOLOMON, 2002). Foi utilizada a escala de Likert para avaliar as atitudes dos consumidores, na qual esses assinalaram o número correspondente a seus níveis de concordância ou discordância com cada uma de uma série de afirmações que descrevem o objeto da investigação. A tabulação dos dados foi realizada com o auxílio do software Statistical Package the Social Scienses (SPSS) e os procedimentos de análise utilizados foram a distribuição da freqüência e o teste T.

4. Apresentação e análise dos resultados

4.1. Caracterização da amostra

Os consumidores pertencentes à amostra foram escolhidos entre acadêmicos do curso de Administração da Unijuí, *Campus* Santa Rosa, constituindo-se em uma amostra não probabilística, já que os participantes foram escolhidos por conveniência. A amostra foi constituída por 200 pessoas, sendo que eram 100 homens e 100 mulheres. Os participantes foram divididos em dois grupos etários, de até 29 anos (75,5%) e de 30 anos ou mais (24,5%). Dos 200 respondentes, 47% possuem renda pessoal de um a três salários mínimos, 70% são solteiros e apenas 30% são casados ou mantêm união estável.

4.2. Análise descritiva

O instrumento agrupou as assertivas em cinco categorias, coincidindo com as etapas que compõem o processo decisório de compra dos consumidores: reconhecimento da necessidade, busca de informações, avaliação das alternativas, decisão de compra e avaliação pós-compra.

Analisando os itens de discordância da Tabela 1, observa-se que os participantes da amostra apresentam discordâncias nas questões: *Somente compro um produto quando o anterior estiver velho ou com defeito* (50%); *Tenho vontade de comprar quando vejo que meus amigos estão de roupas novas* (57,5%); *Quando estou deprimido, procuro fazer compras,* que apresentou o maior escore de discordância (74%); *Gosto de mostrar às pessoas que posso comprar certas coisas* (71%); e *Todos que conhecia estavam comprando um determinado produto, então eu também desejei ter um* (68%).

Tabela 1 — Reconhecimento da necessidade

Reconhecimento da necessidade	D	NN	C	SR
1. Somente compro um produto quando o anterior estiver velho ou com defeito	50	25,5	24,5	
2. Tenho vontade de comprar quando vejo que meus amigos estão usando roupas novas	57,5	19,5	23	
3. Procuro sempre seguir a tendência da moda	28	35	37	
4. Gosto de renovar meu guarda-roupa a cada troca de estação	46	29	25	
5. Costumo efetuar compras mensalmente	44,5	23,5	31,5	0,5
6. Procuro me vestir de acordo com meu grupo social	17	27,5	**55,5**	
7. Sempre que sou convidado para um evento, compro roupas ou calçados novos	48,5	29	22,5	
8. Compro apenas por necessidade, não sou impulsivo	24,5	14,5	**61**	
9. Quando estou deprimido procuro fazer compras	**74**	11	14,5	0,5
10. Muitas vezes, quando passo por uma vitrine é que percebo que preciso de um determinado produto	23,5	21,5	**54,5**	0,5
11. Gosto de mostrar às pessoas que posso comprar certas coisas	**71**	17	12	
12. Todo mundo que conhecia estava comprando um determinado produto, e eu também desejei ter um	**68**	18,5	13,5	
13. Não quero que os outros achem que uso coisas ultrapassadas ou fora de moda	38,5	27	34,5	

De acordo com a Tabela 1, os respondentes revelaram sua total discordância quanto à questão de fazer compras quando estão deprimidos. Conforme Schiffman e Kanuk (2000, p. 399) revelam, "O humor dos consumidores também é importante para a tomada de decisão". Segundo eles, o humor tem impacto sobre quando os consumidores fazem compras, onde fazem compras e se fazem compras sozinhos ou acompanhados, sendo que as pessoas que têm humor positivo lembram de mais informação sobre um produto do que aquelas de humor negativo. Analisando os itens com maior concordância, encontram-se as questões: *Procuro me vestir de acordo com meu grupo social* (55,5%); essa assertiva pode ser evidenciada por Solomon (2002, p.118), ao afirmar que "as pessoas usam o comportamento de consumo de um indivíduo para ajudá-las a fazer julgamentos sobre a identidade social daquela pessoa". O uso de um produto pode influenciar as percepções das demais pessoas no grupo, como também determinar o próprio autoconceito e sua identidade social. "*Compro apenas por necessidade, não sou impulsivo* apresentou o maior escore de concordância (61%); e *Muitas vezes, passo por uma vitrine e percebo que preciso de um determinado produto* (54,5%).

A mudança na moda pode ser vista como uma obsolescência planejada, promovida pela indústria e pelos varejistas de vestuário, o que lhes permite motivar os consumidores para comprar roupas novas continuamente. Há segmentos de mercado diferentes e cada um deles tem as próprias tendências de moda (LAW, ZHANG e LEUNG, 2004).

Com relação à etapa referente à procura de informações (Tabela 2), o item *Não procuro obter informação, e vou diretamente à loja em que costumo comprar quando preciso de um produto*, apresentou 51% de concordância. As pessoas que tiveram experiências positivas em compras anteriores irão se lembrar disso na hora em que necessitarem fazer uma compra. "Quanto maior a importância da experiência anterior, de menos informação externa o consumidor tende a necessitar para chegar a uma decisão" (SCHIFFMAN e KANUK, 2000, p. 402).

De acordo com Engel, Blackwell e Kollat (1978), as pessoas têm guardadas informações internamente, decorrentes de experiências passadas, que podem servir de fonte de informação no presente.

As afirmações *Vejo anúncios de TV, rádio, revistas e outdoors* e *Vejo o que as pessoas de minha idade estão usando* apresentaram, respectivamente, os maiores índices de concordância, 57,5% e 51,5%. Isso indica que os mecanismos promocionais juntamente com a forma com que se vestem as pessoas da mesma idade exercem influência como fontes de informações para o conhecimento sobre roupas, calçados e acessórios.

Tabela 2 — Procura de informações

Procura de informações	D	NN	C	SR
14. Procuro olhar revistas, jornais, para saber a tendência da moda	45	23	31,5	0,5
15. Saio aos fins de semana para olhar as vitrines	43,5	21	35,5	
16. Peço opinião aos meus amigos sobre o tipo de produto que devo comprar	47	18,5	34	0,5
17. Não procuro obter informação, e vou diretamente na loja em que costumo comprar quando preciso de um produto	25,5	23,5	51	
18. Procuro comprar produtos somente quando estão na promoção	41,5	36,5	22	
19. Vejo anúncios de TV, rádio, revistas e *outdoors*	15	27	57,5	0,5
20. Vejo o que as pessoas de minha idade estão usando	22	26	51,5	0,5
21. Vou a todos os lugares possíveis que possam trabalhar com o produto	38	29,5	32	0,5

No estágio de avaliação de alternativas, as informações conhecidas ou encontradas pelo indivíduo serão pesadas e avaliadas e a ação é resultante desses julgamentos (GADE, 1980). Essa etapa do processo decisório de compra (Tabela 3) não apresentou discordâncias significativas. Já os itens que apresentaram maior concordância foram: *Procuro escolher lugares de fácil acesso, normalmente onde passo diariamente*; *Prefiro ir a lojas em que já fiz anteriormente uma compra e gostei*, que apresentou um escore de concordância elevado (94%); *Gosto de ir a lugares onde eu possa escolher e ninguém fique me forçando a nada* (90,5%); *Levo em consideração as características do produto, a marca, o modelo, não importando a loja* (69%); *Prefiro ir a lojas que trabalham com grande variedade de produtos, de vários segmentos* (63,5%); *Prefiro escolher os locais que tenham um ambiente agradável, com vitrines bonitas e vendedores com boa aparência* (75%); *Acabo escolhendo o local, onde fui melhor atendido e me senti bem, mesmo que seja mais caro* (61,5%).

Para Birtwistle e Tsim (2005), a escolha de uma loja está baseada em uma combinação de fatores funcionais, como qualidade, preço e a gama de estilos de mercadoria, como também fatores simbólicos que sinalizam estado e afluxo. Sirgy, Grewal e Mangleburg (2000) sugerem que fatores simbólicos são as sugestões iniciais que atraem os consumidores para uma loja e que a decisão de compra está então baseada nos fatores funcionais encontrados dentro do ambiente de vendas do varejo.

Tabela 3 — *Avaliação das alternativas*

Avaliação das alternativas	D	NN	C	SR
22. Procuro escolher lugares de fácil acesso, normalmente onde passo diariamente	21,5	24	54,5	
23. Prefiro ir a lojas em que já fiz alguma compra anteriormente e gostei	4,5	1,5	94	
24. Levo muito em consideração a indicação de outras pessoas	25,5	29,5	45	
25. Gosto de ir a lugares onde eu possa escolher e ninguém fique me forçando a nada	4,5	4,5	90,5	0,5
26. Considero características do produto, marca, o modelo, não importando a loja	10,5	20	69	0,5
27. Procuro lugares de preço baixo, mesmo que o produto seja similar ao que desejo	39	36,5	24,5	
28. Gosto de ir a lojas especializadas em apenas um segmento de produto	46	35	19	
29. Prefiro ir a lojas que trabalham com grande variedade de produtos, de vários segmentos	11,5	25	63,5	
30. Prefiro escolher os locais que tenham um ambiente agradável, com vitrines bonitas e vendedores com boa aparência	6,5	18,5	75	
31. Comparo preços entre as lojas e compro o produto onde é mais barato	25,5	24,5	49,5	0,5
32. Escolho o local onde fui melhor atendido e me senti bem, mesmo que seja mais caro	18	20,5	61,5	

O percentual de concordância mais alto da etapa de decisão de compra (Tabela 4) foi do item: *Quando entro numa loja gosto de ser atendido o mais rápido possível* (72%). Na assertiva *O atendimento é o principal influenciador na hora de decidir pela compra de um produto,* houve concordância de 71,5%.

Mooney e Bergheim (2002) afirmam que os clientes se sentirão recebendo tratamento especial quando um vendedor fizer tudo que pode para prestar-lhes um atendimento qualificado, oferecendo ajuda para encontrar um produto, estendendo por mais alguns dias a validade de uma oferta especial ou lidando com um pedido especial.

Tabela 4 — Decisão de compra

Decisão de compra	D	NN	C	SR
33. Quando entro numa loja, gosto de ser atendido o mais rápido possível	9,5	18,5	72	
34. O atendimento é o principal influenciador ao me decidir pela compra de um produto	8	20,5	71,5	
35. Gosto de levar o produto em condicional, porque eu posso provar com mais calma	19	20	61	
36. O que importa é a loja ter o produto, se tem o produto que eu quero, eu levo	20,5	27	52,5	
37. Gosto de fazer compras quando estou acompanhado de minha família	29	26	45	
38. Gosto de comprar com meus amigos, pois nossas opiniões são parecidas	54	23,5	22,5	
39. Costumo realizar compras de vestuário aos sábados	20	22,5	57	0,5
40. Vou aos lugares em que oferecem um horário mais flexível para as compras	9	22	68	1
41. Gosto de comprar à vista, por isso compro se o produto tiver um bom desconto	18,5	21	60,5	
42. Costumo comprar a prazo, com cheque ou cartão	40	20	40	
43. Compro onde tenho crediário	28	25,5	46,5	
44. Não gosto da opinião dos vendedores quando estou comprando	23,5	41,5	35	
45. Não escolho pela marca de um produto, mas sim pelo modelo, pelas características	15	20,5	64,5	
46. Planejo totalmente minhas compras, pois escolho com antecedência o produto e a marca que vou comprar	31	24,5	44,5	
47. Não planejo minhas compras, pois tanto o produto quanto a marca dele escolho no ponto-de-venda	35,5	20,5	44	

Outras questões apresentaram médias de concordância significativas, como *Gosto de levar o produto em condicional, porque eu posso provar com mais calma* (61%); *O que importa é a loja ter o produto, se tem o produto que eu quero, eu levo* (52,5%); *Costumo realizar compras de vestuário aos sábados* (57%); *Vou aos lugares em que oferecem um horário mais flexível para as compras* (68%); *Gosto de comprar à vista, por isso compro se o produto tiver um bom desconto* (60,5%); *Não escolho pela marca de um produto, mas sim pelo modelo, pelas características* (64,5%).

Os dados apresentam maior discordância no item *Gosto de comprar com meus amigos, pois nossas opiniões são parecidas* (54%).

A avaliação pós-compra (Tabela 5) apresentou índices elevados de concordância em vários itens. Com relação a afirmação *Me frustro quando o produto comprado não atende às minhas expectativas* houve uma concordância de 86% dos respondentes. Nota-se que quando o consumidor cria uma expectativa muito elevada de um produto, e esse não corresponde a essas expectativas, o consumidor tem um profundo estado de insatisfação. Caso o produto apresente defeito, dentro de um curto período, cabe às empresas varejistas resolvê-lo para reverter a situação de insatisfação do cliente. No item *Acabo me arrependendo dos produtos que compro por impulso,* 59,5% dos entrevistados concordaram com essa afirmação. Segundo Schiffman e Kanuk (2000, p. 398), "se fôssemos refletir sobre a natureza de nossas compras, ficaríamos surpresos de perceber quanto algumas delas foram impulsivas". Muitas vezes somos tomados simplesmente pela emoção, e deixamos de fazer uma procura mais adequada, ponderar e avaliar as alternativas antes de comprar. Para Sheth, Mittal e Newman (2001, p. 357), "a compra compulsiva é uma resposta compensatória a um evento que frustra ou deprime". Tais afirmações podem ser evidenciadas pelo item *Nunca me arrependo das compras que faço,* no qual houve discordância de 52% da amostra. O consumidor inseguro com sua decisão (em dissonância cognitiva) pode tanto confirmar sua decisão quanto arrepender-se em relação a ela.

Um dos índices mais altos de concordância foi na questão da sinceridade do cliente com o consumidor (90,5%). O vendedor pode até conseguir vender o produto através de *hard selling*, mas se omitir alguma coisa ou criar expectativas que não são reais para o consumidor, esse tende a não voltar à empresa. Isso se comprova na análise de Mooney e Bergheim (2002), em que os consumidores acolhem bons conselhos e orientações úteis de pessoas que, em vez de empurrar o consumidor para uma compra, o conduzem durante o processo.

De acordo com Sheth, Mittal e Newman (2001), um cliente insatisfeito que tem à sua disposição outras escolhas fáceis afasta-se de uma empresa, comprando o produto do concorrente. Sem contar que os clientes insatisfeitos custam caro para as empresas, pois levam sua insatisfação para várias outras pessoas. De acordo com os autores, pesquisas indicam que clientes satisfeitos conversam com três outros clientes, já os insatisfeitos são ainda mais comunicativos, e conversam com pelo menos nove outros clientes.

Outras questões também apresentaram índices altos de concordância: *Se fui mal atendido, não volto mais na loja, mesmo que tenha bons produtos* (69,5%); *Evito retornar às lojas que tratam as pessoas pela aparência* (83%); *Gosto quando as lojas me ligam ou mandam cartão nas datas comemorativas* (67%).

Tabela 5 — O processo de avaliação pós-compra

Avaliação pós-compra	D	NN	C	SR
48. Me frustro quando o produto comprado não atende às minhas expectativas	5,5	8,0	86	0,5
49. Acabo me arrependendo dos produtos que compro por impulso	12,5	28	59,5	
50. Nunca me arrependo das compras que faço	52	30,5	17,5	
51. Quando o vendedor foi sincero comigo na hora da compra, acabo retornando à loja	2,5	7	90,5	
52. Se fui mal atendido, não volto mais na loja, mesmo que tenha bons produtos	14,5	16	69,5	
53. Evito retornar às lojas que tratam as pessoas pela aparência	9	8	83	
54. Gosto quando as lojas me ligam ou mandam cartão nas datas comemorativas	11,5	21,5	67	

4.3. Resultados do teste T

O presente estudo procurou avaliar, para cada uma das cinco etapas do processo decisório de compra de vestuário, se haveria diferença entre os grupos, com base em variáveis independentes. Para essa análise, utilizou-se o teste T para indicar se os grupos diferem significativamente entre si com base em suas médias. Aceita-se a existência de diferenças entre as médias dos grupos a uma significância de $p<0,05$.

Para Solomon (2002) a família e o estado civil de uma pessoa são importantes variáveis demográficas, pois têm um grande efeito sobre as prioridades de gastos dos consumidores. Considerando a variável estado civil, foram detectadas diferenças significativas (Tabela 6) em quatro itens.

Tabela 6 — Etapas do processo decisório de compra na dimensão X estado civil

Itens	Solteiro	Casado	P
2. Tenho vontade de comprar, quando vejo que amigos estão de roupas novas	2,51	2,13	0,038
16. Peço opinião aos meus amigos sobre o tipo de produto que devo comprar	2,85	2,41	0,019
20. Vejo o que as pessoas de minha idade estão usando	3,43	3,08	0,020
50. Nunca me arrependo das compras que faço	2,41	2,85	0,005

A afirmação *Tenho vontade de comprar, quando vejo que meus amigos estão de roupas novas* ($p=0,038$) mostra que os solteiros se importam muito mais em obter coisas novas para estar de acordo com o grupo a que pertencem, sendo mais influenciáveis pelas outras pessoas do grupo.

A etapa referente à busca de informações apresentou diferenças em dois itens: *Peço opinião aos meus amigos sobre o tipo de produto que devo comprar* e *Vejo o que as pessoas de minha idade estão usando*, sendo que em ambos a média de concordância dos solteiros foi maior que a dos casados. Segundo Solomon (2002), como as pessoas ouvem informações de pessoas que conhecem, o boca-a-boca tende a ser mais confiável do que as recomendações que são obtidas através de canais de marketing mais formais. A opinião das pessoas pertencentes ao grupo social é muito importante para o consumidor, pois esse grupo é tido como uma referência no modo de se vestir. Em especial, no caso dos solteiros, os amigos são mais utilizados como uma fonte de referência, na qual os fatores pessoais estão ligados diretamente aos fatores sociais. Os solteiros mostram-se mais influenciáveis pelas características de seu grupo; devido a isso, julgam importante manter-se dentro desses padrões como uma forma de aceitação pelas outras pessoas. Na etapa pós-compra houve diferença significativa no item *Nunca me arrependo das compras que faço*, em que os casados apresentam maior índice de concordância do que os solteiros.

No que se refere à variável faixa etária (Tabela 7), verificou-se diferença significativa entre o grupo de até 29 anos, 75,5%, e o de 30 anos ou mais em cinco itens.

Tabela 7 — Etapas do processo decisório de compra na dimensão X faixa etária

Itens	A	B	P
6. Procuro me vestir de acordo com meu grupo social	3,51	3,18	0,048
16. Peço opinião aos meus amigos sobre o tipo de produto que devo comprar	2,81	2,43	0,056
20. Vejo o que as pessoas de minha idade estão usando	3,43	3,00	0,006
35. Gosto de levar o produto em condicional, porque eu posso provar com mais calma	3,72	3,31	0,035
41. Gosto de comprar à vista, por isso compro se o produto tiver um bom desconto	3,79	3,16	0,001

A — até 29 anos, B — 30 anos ou mais.

Percebeu-se diferença na afirmação *Procuro me vestir de acordo com meu grupo social*, sendo que as pessoas de até 29 anos se preocupam muito mais em estar vestidas de acordo com o grupo com que convivem. Esse resultado pode ser realçado por Solomon (2002, p. 27): "Apesar de pessoas da mesma faixa etária diferirem de muitos outros modos, elas têm uma real tendência a compartilhar um conjunto de valores e experiências culturais comuns que mantêm ao longo da vida". As pessoas mais jovens preocupam-se mais em não parecer distorcidas da imagem do grupo a que pertencem. Elas utilizam o vestuário para refletir sua posição social e sua identidade perante seu grupo de convívio (PIACENTINI, MAILER, 2004). Segundo Holt (1998), as maneiras de vestir estão baseadas em distinções, e permitem às pessoas julgar e classificar um ao outro.

Nos itens *Peço opinião aos meus amigos sobre o tipo de produto que devo comprar, Vejo o que as pessoas de minha idade estão usando, Gosto de levar o produto no condicional, porque eu posso provar com mais calma, Gosto de comprar à vista, por isso compro se o produto tiver um bom desconto,* as médias de concordância dos respondentes de até 29 anos também foram maiores do que as dos de 30 anos ou mais. Cabe destacar um item, que também foi evidenciado na fase qualitativa, que demonstra que as pessoas mais jovens preferem levar as peças de vestuário para casa para provar e combinar com roupas que possuem. Durante as discussões, os mais jovens se mostraram mais ligados às questões de moda e vestuário, revelando maior indecisão no momento da escolha em relação aos demais.

A variável sexo (Tabela 8) apresentou o maior número de itens com diferenças significativas (22). O presente estudo não teve como objetivo explicar até que ponto as diferenças de gênero são inatas ou quanto são culturalmente moldadas, mas elas são evidentes no processo decisório de compra de vestuário. O item *Somente compro um produto quando o anterior estiver velho ou com defeito* revelou maior concordância por parte dos homens. Segundo Underhill (2000), existe uma série de comportamentos que diferencia homens de mulheres e exemplifica dizendo que as mulheres conseguem cair em uma espécie de devaneio; quando saem às compras são absorvidas pelo ritual de comprar, comparar e imaginar as mercadorias em uso.

Tabela 8 — Etapas do processo decisório de compra X sexo

Itens	M	F	P
1. Somente compro um produto quando o anterior estiver velho ou com defeito	3,00	2,30	0,000
2. Tenho vontade de comprar, quando vejo que meus amigos estão de roupas novas	2,14	2,66	0,002
4. Gosto de renovar meu guarda-roupa a cada troca de estação	2,33	2,93	0,000
5. Costumo efetuar compras mensalmente	2,51	3,05	0,001
7. Sempre que sou convidado para um evento, compro roupas ou calçados novos	2,35	2,84	0,002
8. Compro apenas por necessidade, não sou impulsivo	4,01	3,04	0,000
9. Quando estou deprimido, procuro fazer compras	1,63	2,28	0,000
10. Muitas vezes passo por uma vitrine, e vejo que preciso de um determinado produto	3,02	3,71	0,000
14. Procuro olhar revistas, jornais, para saber a tendência da moda	2,20	3,33	0,000
15. Saio aos fins de semana para olhar as vitrines	2,33	3,31	0,000
16. Peço opinião aos meus amigos sobre o tipo de produto que devo comprar	2,55	2,89	0,047

Itens	M	F	P
19. Vejo anúncios de TV, rádio, revistas e *outdoors*	3,33	3,61	0,041
24. Levo muito em consideração a indicação de outras pessoas	3,35	3,01	0,014
33. Quando entro numa loja, gosto de ser atendido o mais rápido possível	4,07	3,80	0,056
35. Gosto de levar o produto em condicional, porque eu posso provar com mais calma	3,33	3,90	0,001
38. Gosto de comprar com meus amigos, pois nossas opiniões são parecidas	2,34	2,85	0,001
41. Gosto de comprar à vista, por isso compro se o produto tiver um bom desconto	3,87	3,40	0,001
44. Não gosto da opinião dos vendedores quando estou comprando	3,17	3,24	0,003
45. Não escolho pela marca de um produto, mas sim pelo modelo, pelas características	3,41	3,92	0,009
52. Se fui mal atendido, não volto mais à loja, mesmo que tenha bons produtos	3,71	4,08	0,029
53. Evito ir a lojas que tratam as pessoas pela aparência	4,06	4,35	0,058
54. Gosto quando as lojas me ligam ou mandam cartão nas datas comemorativas	3,58	4,16	0,000

As mulheres apresentaram maior concordância nas questões *Tenho vontade de comprar, quando vejo que meus amigos estão de roupas novas*; *Gosto de renovar meu guarda roupa a cada troca de estação*; *Costumo efetuar compras mensalmente*; *Sempre que sou convidado para um evento, compro roupas ou calçados novos*; *Muitas vezes passo por uma vitrine e vejo que preciso de um determinado produto*. Já no item *Compro apenas por necessidade, não sou impulsivo* os homens tiveram maior concordância do que as mulheres.

A assertiva *Quando estou deprimido procuro fazer compras* teve um percentual maior de concordância por parte das mulheres em relação aos homens. Os produtos e serviços são comprados não só pela sua função física, mas também pelos benefícios que trazem. Segundo Sheth, Mittal e Newman (2001) os consumidores podem ter benefícios denominados valores sociais e emocionais, como o prazer sensorial, o atingimento de estados de humor desejados, a realização de objetivos sociais e a formação de um autoconceito.

Os resultados do teste T para a amostra investigada demonstram que as mulheres reúnem mais informações e investigam maior número de opções antes de fazer uma compra. Conforme Barletta (2003), na visão dos homens as mulheres são indecisas porque aparentemente mudam a definição daquilo que querem, e agem com pouca disposição de tomar uma decisão e encerrar a discussão. Elas, na verdade, buscam maior número de informações e de alternativas para que possam tomar uma decisão mais acertada. Em quase todas as afirmativas, as mulheres manifestaram maior concordância do que os homens. Isso indica que elas são mais perceptivas e usam diferentes fontes para tomar conhecimento sobre os produtos, principalmente os itens relativos a mídia, vitrines e amigos. Para Solomon (2002, p. 402), "a moda depende de contexto, o mesmo item pode ser interpretado de forma diferente para diferentes consumidores e em diferentes situações".

Na pesquisa qualitativa foi destacado que os homens levam mais em conta a indicação de outras pessoas, pois não gostam de ficar percorrendo várias lojas até encontrar o produto de que desejam. Tal afirmação ficou evidenciada no item *Levo muito em consideração a indicação de outras pessoas*, no qual os homens tiveram uma média de concordância significativamente superior em relação às mulheres. Os homens também apresentam o maior índice de concordância no item *Quando entro numa loja, gosto de ser atendido o mais rápido possível*. Segundo Underhill (2000), os homens não gostam de permanecer tempo em uma loja, e dificilmente aguardam para ser atendidos. Eles querem encontrar logo o produto que procuram, e muitas vezes nem acabam provando, levando assim mesmo, uma atitude bem oposta à das mulheres.

Nas afirmações *Gosto de levar o produto em condicional, porque eu posso provar com mais calma* e *Gosto de comprar com meus amigos, pois nossas opiniões são parecidas,* as mulheres apresentaram maior concordância do que os homens. Aparentemente, as mulheres têm necessidade de ter um tempo para pensar, e verificar se aquele produto é o mais adequado para determinada situação. Elas também se demonstram favoráveis a ir a lojas acompanhadas de suas amigas, pois, de acordo com Underhill (1999), estimulam-se mutuamente e costumam alertar umas às outras para compras pouco recomendadas.

No item *Gosto de comprar à vista, por isso compro se o produto tiver um bom desconto,* os homens apresentaram concordância maior. Eles apresentam características de um comprador econômico que, segundo Solomon (2002) compra de maneira racional, com metas definidas, e está essencialmente interessado em maximizar o valor de seu dinheiro.

Outras questões também apresentaram diferença significativa, revelando maior concordância das mulheres: *Não gosto da opinião dos vendedores quando estou comprando; Não escolho pela marca de um produto, mas sim pelo modelo, pelas características; Evito ir à lojas que tratam as pessoas pela aparência; Gosto quando as lojas me ligam ou mandam cartão nas datas comemorativas; Se fui mal atendido, não volto mais na loja, mesmo que tenha bons produtos.* Tais elementos revelam que as mulheres levam muito em consideração o atendimento que recebem. De acordo com Barletta (2003), em relação aos homens, as mulheres são mais leais e menos propensas a procurar outra loja para comprar, se estabelecem uma relação de confiança com quem lhes atende. Já os homens tendem a valorizar mais o produto e um pouco menos a conexão pessoal.

5. Conclusão

Através da realização da pesquisa descritiva, foi possível analisar o comportamento dos consumidores durante o processo decisório de compra, avaliando os itens que tiveram maior relevância na pesquisa. Na etapa de reconhecimento da necessidade, observou-se que os consumidores em geral compram produtos freqüentemente, e não somente quando esses estão velhos ou com defeitos, e são influenciáveis pela forma de se vestir de acordo com seu grupo social. Porém, compram produtos quando precisam, não são impulsivos, sendo que a vitrine influencia muitas vezes no reconhecimento de uma necessidade. Na etapa de procura de informações, as pessoas normalmente vão diretamente às lojas em que estão acostumadas a comprar quando precisam de um produto, e obtêm informação de anúncios em TV, rádio, revistas e *outdoors*. As pessoas costumam se vestir de acordo com as outras pessoas da mesma idade. Na hora de avaliar as alternativas, a localização da loja foi considerada importante, a experiência de compras anteriores, a liberdade de escolher, as características do produto, as lojas de vários segmentos, o ambiente agradável e o atendimento. Os atributos levados em conta na hora da decisão de compra são: o atendimento, levar o produto "em condicional" e a flexibilidade nos horários. Já no processo de avaliação pós-compra, fatores como insatisfação quando o produto não atende às expectativas, arrependimento de compras realizadas por impulso, sinceridade do vendedor, mau atendimento, tratamento relativo à aparência e tratamento personalizado foram os atributos que tiveram maior relevância.

Além disso, as análises dos resultados demonstraram que características demográficas (sexo, idade, estado civil) afetam o processo decisório de compra dos consumidores. As maiores diferenças foram observadas na variável sexo, em que as mulheres se mostram mais preparadas que os homens em relação à compra de vestuário.

Segundo Forney, Park e Brandon (2005), o mercado de moda é altamente diverso e competitivo. Para estabelecer um nicho de mercado, os varejistas de moda precisam prestar atenção aos critérios de avaliação que os consumidores consideram importantes ao selecionar produtos de moda. Os varejistas precisam de informações sobre como os consumidores reagem e que aspectos valorizam na loja.

As principais ilações do trabalho demonstram que os clientes querem cada vez mais obter valor agregado aos produtos que compram. Por isso as lojas necessitam manter um relacionamento cada vez mais forte com seus clientes, melhorando seus produtos, investindo em promoções, fornecendo um ambiente agradável para os clientes, capacitando cada vez mais sua equipe de vendas e proporcionando um atendimento qualificado. Os dados sobre os consumidores podem auxiliar as organizações a conhecer melhor como esses se comportam e assim definir estratégias de marketing para melhor atendê-los.

Bibliografia

AAKER, D. A.; KUMAR, V.; DAY, G. S. **Marketing Research**. New York: John Wiley & Sons, 1998.

ALEXANDER, M.; CONNELL, L. J.; PRESLEY, A. B. Clothing fit preferences of young female adult consumers. **International Journal of Clothing Science and Technology**. Bradford.Vol.17, Num. 1/2; 2005.

ASSAEL, H. **Consumer Behavior and Marketing Action**. Boston: Kent, 1987.

BARLETTA, M. **Como as Mulheres Compram:** marketing para impactar e seduzir o maior segmento do mercado. RJ: Campus, 2003.

BENNETT, P. D.; KASSARJIAN, H. H. **O comportamento do Consumidor**. São Paulo: Atlas, 1975.

BIRTWISTLE, G.; TSIM, C. Consumer purchasing behaviour: An investigation of the UK mature women's clothing market. **Journal of Consumer Behaviour**. London. Vol.4, Num. 6; pg. 453, 2005.

BOONE, L. E.; KURTZ, D. L. **Marketing Contemporâneo**. 8ª ed. RJ: LTC, 1998.

COOPER, D. R. SCHINDLER, P. S. **Métodos de Pesquisa em Administração**. 7ª ed. Porto Alegre: Bookman, 2003.

ENGEL, J; BLACKWELL, R.; KOLLAT, D. **Consumer Behavior**. New York: The Dryden Press, 1978.

ENGEL, J. F.; BLACKWELL, R. D.; MINIARD, P. W. **Comportamento do Consumidor**. 8ª ed. RJ: LTC, 2000.

GADE, C. **Psicologia do Consumidor**. São Paulo: EPU, 1980.

HIRSCHMAN, E.C.; HOLBROOK, M.B. Hedonic consumption: emerging concepts, methods and propositions. **Journal of Marketing**, Vol. 46, pp. 92-101, 1982.

HOLT, D. B. Does cultural capital structure American consumption? **Journal of Consumer Research**. 25, 1-25, 1998.

FORNEY, J. C.; PARK, E. J.; BRANDON, L. Effects of evaluative criteria on fashion brand extension. **Journal of Fashion Marketing and Management**. Bradford.Vol.9, Num. 2; pg. 156, 2005.

KOTLER, P.; ARMSTRONG, G. **Princípios de Marketing**. 7ª ed. RJ: LTC, 1999.

KOTLER, P. **Administração de Marketing**. 10ª ed. São Paulo: Prentice Hall, 2000.

LAW, K. M.; ZHANG, Z.; LEUNG, C. Fashion change and fashion consumption: the chaotic perspective. **Journal of Fashion Marketing and Management**. Bradford:.Vol.8, Num. 4; pg. 362, 2004

MALHOTRA, N. K. **Pesquisa de Marketing**: uma orientação aplicada. 3ª ed. Porto Alegre: Bookman, 2001.

MOONEY, K.; BERGHEIM, L. **Os 10 mandamentos da demanda:** afinal de contas o que os clientes querem? RJ: Campus, 2002.

MOWEN, J. **Consumer Behavior**. Englewood Cliff: Prentice Hall, 1995.

PIACENTINI, M.; MAILER G. Symbolic consumption in teenagers clothing choices. **Journal of Consumer Behaviour**. London. Vol.3, Num. 3, pg. 251, 2004.

RIVAS, J. A. **Comportamiento del Consumidor**. Madrid: Esic Editorial, 1997.

SANDHUSEN, R. L. **Marketing Básico**. 1ª ed. São Paulo: Saraiva, 1998.

SCHIFFMAN, L. G.; KANUK, L. L. **Comportamento do Consumidor**. 6ª ed. RJ: LTC, 2000.

SEMENIK, R.; BAMOSSY, G. J. **Princípios de Marketing:** uma perspectiva global. Tradução Lenke Peres; 1ª ed., São Paulo: Makron Books, 1995.

SHETH, J.; MITTAL, B.; NEWMAN, B. I. **Comportamento do Cliente:** indo além do comportamento do consumidor. São Paulo: Atlas, 2001.

SIRGY, M. J.; GREWAL, D.; MANGLEBURG, T. Retail environment, self-congruity, and retail patronage: An integrative model and a research agenda. **Journal of Business Research**, 49,127-138, 2000.

SOLOMON, M. R. **O Comportamento do Consumidor:** comprando, possuindo e sendo. 5ª ed. Porto Alegre: Bookman, 2002.

UNDERHILL, P. **Vamos às Compras**: a ciência do consumo. 12ª ed. RJ: Campus, 1999.

11

Técnica multivariada de análise fatorial para identificar competências organizacionais no setor varejista brasileiro

Antonio Geraldo Harb

Carlos Ricardo Rossetto

Iana Cavalcante de Oliveira

SAINT PAUL
EDITORA

Este trabalho teve como objetivo precípuo a identificação das competências essenciais e básicas para a busca da competitividade, que devem ser implementadas pelas empresas do setor supermercadista brasileiro. Com efeito, procurou-se analisar as correlações entre as várias competências, assim como estabelecer as variáveis que exercem maior influência na percepção de gestores dos segmentos hipermercado e supermercado nas cinco regiões brasileiras. A pesquisa foi constituída de um levantamento preliminar de dados com especialistas do setor. Construiu-se um instrumento de pesquisa semi-estruturado, não disfarçado, para medir o grau de importância das 14 competências relevantes. A amostra foi constituída por 307 gestores. Utilizou-se a análise descritiva, análise de variância, análise de comparação entre as médias, análise fatorial e dos componentes principais. Constatou-se que houve significativas divergências de percepção entre as populações de gestores dos segmentos estudados. O modelo de competências desenvolvido estabeleceu uma competência essencial e duas competências básicas para cada segmento estudado, nas diferentes regiões. O estudo revela que as crescentes exigências de mercado e a reconfiguração das empresas na busca da eficiência justificam o desenvolvimento e aperfeiçoamento das competências para o setor em lide.

1. Introdução

Os supermercados no Brasil cresceram em importância na distribuição de produtos e serviços. Contudo, a margem de lucro sobre as vendas é relativamente baixa e tem sido cada vez mais pressionada por uma crescente concorrência. Jamais o setor supermercadista brasileiro passou por transformações tão intensas e radicais quanto nos últimos cinco anos, com direções, amplitudes e conseqüências que ainda vem sendo sentidas enormemente pelos empresários do setor.

O impacto na gestão dos negócios dos supermercados teve origem com o ingresso das multinacionais que sacudiram o mercado brasileiro, na revolução de métodos e conceitos operacionais e no surgimento de novas e revolucionárias tecnologias. No entanto, a mais importante mudança ocorrida foi no perfil do consumidor brasileiro, que passou a ser mais exigente, questionador e nada fiel.

Apesar dos esforços crescentes desenvolvidos pelo setor supermercadista no Brasil, estudos recentes mostram que é relativamente pequena a parcela de consumidores plenamente satisfeitos com as compras realizadas. A partir dessas considerações pode-se identificar oportunidades para o aprimoramento dos supermercados, particularmente no que diz respeito ao atendimento, variedade, qualidade, preço e crédito. O mercado exigirá das corporações varejistas, grande e pequena igualmente, uma cultura ágil, eficiente, eficaz, dinâmica, criativa e com visão holística.

O Brasil divide-se em cinco grandes regiões geográficas, contemplando costumes, tradições e culturas diferenciadas. Esse quadro induz as empresas do setor supermercadista a implementarem estratégias diferenciadas, a fim de atender às exigências cada vez maiores de seus consumidores.

O presente estudo pretende, então, determinar as competências essenciais e básicas do setor supermercadista brasileiro para a busca da competitividade. Portanto, estudar a percepção de gestores acerca das competências relevantes para o atingimento da competitividade empresarial é o maior desfio que este estudo propõe-se a pesquisar.

2. Competências organizacionais

De acordo com Silva (2002), o debate sobre competências teve como ponto de partida a proposta sobre a noção de organização oferecida por Penrose (1959) em seu clássico intitulado *The Theory of the Growth of the Firm*, no qual, o crescimento organizacional, qualquer que seja a sua dimensão, necessita estar alicerçado no processo de mudança estrutural corporativa. Chandler (1962) acrescenta contribuições ao trabalho desenvolvido por Penrose, demonstrando como diferentes tipos de estratégias influenciam as estruturas organizacionais. Observa-se que o significado competitivo de Chandler (1962) influenciou o trabalho desenvolvido por Sloan (1963), no qual a competição de mercado faz com que a empresa incorpore diferentes processos estratégicos. Mais tarde, Chandler (1990) sustenta a posição de que a corporação é um somatório de capacidades dinâmicas que tornam a organização competitiva diante de seus rivais.

A partir dessas considerações, as capacidades dinâmicas organizacionais são acumuladas, ao longo do tempo, na execução das atividades organizacionais e que sua existência e característica são dependentes do "conhecimento, habilidades, experiência, trabalho em equipe e das capacidades humanas organizadas para explorar o potencial dos processos tecnológicos" (CHANDLER, 1990, p. 24).

Ao contrário das abordagens de Mintzberg (1989), Hamel e Prahalad (1990), Krogh e Roos, (1995), e Fleury e Fleury (2003), Teece *et al.* (1997) ao discutir e desenvolver o trabalho de Penrose (1959), afirmam que para as competências oferecerem distinção à organização é necessário que a competência exerça superioridade à estratégia organizacional.

Desenvolver as competências essenciais pode proporcionar à organização um diferencial competitivo, possibilitando o surgimento de novas oportunidades no mundo dos negócios. As organizações que implementam suas estratégias com base nas competências essenciais ou capacidades únicas podem iniciar os seus processos estratégicos reconhecendo suas capacidades e competências críticas a partir de uma perspectiva interna dos processos de negócio, considerando a expectativa dos clientes, selecionando segmentos de mercado e consumidores, nas quais as competências podem oferecer maior valor agregado.

Os artigos de Hamel e Prahalad (1990) sobre as *core competences* da empresa despertaram interesses nos meios acadêmicos e empresariais do mundo inteiro. Todo e qualquer empresário busca vantagens competitivas que o posicionem à frente de seus rivais e sejam difíceis ou até mesmo impossíveis de se imitar. O processo requer uma nova maneira de pensar, um certo desaprendizado e uma readaptação por parte dos dirigentes da organização (PRAHALAD, 1997).

As competências organizacionais estão formadas pelo conjunto de conhecimentos, habilidades, tecnologias e comportamentos que uma organização possui e consegue manifestar de forma integrada na sua atuação, causando impacto no seu desempenho e contribuindo para os resultados. Fleury e Fleury (2000) observam que, para ser considerado uma competência essencial, esse conhecimento deve estar associado a um sistemático processo de aprendizagem, que envolve descobrimento/inovação e capacitação das pessoas. Para Zarifian (1999), há cinco diferentes competências na organização, conforme pode ser visualizado na Figura 1.

Figura 1 — *As cinco diferentes competências na organização*

1. Competências sobre processos Os conhecimentos sobre o processo de trabalho
2. Competências técnicas Conhecimentos específicos sobre o trabalho que deve ser realizado
3. Competências sobre a organização Saber organizar os fluxos de trabalho
4. Competências de serviço Aliar a competência técnica à pergunta: qual o impacto que esse produto ou serviço terá sobre o consumidor final?
5. Competências sociais Saber ser, incluindo atitudes que sustentam os comportamentos das pessoas. O autor identifica três domínios dessas competências: autonomia, responsabilização e comunicação

Fonte: *Zarifian (1999), com adaptações.*

A pesquisa, demonstrada neste trabalho está focada na dimensão das competências organizacionais. Nisembaum (2000) classifica as competências organizacionais em:

a — competências básicas: são os pré-requisitos que a empresa precisa ter para administrar com eficácia o negócio. Significam as condições necessárias, porém insuficientes, para que a organização atinja liderança e vantagem competitiva no mercado;

b — competências essenciais: são aquelas que possuem valor percebido pelo cliente, não podem ser facilmente imitadas pelos concorrentes e contribuem para a capacidade de expansão da organização.

As competências básicas garantem o suporte ou o sustentáculo necessário à implementação das competências essências. De acordo com Hamel e Prahalad (1990; 1995) em todas as unidades de negócios haverá inúmeras habilidades e capacidades que se constituirão em pré-requisitos para a participação desses negócios em um determinado setor da economia, porém não fornecerão nenhum diferencial competitivo em relação às suas rivais. As competências básicas não possuem valor percebido pelo cliente, e atribuem, tão-somente, vantagem rotineira à organização.

Por outro lado, identificar as competências essenciais permite direcionar o foco para os pontos fortes da organização, possibilitando a alavancagem de novos negócios e contribuindo sobremaneira para o sucesso empresarial de longo prazo.

A literatura sobre competências, em especial os estudos desenvolvidos a partir dos anos 1990, dão ênfase aos aspectos concernentes às competências organizacionais como fonte de vantagens competitivas. Esses estudos ainda são considerados escassos na literatura, em especial em economias periféricas ou emergentes.

No Brasil, esse referencial teórico encontra-se em pleno constructo, marcado por trabalhos acadêmicos no sentido de encontrar caminhos harmônicos entre a teoria e a prática. O estado da arte evidencia a existência de duas abordagens sobre competência. Para alguns teóricos brasileiros (FLEURY e FLEURY, 2000; DUTRA, 2001; RUAS, 2001; HARB e ROSSETTO, 2001; e BECKER, 2004), a identificação das competências surge da estratégia empresarial, passa pela definição das competências organizacionais e desdobra-se em competências funcionais. Para outros (EBOLI, 2001; DAVEL e VERGARA, 2001; GODOI e SILVA, 2003; BITENCOURT e BARBOSA, 2004) ocorre de maneira inversa, isto é, a análise das competências de cada profissional forma o portfólio de competências organizacionais, e a partir dessa definição a organização estabelece a sua estratégia.

O conceito de competência passa pela visão da dimensão estratégica e da dimensão individual. De acordo com Ruano (2003), embora se faça uma distinção entre essas dimensões, no desempenho da prática organizacional elas estão intimamente relacionadas.

As Figuras 2 e 3 retratam a visão dos autores desta tese quanto à construção das competências individuais e organizacionais.

Figura 2 — Construção das competências individuais

Valores, crenças e emoções	(+)	Conhecimento tácito	(+)	Conhecimento explícito	(+)	Habilidades	(+)	Atitudes	=	Competências individuais

Figura 3 — Construção das competências organizacionais

Cultura organizacional	(+)	Competências individuais	(+)	Gestão	(+)	Mudança	=	Competências organizacionais

Observa-se que não há um consenso na definição de competência, assim como em qual abordagem iniciar, ou seja, individual ou organizacional. Constata-se que há uma relação íntima entre essas abordagens, visto que as organizações não sobrevivem sem a *expertise* das pessoas, e as pessoas, por sua vez, sem a das organizações. A agregação de valor dos indivíduos é, portanto, a contribuição efetiva ao patrimônio de conhecimentos da organização, permitindo-lhe manter o diferencial competitivo no longo prazo.

3. Procedimentos metodológicos

Os métodos de procedimentos utilizados nesta pesquisa foram: método comparativo e método estatístico. No caso específico desta pesquisa, o método comparativo mostrou as semelhanças e divergências existentes entre as percepções dos gestores do setor supermercadista brasileiro, acerca das competências essenciais e básicas na busca da competitividade.

Com base na abordagem recomendada por Hair *et al.* (2003), os dados desta pesquisa enquadram-se nos procedimentos para ser tratados, analisados e avaliados pelas técnicas da análise fatorial baseada em componentes principais.

O tratamento estatístico dos dados coletados, bem como as tabelas e figuras ilustrativas apresentadas neste trabalho, foram desenvolvidos com a utilização dos recursos aplicativos do Statistical Package for Social Science (SPSS 13.0).

Para fins desta pesquisa, a natureza das variáveis classifica-se como quantitativa, pela coleta de dados em um número significativo de gestores das empresas do setor supermercadista brasileiro, por meio de questionários estruturados e escalas de avaliação.

No que tange aos fins, esta pesquisa é considerada exploratória, descritiva, explicativa e aplicada. Considera-se exploratória porque não há registros de conhecimentos sobre as competências essenciais e básicas das empresas do setor supermercadista brasileiro. Apesar das freqüentes pesquisas realizadas pelo setor, nenhuma levou em consideração a identificação das competências essenciais e básicas na busca da competitividade.

Considera-se, ainda, descritiva, na medida em que utilizou o método *survey* e observação. Para a consecução do método *survey*, empregou-se um questionário estruturado direto para obter informações dos participantes acerca da percepção quanto às competências essenciais e básicas que as empresas do setor supermercadista brasileiro devem desenvolver objetivando o alcance da competitividade. Quanto ao método de observação, utilizou-se a técnica não estruturada por observações comportamentais das empresas do setor feitas ao longo de seis anos por parte do pesquisador.

Classifica-se como explicativa pela preocupação central em identificar os fatores que determinam ou que contribuem para a ocorrência dos fenômenos. Nas ciências sociais, esse método pode ser desenvolvido também pelo processo observacional. Neste estudo, a pesquisa explicativa torna-se complementar ao método de observação.

Classifica-se, também, como aplicada, por seu caráter prático e pela necessidade de resolver problemas reais, podendo auxiliar as empresas dos segmentos (supermercado e hipermercado) no que tange à gestão estratégica organizacional.

Quanto aos meios de investigação, esta pesquisa é de campo, uma vez que se realizou uma investigação com gestores do setor supermercadista brasileiro, para obter dados sobre os aspectos perceptíveis a respeito das competências essenciais e básicas, e pelo processo de observação comportamental do gestor.

3.1. População e tamanho da amostra

Para a realização deste trabalho, a população investigada restringiu-se aos gestores do setor supermercadista brasileiro, notadamente, dos segmentos supermercados e hipermercados. Considerou-se como tamanho da população as 500 maiores empresas do setor no ano de 2003, segundo o *ranking* das revistas *SuperHiper* e *Supermercado Moderno*. Para cálculo da amostra, utilizou-se a fórmula proposta por Stevenson (1981), $N = (N \times no) / (N + no)$, e considerou-se um erro de 6%. O cálculo amostral estabeleceu um quantitativo de 179 empresas e a coleta estendeu-se a 307 gestores dos segmentos hipermercado e supermercado. Os gestores foram selecionados por critérios de disponibilidade, conveniência e acessibilidade, segundo Mattar (1999). A pesquisa foi aplicada nas cinco regiões brasileiras (Norte, Nordeste, Sul, Sudeste e Centro-Oeste).

4. Levantamentos preliminares

Como não há conhecimento acumulado e sistematizado acerca das competências essenciais e básicas no setor supermercadista, decidiu-se pela construção de questionários para medir a percepção de gestores do setor a respeito das competências relevantes na busca da competitividade empresarial.

Para a elaboração desses questionários realizou-se uma pesquisa bibliográfica sobre a trajetória e as principais tendências do setor supermercadista, bem como estudos sobre a identificação das competências essenciais e básicas para outros setores e finalidades específicas. Foram utilizadas bibliotecas públicas e privadas, no país e no exterior com o auxílio da internet e de bases de dados científicas, como a Comut, do Instituto Brasileiro de Informação em Ciência e Tecnologia (Ibict) e o Proquest.

4.1. Elaboração e validação dos questionários

A elaboração dos questionários fruto dos levantamentos preliminares foi validada por especialistas e consultores do setor supermercadista brasileiro, resultando num elenco de 14 competências tidas como relevantes para o setor, conforme a Figura 4.

Figura 4 — Matriz de competências relevantes (após o resultado dos analistas do setor)

Competências	
1.	Desenvolvimento de pessoas
2.	Domínio tecnológico
3.	Flexibilidade cultural
4.	Foco no consumidor
5.	Gestão de mudanças
6.	Gestão de processos
7.	Intenção estratégica
8.	Logística
9.	Marketing e vendas
10.	Negociação
11.	Relacionamento com o fornecedor
12.	Utilização inteligente de dase de dados
13.	Velocidade e flexibilidade
14.	Visão estratégica

Na coleta dos dados, foram observadas as normas do Código Internacional de Pesquisas Sociais e de Mercado, da European Society for Opinion and Marketing Research (Esomar), ou seja, de forma voluntária, respeitando o direito de privacidade e a garantia de que as informações prestadas pelo entrevistado não teriam outra finalidade. Quando da aplicação dos instrumentos, utilizou-se o método de comunicação não disfarçada, ocasião em que foram esclarecidas ao respondente as relevâncias de sua participação nesta pesquisa.

O questionário foi aplicado individualmente em cada supermercado estudado nas cinco regiões brasileiras (Norte, Nordeste, Sul, Sudeste e Centro-Oeste). Na oportunidade, o entrevistador distribuiu os questionários, solicitou a colaboração dos diretores e gerentes ressaltando a finalidade da pesquisa. Na seqüência os questionários foram recolhidos, garantindo-se o anonimato aos respondentes. Esse procedimento metodológico foi adotado, considerando a dificuldade de abordar o gestor no seu ambiente de trabalho. Para maximizar a aplicação dos questionários, eles foram aplicados no horário de almoço e intervalos.

Foram distribuídos 500 questionários em 235 empresas, com um retorno de 316 questionários respondidos por gestores de 198 empresas nas cinco regiões brasileiras. Para efeito de análise, desprezaram-se nove questionários, pois continham respostas em duplicidade, rasuras e omissões em algumas questões. Considerou-se, portanto, um total de 307 questionários válidos para efeito das análises estatísticas deste trabalho.

Nas análises estatísticas, utilizaram-se os recursos da estatística descritiva para a obtenção da média aritmética ponderada de cada variável, conforme sugerido por Wonnacott & Wonnacott (1981). Calculou-se o desvio-padrão de cada variável, visando a verificar a distribuição dos sujeitos em torno do ponto central. Esses resultados permitiram fazer uma análise de correlação entre as percepções dos gestores das cinco regiões estudadas acerca das competências essenciais e básicas à competitividade do setor, objetivando estabelecer as divergências apresentadas entre esses gestores.

5. Resultados e discussões

5.1. Análises descritivas

Os resultados oriundos da análise descritiva das percepções dos gestores nos dois segmentos pesquisados (supermercado e hipermercado) indicam que, resguardadas as diferenças entre as médias, as competências elencadas no instrumento de pesquisa podem ser consideradas importantes para a competitividade do setor. Observou-se, também, que em ambas as amostras as competências apresentaram desvio-padrão elevado (σ = < 1,0), o que significa maior grau de variabilidade àquelas encontradas nas outras amostras.

As competências que apresentaram menor grau de importância, pode ser que não sejam essenciais ou até mesmo básicas no atual contexto do setor supermercadista, mas poderão ser relevantes no futuro próximo. Na seqüência serão analisadas e contextualizadas as diferenças entre as médias.

5.2. Análise das diferenças entre as médias

O objetivo desta análise é verificar se houve divergência entre as percepções dos gestores, considerando os aspectos regionais e os segmentos estudados, quanto às competências essenciais e básicas para a competitividade no setor supermercadista brasileiro.

Com efeito, efetuaram-se as análises de variâncias seguida do teste F de Snedecor, no sentido de verificar se ocorreram variações nas percepções dos gestores nos segmentos estabelecidos ou se eram atribuídas às flutuações aleatórias ou suficientemente grandes para indicar a existência de diferenças relevantes ($p < 0,05$) entre as médias amostrais (WONNACOTT & WONNACOTT, 1981).

Os dois segmentos pesquisados apresentaram significativas divergências entre as percepções de seus gestores. No segmento de hipermercado, por exemplo, a população de gestores da Região Centro-Oeste apresentou média de 7,878, enquanto os da Região Sul apresentaram 6,833. No concernente ao segmento supermercado, a média de importância da amostra de gestores da Região Centro-Oeste (7,500) foi significativamente superior à da Região Sudeste (6,067). Verificaram-se, ainda, divergências de percepções entre gestores do segmento hipermercado e supermercado na mesma região geográfica, conforme se constata nas Figuras 5 e 6.

Figura 5 — Comparação entre as médias de importância na amostra de gestores do segmento de hipermercado

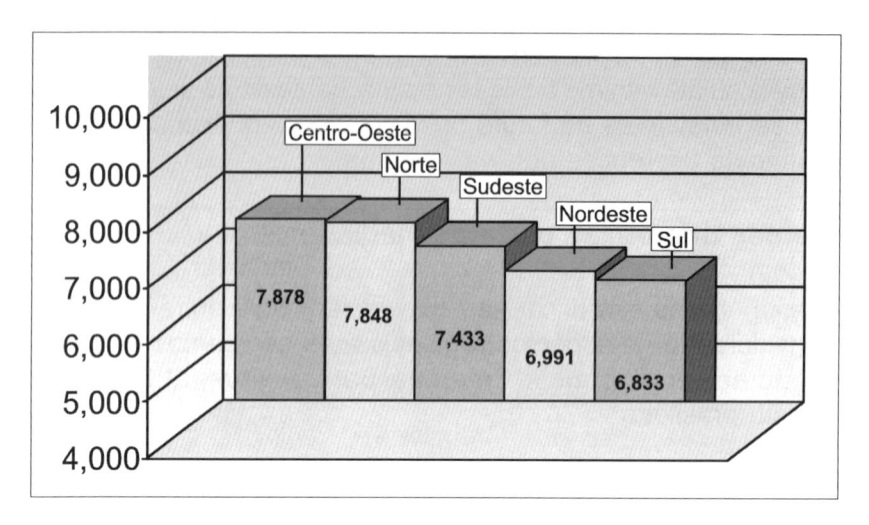

Região	Valor
Centro-Oeste	7,878
Norte	7,848
Sudeste	7,433
Nordeste	6,991
Sul	6,833

Figura 6 — Comparação entre as médias de importância na amostra de gestores do segmento de supermercado nas cinco regiões brasileiras

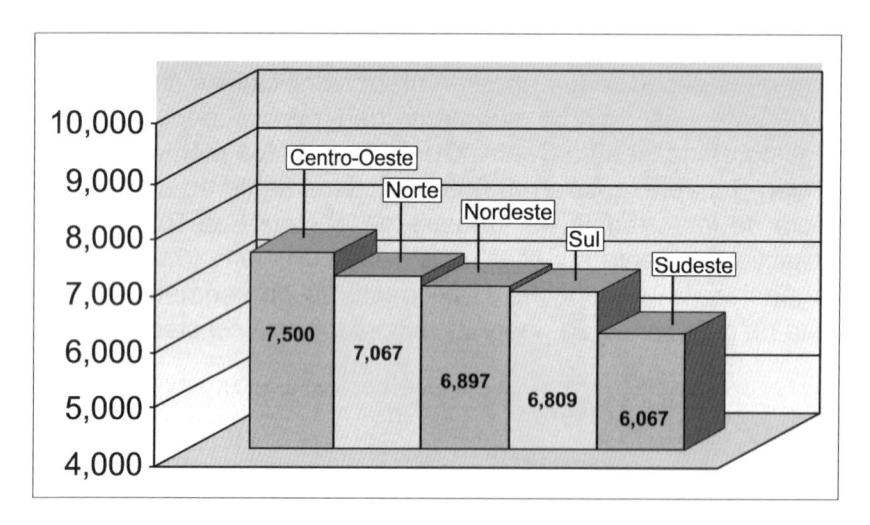

Região	Valor
Centro-Oeste	7,500
Norte	7,067
Nordeste	6,897
Sul	6,809
Sudeste	6,067

As observações, ao longo de seis anos de estudos, permitem dizer que esse resultado decorre do fato de os gestores avaliarem as competências sob prismas e condições culturais diferenciados. O Brasil possui dimensões continentais, e como conseqüência os seus traços culturais diferem de uma região para outra. Por outro lado, os gestores de supermercados estão mais focados em seu público-alvo, específico e de vizinhança, enquanto os gestores dos hipermercados têm uma visão mais macro da organização, sem a preocupação de estabelecer uma clientela mais focada.

No segmento supermercado, observou-se a interação direta do gestor com o cliente no dia-a-dia das atividades, enquanto no segmento hipermercado essa distância se torna maior. Constatou-se, também, que a preocupação com a concorrência é bem mais acentuada no segmento hipermercado do que no supermercado, podendo resultar na perda de foco da clientela. Ficou evidenciado que a percepção do gestor de hipermercado está voltada para a área estratégica da organização, já no supermercado as atenções direcionam-se para o plano tático e operacional.

As Tabelas 1 e 2 reproduzem as diferenças entre as médias amostrais no que concerne às competências descritas para os segmentos de hipermercado e supermercado nas cinco regiões brasileiras. Os níveis de significância superiores ($p < 0,05$) indicam que houve diferenças significativas entre a população de gestores dos dois segmentos.

Os resultados denotam que todas as competências descritas no instrumento de pesquisa apresentam diferenças significativas de percepção entre os gestores das diferentes regiões e segmentos estudados. Essas divergências podem ser mais bem compreendidas quando se verifica que os dois segmentos objetos deste estudo analisam a importância das competências sob ângulos diferentes.

As variáveis culturais regionais são outro aspecto que influencia as decisões estratégicas dos dois segmentos. O hipermercado, caracterizado pelo atendimento de massa, oferece milhares de itens a mais do que os supermercados; utiliza-se, inclusive, do conceito de marcas próprias. O supermercado, focado no consumidor, procura atender aos desejos, anseios e expectativas de seus clientes, ouvindo-os, interagindo com eles e transformando-os em parte integrante de sua gestão.

Tabela 1 — Análise das médias de percepção de gestores do segmento de hipermercado

Competências	Média					Desvio-padrão	Significância
	Norte	Nordeste	Sul	Sudeste	Centro-Oeste		
V1. Desenvolvimento de pessoas	7,625	9,032	6,267	9,082	9,714	1,522	0,119
V2. Domínio tecnológico	6,500	7,129	6,867	6,857	7,286	1,435	0,123
V3. Flexibilidade cultural	7,500	7,097	4,867	6,980	7,643	1,543	0,117
V4. Foco no consumidor	8,250	6,548	7,333	5,837	7,714	1,707	0,140
V5. Gestão de mudança	6,750	5,968	6,133	6,633	8,786	1,858	0,146
V6. Gestão de processos	7,625	5,677	7,000	7,020	7,357	1,470	0,142
V7. Intenção estratégica	8,750	9,419	6,467	9,204	7,500	2,187	0,120
V8. Logística	9,125	8,613	7,733	7,429	7,857	1,556	0,890
V9. Marketing e vendas	8,125	6,484	7,600	7,980	7,786	1,742	0,110
V10. Negociação	7,750	6,194	7,800	6,571	7,643	1,738	0,126
V11. Relacionamento com o fornecedor	7,500	6,452	8,067	6,531	7,357	1,322	0,124
V12. Utilização inteligente da base de dados	7,375	5,903	6,800	7,204	7,357	1,481	0,112
V13. Velocidade e flexibilidade	7,500	6,581	6,400	7,429	8,143	1,420	0,126
V14. Visão estratégica	9,500	6,774	6,333	9,306	8,143	1,677	0,147

Nota: nível de significância atribuído ao estudo, $p < 0,05$.

Tabela 2 — Análise das médias de percepção de gestores do segmento de supermercados

Competências	Média					Desvio padrão	Significância
	Norte	Nordeste	Sul	Sudeste	Centro-Oeste		
V1. Desenvolvimento de pessoas	6,823	9,020	6,320	8,250	6,611	1,581	0,115
V2. Domínio tecnológico	5,705	6,600	6,840	5,175	6,555	1,364	0,099
V3. Flexibilidade cultural	4,941	7,700	4,600	5,575	7,000	1,628	0,118
V4. Foco no consumidor	9,294	9,580	9,520	8,525	9,444	0,974	0,071
V5. Gestão de mudança	6,470	8,400	6,000	4,875	7,277	2,005	0,145
V6. Gestão de processos	7,470	5,140	6,280	5,333	7,000	1,299	0,094
V7. Intenção estratégica	7,117	4,020	6,120	5,125	8,000	1,623	0,118
V8. Logística	8,764	7,960	8,160	5,312	9,000	1,742	0,126
V9. Marketing e vendas	8,411	4,540	6,560	6,175	9,222	1,861	0,135
V10. Negociação	7,588	6,040	9,000	4,850	7,833	1,903	0,138
V11. Relacionamento com o fornecedor	6,647	6,980	7,200	8,525	7,388	1,217	0,088
V12. Utilização inteligente da base de dados	5,235	6,800	6,480	5,275	7,056	1,543	0,112
V13. Velocidade e flexibilidade	6,235	6,600	6,240	5,700	5,722	1,286	0,093
V14. Visão estratégica	8,235	7,180	6,000	6,238	6,889	1,484	0,108

Nota: nível de significância atribuído ao estudo, $p < 0,05$.

Com isso, verifica-se que os focos de atuação são diferenciados, ora pelas ações oriundas de sua gestão, ora pelas disparidades regionais. Tudo isso contribui sobremaneira para que as percepções dos gestores sejam divergentes, confirmando, desse modo, o resultado das análises descritivas.

5.3. Análises multivariadas

As análises estatísticas multivariadas são indicadas para a análise de dados quando ocorre a existência de duas ou mais medidas para cada elemento e as variáveis são analisadas simultaneamente. No presente trabalho, o constructo é a identificação do elenco de competências essenciais e básicas para o setor supermercadista brasileiro.

5.3.1. Análise de confiabilidade das escalas

Neste estudo, a confiabilidade da escala confirma-se por meio do valor alfa de Cronbach igual e superior a 0,614 em todas as variáveis estudadas, conforme Tabela 3. A fim de se buscar melhores resultados, simulou-se a retirada das variáveis V12, Utilização inteligente da base de dados, e V13, Velocidade e flexibilidade, e o valor do coeficiente alfa de Cronbach apresentou aumentos irrisórios, isto é, 0,6211 e 0,6281, respectivamente. Os resultados auferidos não representam ganhos significativos, portanto, optou-se pela permanência dessas variáveis. A confiabilidade da escala apresenta-se acima do valor mínimo exigido de 0,60, sugerido para estudos dessa natureza (HAIR *et al.*, 2003).

Tabela 3 — Coeficiente alfa de Cronbach das escalas do questionário

Competências	Média da escala se o item é excluído	Variância da escala se o item é excluído	Correlação total do item	Correlação múltipla quadrada	Alfa se o item é excluído
V1. Desenvolvimento de pessoas	88,107	92,168	0,089	0,399	0,672
V2. Domínio tecnológico	89,984	83,108	0,456	0,269	0,624
V3. Flexibilidade cultural	89,938	85,091	0,338	0,417	0,639
V4. Foco no consumidor	88,173	104,810	-0,304	0,444	0,728
V5. Gestão de mudança	89,866	79,835	0,416	0,432	0,624
V6. Gestão de processos	90,182	84,424	0,389	0,329	0,632
V7. Intenção estratégica	89,658	78,245	0,363	0,610	0,633

Competências	Média da escala se o item é excluído	Variância da escala se o item é excluído	Correlação total do item	Correlação múltipla quadrada	Alfa se o item é excluído
V8. Logística	88,928	80,550	0,505	0,506	0,614
V9. Marketing e vendas	89,560	82,783	0,355	0,451	0,635
V10. Negociação	89,850	80,657	0,429	0,499	0,623
V11. Relacionamento com o fornecedor	88,951	103,014	-0,286	0,264	0,709
V12. Utilização inteligente da base de dados	89,997	82,239	0,471	0,332	0,621
V13. Velocidade e flexibilidade	89,837	83,888	0,430	0,286	0,628
V14. Visão estratégica	89,075	81,527	0,421	0,349	0,625

5.3.2. Análise fatorial

A análise fatorial tem como objetivo principal explicar a correlação ou co-variância, entre um conjunto de variáveis, em termos de um número limitado de variáveis não observáveis. Essas variáveis não observáveis ou fatores são calculados pela combinação linear das variáveis originais.

Os dados coletados nesta pesquisa foram organizados, processados e submetidos à análise fatorial de componentes principais, que, segundo Malhotra (2001), é recomendada quando a preocupação maior é determinar o número mínimo de fatores que respondem pela máxima variância nos dados para utilização em análises multivariadas subseqüentes.

A análise fatorial tem por característica produzir um resumo dos dados matriciais, o que auxilia na verificação da presença de padrões lógicos entre um conjunto de variáveis. Os números de observações empregadas na presente pesquisa totalizaram, para os dois segmentos (supermercado e hipermercado), 307, que foi adequado e acima do recomendado, conforme Malhotra (2001), que menciona que a amostra deve ter de quatro a cinco vezes o número de variáveis, perfazendo o mínimo de 100 observações.

A análise fatorial foi desenvolvida com base em 190 e 117 observações, utilizando-se 14 variáveis, resultando nas relações 13,57 e 8,36 vezes o número de variáveis, acima das recomendações de Hair *et al.* (2003) e de Malhotra (2001), respectivamente para os segmentos de supermercado e hipermercado.

A confiabilidade da escala utilizada fica confirmada por meio dos resultados da medida de adequação de amostra (KMO) com 0,754 e do teste de esfericidade de Bartlett apresentando um qui-quadrado aproximado de 1305,00 e grau de liberdade 91 com significância 0,000 (p< ,01), conforme Tabela 4. Segundo Hair *et al.* (2003), valores de KMO acima de 0,50 individualmente para cada variável ou para a matriz completa indicam ser apropriada a aplicação da análise fatorial.

Tabela 4 — Teste KMO e de esfericidade de Bartlett

Medida de adequação da amostra de Kaiser-Meyer-Olkin (KMO)		0,754
Teste de esfericidade de Bartlett	Qui-quadrado aproximado	1305,00
	Graus de liberdade (gl)	9 1
	Significância	0,000

A Tabela 5 demonstra a matriz de correlações de competências, elaborada a partir dos dados obtidos sobre o grau de importância atribuído a cada uma das variáveis estudadas.

Constatam-se várias correlações significativas entre todas as competências. A variável V3 (Flexibilidade cultural) com V1 (Desenvolvimento de pessoas), V8 (Logística) com V5 (Gestão de mudança) denotam bons níveis de correlações 0,479 e 0,414. A variável V9 (Marketing e vendas) com a V7 (Intenção estratégica) e a variável V10 (Negociação) com a variável V8 (Logística) apresentam correlações consideradas elevadas para esse tipo de estudo, 0,536 e 0,540 respectivamente.

De acordo com Pereira (2001) a análise fatorial tem premissas sobre a natureza dos dados que precisam ser verificadas; a mais importante diz respeito à natureza métrica das medidas, sugerindo a análise da distribuição de freqüências de suas variáveis e testes rigorosos de ajustes à normalidade.

O teste de normalidade de Kolmogorov-Smirnov de cada variável, que quantifica a discrepância entre a distribuição dos dados da pesquisa e a curva de uma distribuição normal (quanto menor o seu valor, menor a discrepância) e os histogramas fornecem resultados favoráveis, e que conjuntamente com a medida de adequação de dados *measure of sampling adequacy,* (MAS), conhecida, também, Kaiser-Meyer-Olkin (KMO), e o teste de esfericidade de Bartlett — Bartlett test of sphericity (BTS), atestam a validade da aplicação da análise fatorial a esse conjunto de variáveis.

Portanto, deve-se rejeitar a hipótese nula de que as variáveis da matriz de correlação não são suficientemente correlacionadas e aceitar a hipótese alternativa. Logo a análise fatorial pode ser aplicada a esse conjunto de variáveis.

A matriz de contra-imagem do MAS (correlação de uma variável contra outra, controlados os efeitos de todas as outras consideradas no modelo) ou teste de Kaiser-Meyer-Olkin (KMO) apresentou-se conforme a Tabela 6. Todas as correlações estão acima do mínimo recomendável de 0,50 para resultados satisfatórios com a análise fatorial, indicando, assim, que a amostra pode ser considerada adequada (HAIR *et al.*, 2003).

Tabela 5 — Matriz de correlações das competências

Competências	V1	V2	V3	V4	V5	V6	V7	V8	V9	V10	V11	V12	V13	V14
V1. Desenvolvimento de pessoas	1,000													
V2. Domínio tecnológico	0,149	1,000												
V3. Flexibilidade cultural	0,479	0,303	1,000											
V4. Foco no consumidor	-0,185	-0,106	-0,091	1,000										
V5. Gestão de mudança	0,174	0,299	0,388	0,030	1,000									
V6. Gestão de processos	-0,132	0,238	0,015	-0,193	0,039	1,000								
V7. Intenção estratégica	0,114	0,256	0,192	-0,551	0,003	0,379	1,000							
V8. Logística	-0,102	0,356	0,222	-0,011	0,414	0,252	0,353	1,000						
V9. Marketing e vendas	-0,163	0,120	-0,041	-0,248	0,017	0,427	0,536	0,232	1,000					
V10. Negociação	-0,273	0,278	-0,080	0,110	0,293	0,362	0,242	0,540	0,358	1,000				
V11. Relacionamento com o fornecedor	-0,007	-0,145	-0,172	0,219	-0,235	-0,067	-0,275	-0,387	0,009	-0,167	1,000			
V12. Utilização inteligente da base de dados	0,066	0,299	0,242	-0,150	0,437	0,176	0,170	0,311	0,180	0,287	-0,136	1,000		
V13. Velocidade e flexibilidade	0,187	0,289	0,178	-0,227	0,281	0,251	0,234	0,243	0,136	0,225	-0,163	0,400	1,000	
V14. Visão estratégica	0,242	0,158	0,257	-0,356	0,232	0,324	0,376	0,185	0,303	0,128	-0,206	0,299	0,339	1,000

Tabela 6 — Matriz de contra-imagem

Competências	V1	V2	V3	V4	V5	V6	V7	V8	V9	V10	V11	V12	V13	V14
V1. Desenvolvimento de pessoas	0,601													
V2. Domínio tecnológico		0,731												
V3. Flexibilidade cultural			0,583											
V4. Foco no consumidor				0,556										
V5. Gestão de mudança					0,568									
V6. Gestão de processos						0,671								
V7. Intenção estratégica							0,590							
V8. Logística								0,694						
V9. Marketing e vendas									0,549					
V10. Negociação										0,501				
V11. Relacionamento com o fornecedor											0,736			
V12. Utilização inteligente da base de dados												0,668		
V13. Velocidade e flexibilidade													0,714	
V14. Visão estratégica														0,651

Foram simuladas três matrizes, contendo quatro, cinco e seis fatores, observados os critérios de explicação da variância e diagrama dos autovalores (*scree plot*), conforme a Figura 7. Após a análise dessas três matrizes, concluiu-se que a solução mais apropriada para o modelo de competências neste estudo seria a de cinco fatores. Essa matriz contém os cinco fatores com autovalores superiores a um (1,0) e há 68,51% da variância total explicada pelo conjunto de fatores em relação à variância existente na matriz das variáveis originais.

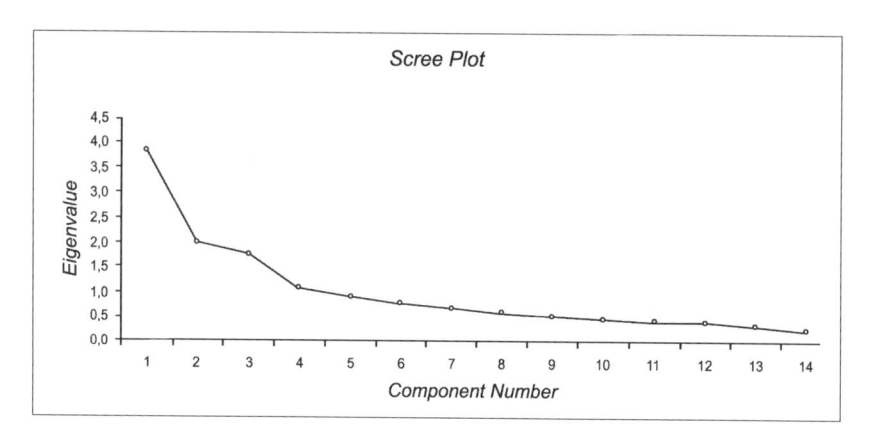

Figura 7 — Diagrama da variância total — scree plot

Ao processar a rotação Varimax, a variância explicada foi redistribuída, estruturando uma nova composição de fatores. A matriz fatorial após a rotação Varimax mostrou-se mais bem distribuída, alterando a explicação da variância de cada fator. Com efeito, não se registrou mudança na variância total explicada nos cinco fatores, ou seja, 68,51% e nas comunalidades.

O grau de consistência das cinco escalas é superior a 0,60, mostrando-se satisfatório, isto é, os K-itens testados correlacionam-se bem com os verdadeiros escores. As cinco dimensões do constructo descrevem coeficientes alfa 0,630, 0,672, 0,678, 0,643 e 0,622 respectivamente. Diante dessa avaliação, pode-se afirmar que há consistência interna das subescalas do constructo.

Após a rotação Varimax extraindo-se cinco fatores, as competências que apresentaram as maiores médias foram: V1, Desenvolvimento de pessoas (X = 8,208), V4, Foco no consumidor (X = 8,143), V8, Logística (X = 7,388), V11, Relacionamento com o fornecedor (X = 7,365), e V14, Visão estratégica (X = 7,241). Os resultados demonstram que essas competências são de fundamental importância, segundo a percepção de gestores, para o setor supermercadista brasileiro.

A Figura 8 ilustra o arranjo de fatores com o agrupamento de competências para o setor supermercadista brasileiro. A análise fatorial determinou as dimensões, assim como o número de competências mais adequado ao modelo com identificação de interdependências subjacentes entre as variáveis. Os cinco fatores extraídos apresentaram uma ordenação mais consistente com as competências quanto a sua utilização nas diferentes regiões brasileiras e segmentos estudados.

Figura 8 — Seleção de fatores para o setor supermercadista brasileiro

Fatores	Competências
Fator 1 – Relações com o mercado	Marketing e vendas Gestão de processos Intenção estratégica
Fator 2 – Tático-operacional	Negociação Logística Domínio tecnológico
Fator 3 – Dimensão estratégica	Gestão de mudanças Visão estratégica Velocidade e flexibilidade Utilização inteligente da base de dados
Fator 4 – Gestão de pessoas	Desenvolvimento de pessoas Flexibilidade cultural
Fator 5 – Orientação ao consumidor	Foco no consumidor Relacionamento com o fornecedor

O modelo proposto baseia-se na fundamentação teórica de Hamel & Prahalad (1990; 1995), corroborado pelos estudos de Krogh & Roos (1995) e Vasconcelos & Cyrino (2000), nos quais a definição das estratégias competitivas deve partir de uma perfeita compreensão das possibilidades estratégicas passíveis de ser executadas e sustentadas pelos recursos internos da organização, tendo como cerne a competência essencial, de acordo com a Figura 9.

Figura 9 — Competências essenciais e básicas para o setor supermercadista brasileiro

Setor supermercadista	Norte	Nordeste	Centro-Oeste	Sul	Sudeste
	Competências				
	Essenciais				
Hipermercado	Visão estratégica	Intenção estratégica	Desenvolvimento de pessoas	Relacionamento com o fornecedor	Visão estratégica
	Básicas				
	Logística Intenção estratégica	Desenvolvimento de pessoas Logística	Gestão de mudança Velocidade e flexibilidade	Negociação Logística	Intenção estratégica Desenvolvimento de pessoas
	Essenciais				
Supermercado	Foco no consumidor	Foco no consumidor	Foco no consumidor	Foco no consumidor	Foco no consumidor
	Básicas				
	Marketing e vendas Logística	Desenvolvimento de pessoas Gestão de mudança	Marketing e vendas Logística	Negociação Logística	Relacionamento com o fornecedor Desenvolvimento de pessoas

6. Conclusões

Conclui-se que, para o desempenho competitivo da empresa, uma das competências será mais relevante que as outras. A competitividade será maximizada quando houver perfeito alinhamento entre competência essencial e estratégia competitiva. As demais competências devem ser desenvolvidas como suporte à competência essencial.

O constructo desenvolvido neste trabalho apresenta as competências essenciais e básicas que poderiam ser implementadas pelas empresas do setor supermercadista que articuladas com as estratégias empresariais as tornariam mais competitivas no mercado. Para cada competência essencial, há duas competências básicas fornecendo suporte à competência essencial determinada pelos gestores do setor supermercadista brasileiro.

As exigências de mercado cada vez mais crescentes justificam o desenvolvimento das competências essenciais para o setor supermercadista, agregando valor econômico à organização e valor social ao indivíduo.

É de importância crucial que as organizações do setor supermercadista, no processo de criação de vantagens competitivas, compreendam a necessidade de alinhar a estratégia competitiva à competência essencial.

Por fim, vale ressaltar que, no cenário atual de economia globalizada, e de reconfiguração das empresas na busca da eficiência, o desenvolvimento e aprimoramento das competências essenciais é o caminho almejado para os ganhos de competitividade.

Bibliografia

BECKER, G.V. Trajetória de formação e desenvolvimento de competências organizacionais da Muri linhas de montagem. Tese de Doutorado. Universidade de São Paulo. Faculdade de Economia, Administração e Contabilidade. São Paulo: USP, 2004.

BITENCOURT, C; BARBOSA, A.C.Q. Gestão de competências. In: BITENCOURT T, C. (org.). **Gestão Contemporânea de Pessoas**: novas práticas, conceitos tradicionais. Porto Alegre: Bookman, 2004.

CHANDLER Jr., A. D. **Strategy and Structure**: chapters in the history of american industrial enterprise. Cambridge, Massachusetts: MIT Press, 1962.

DAVEL, E; VERGARA, S.C. **Gestão de Pessoas e Subjetividade**. São Paulo: Atlas, 2001.

DUTRA, J.S. Gestão de pessoas com base em competências. In. DUTRA, J.S. **Gestão por Competências**. São Paulo: Gente, 2001.

_____. **Scale and Scope**: the dynamics of industrial capitalism. Cambridge: Belknap Press of Harvard University, 1990.

EBOLI, M. P. **Gestão por Competências**: um modelo avançado para o gerenciamento de pessoas. Gente. São Paulo: 2001.

FLEURY, A. C. C; FLEURY, M. T. L. **Estratégias Empresariais e Formação de Competências**: um quebra-cabeça caleidoscópio da indústria brasileira. São Paulo: Atlas, 2000.

_____. Estratégias competitivas e competências essenciais: perspectivas para a internacionalização da indústria no Brasil. **Gestão e Produção**. v.10, n.2, Agosto, 2003.

GODOI, C.K; SILVA, A.B.da. Desenvolvimento de competências e os processos subjacentes da aprendizagem em uma empresa pública do setor elétrico. In: **Anais do I Encontro de Estudos em Estratégica**. Curitiba: 3Es, 2003.

HAIR, J. et al. **Multivariate Data Analysis**: with readings. 6$^{th.}$ ed. [S.I.]: Prentice Hall, 2003.

HAMEL, G; PRAHALAD, C.K. The core competence of the corporation. **Harvard Business Review**. Boston, v.68, n.3, p.79-91, May/June,1990.

KROGH, G; ROOS, J. A prespective on knowledge competence and strategy. **Personnel Review**. v.24, n.3, p.56-76, 1995.

LOAN, A.P. **My Years with General Motors**. Londres: Sedgewick & Jackson, 1963.

MALHOTRA, N.K. **Pesquisa de Marketing**. 3ª. ed. Porto Alegre: Bookman, 2001.

MINTZBERG, H. **Mintzberg on Management**: inside our strange world of organizations. Free Press: Nova York, 1989.

NISEMBAUM, H. **A Competência Essencial**. São Paulo: Infinito, 2000.

PENROSE, E. **The Theory of the Growth of the Firm**. Londres: Basil Blackwell, 1959.

PRAHALAD, C.K. A competência essencial. **H.S.Management**, São Paulo,n.1, p.6-11, mar/abr. 1997.

RUAS, R. Competências gerenciais e aprendizagem nas organizações: uma relação de futuro? In: **Seminário Internacional de Competitividade baseada no conhecimento**. São Paulo, 1999.

SILVA, S.M. A gestão das competências organizacionais em empresas da cadeia de valor para provimento de telefonia celular de 3ª geração (3G). Tese de Doutorado. Faculdade de Economia, Administração e Contabilidade – FEA-USP, 2002.

STEVENSON, William. **Estatística Aplicada à Administração**. São Paulo: Harper & Row do Brasil, 1981.

TEECE, D.J; PISANO, G; SHUEN. Dynamic capabilities and strategic management. **Strategic Management Journal**, v.18, n.7, 1997.

VASCONCELOS, F.C; CYRINO, A.B. Vantagem competitiva: os modelos teóricos atuais e a convergência entre estratégia e teoria organizacional. **Revista de Administração de Empresas — RAE**, out/dez., São Paulo, v.40, n.4, p.20-37, 2000

WONNACOTT, T.H; WONNACOTT, R. J. **Estatística Aplicada à Economia e à Administração**. Rio de Janeiro: Livros Técnicos e Científicos, 1981.

ZARIFIAN, P. **Objectif Compétence**: pour une nouvelle logique. Paris: Editions Liaisons, 1999.

12

As formas de pagamento no comércio de material para construção e a importância do crédito sob a visão de varejistas, consumidores e operadoras de crédito

Alexandre Augusto Penteado

Antonio Sérgio Zampieri

Osvaldo Ávila Neto

SAINT PAUL
EDITORA

1. Introdução

O varejo de material de construção vem passando por grandes transformações. Após a chegada dos grandes *players* internacionais, esse segmento começou a utilizar técnicas até então usadas somente em setores mais especializados, como é o caso do varejo de alimentos. Técnicas como *layout* de loja, atmosfera de compra, comunicação visual, *cross merchandising,* entre outras, são hoje largamente utilizadas pelos *players*, que trouxeram para esse varejo o conceito de organização de lojas e alta tecnologia de gestão. O médio e o pequeno varejo ainda não se utilizam dessas técnicas, quer seja por desconhecimento dos dirigentes, quer simplesmente pelo fato de que são poucas as pequenas e médias empresas que pensam em estratégia.

Por outro lado, o setor financeiro experimenta um novo momento. Acostumado a conviver com suas receitas vindas principalmente do ganho sobre a rentabilidade dos títulos públicos, vem buscando novos caminhos para maximizar sua rentabilidade. O governo tem tomado uma série de medidas e, como exemplo, buscamos a recomendação do Banco Central (Bacen) de desmobilização dos bancos a fim de deixá-los mais líquidos para permitir a alavancagem de crédito com segurança. As constantes quedas nas taxas de juros também forçam esse setor a buscar novas possibilidades de ganho. O financiamento do consumo tem sido uma grande receita financeira desse setor.

A terceira grande mudança em relação às transformações que o varejo em material de construção vem passando tem sido gerada pelo governo, que busca através de bancos oficiais oferecer possibilidades de crédito e financiamento a custos mais baixos.

Essa tríade, varejo, bancos e governo, tem individualmente buscado oferecer alternativas de pagamentos e crédito ao consumidor. O que nem sempre vemos são ações coordenadas entre eles.

O que buscamos neste trabalho é procurar entender os desejos e necessidades dos consumidores de material de construção quanto às linhas de crédito /financiamento e as ofertas que varejistas e bancos fazem a esse consumidor.

O Construbussines representou em 2003, 13,8%[1] do Produto Interno Bruto (PIB) nacional. O varejo de material de construção foi responsável por 4,6% do PIB. Nesse sentido, acreditamos na eficiência da oferta de serviço financeiro e entendemos essa eficiência no sentido de oferecer ao consumidor o produto certo, no

---
[1] Seminário da Indústria Brasileira da Construção, 6, 2005.

prazo certo e com o custo justo. Esses fatores são primordiais para alavancar esse mercado.

2. O varejo de material de construção

O varejo de material de construção na cidade de São Paulo, semelhantemente aos outros varejos, avançou de forma significativa com investimentos de capital internacional ou nacional através de fusões, e alterou sua configuração nos últimos anos, trazendo lojas organizadas e com conceito de gestão.

Redes como Leroy (quatro lojas na cidade de São Paulo), de capital francês; Telhanorte (seis lojas na cidade de São Paulo), pertencente ao grupo francês Saint Gobain e; C&C (nove lojas na cidade de São Paulo), de capital nacional e pertencente ao Banco Alfa, são hoje os grandes *players* do segmento. A empresa Castorama, também de capital francês, que chegou ao Brasil em 1997, tinha um projeto audacioso prevendo um investimento da ordem de U$ 100 milhões e a abertura de dez lojas, porém retirou-se desse mercado em 2002, vendendo suas três lojas ao grupo C&C.

Corrêa *et al.* (2001)[2], alunos do MBA Varejo 4, realizaram o trabalho de conclusão de curso com o intuito de verificar o impacto, no pequeno e médio varejo de materiais de construção, a partir da expansão e crescimento das redes nacionais e a chegada dos grandes *players* internacionais. Nesse estudo já se previa a transformação que ocorreria no setor.

> As grandes redes de varejo de material de construção estão investindo pesadamente na abertura de novas lojas e expandindo-se para as áreas mais periféricas de grande São Paulo. As lojas especializadas, principalmente as cadeias de tintas e lojas de madeiras e material hidráulico, também tem se expandido, acompanhando o processo de ampliação de área de atuação das maiores lojas de capital nacional ou estrangeiro. Com isto, as lojas pequenas e médias de material de construção, generalistas em sua essência, terão dificuldades de sobrevivência[2.]

O que percebemos atualmente é uma polarização entre os grandes varejistas – Leroy, Telhanorte, C&C, DiCico, Center Líder e Center Castilho, e as lojas especializadas. O pequeno varejo, sem condições de oferecer amplitude ou profundidade em seu *mix* de produtos, tem tido uma enorme dificuldade em sobreviver.

---

[2]CORRÊA, FIGUEIRA FILHO, SALGUERO e USSUHI. **O impacto no pequeno e médio varejo de materiais de construção com a expansão e crescimento das redes nacionais e a chegada dos grandes *players* internacionais.** São Paulo. Monografia. Instituto de Administração – FIA. MBA Varejo Turma 4. 2001. p.63.

Segundo Parente (2000)[3], amplitude refere-se ao número de categorias, subcategorias e segmentos de produtos que uma loja comercializa, e profundidade refere-se ao número de marcas e itens dentro de certa categoria de produtos.

Apesar dessa polarização entre os grandes varejistas e as lojas especializadas, esse varejo ainda pode ser considerado como pulverizado, mesmo com os sinais mais recentes de ligeira concentração. Dados da Anamaco (2005)[4] indicam que os 20 maiores varejistas do setor de material de construção detêm apenas 5% das vendas totais.

2.1. Faturamento do setor de material de construção

O varejo de material de construção tem grande representatividade na economia brasileira. O Gráfico 1 destaca a evolução de seu faturamento de 1994 a 2005. Os dados desse faturamento são referentes somente às empresas associadas a Anamaco[5], porém esta considera como muito próximo da realidade, pois poucos são os varejistas que não estão associados a ela hoje em dia. Sabemos, porém, que esse é um setor em que ainda há um grau elevado de informalidade fiscal, principalmente nas médias e pequenas empresas, nos quais a informalidade acaba se transformando em competitividade.

Gráfico 1

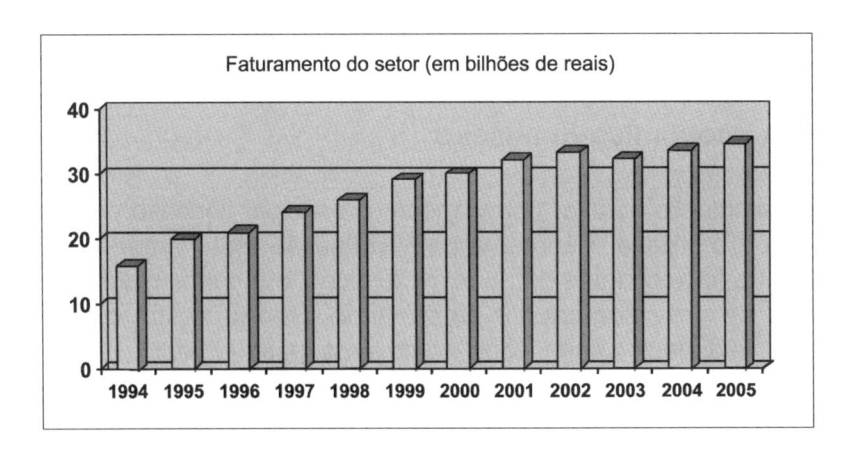

Fonte: site Anamaco.

---

[3]PARENTE, Juracy. **Varejo no Brasil**. São Paulo: Ed. Atlas, 2000.

[4]Ranking Nacional das Lojas de Material de Construção. **Revista da Associação Nacional dos Comerciantes de Material de Construção** - ANAMACO, Ano XV – Edição n. 160, 2006

[5]Revista ANAMACO – edição setembro de 2005.

3. Crédito

3.1. O conceito de crédito

Em primeiro lugar, vamos analisar o significado da palavra crédito como um vocábulo da língua portuguesa segundo os dicionários:

> **cré.di.to** - *s. m.* 1. Confiança que inspiram as boas qualidades duma pessoa. 2. Boa fama. 3. *Com.* Confiança na solvabilidade de alguém. 4. Prazo para pagamento: Comprar a c. 5. Fé, crença.[6]

> **Cré. di.to** – s.m 1.Confiança. 2. Boa reputação; boa fama. 3.*Econ.* Cessão de mercadoria, serviço ou dinheiro para pagamento futuro. 4. *Cin. Telev.* Lista com indicação de atores, técnicos, produtor, diretor, etc., que aparece ger.no fim de um filme ou programa.(Nesta acepç.,tb. us. no plural.) 5.*Econ.* Autorização de despesas no serviço público. – A crédito. Para pagamento futuro; a prazo; fiado.[7]

Zerbini *et al.* (2004)[8], alunos do MBA Varejo Turma 10, realizaram um trabalho com o objetivo de verificar a percepção dos varejistas sobre a oferta de serviços financeiros nas lojas. Nessa monografia (2004)[9] afirma-se que: "Basicamente, podemos definir o crédito como uma entrega de valor presente, mediante promessa de pagamento futuro".

Portanto o conceito de crédito pode ser analisado sob os aspectos econômico, financeiro e social.

3.2. Aspecto econômico-financeiro

Quando pensamos em crédito, normalmente o principal conceito que vem a nossa mente é de que o crédito é somente uma transação entre empresas, instituições financeiras, entre fornecedores de bens ou serviços, e o consumidor final, ou seja, o parcelamento de uma compra ou empréstimo. Sendo assim o crédito, nesse contexto, envolve aspectos financeiros, como juros, parcelamento, riscos, custos etc.

---

[6]CRÉDITO. In: MICHAELIS, **Dicionário da Língua Portuguesa**. Disponível no *site* http//www.uol.com.br. Acesso em abril de 2006.

[7]CRÉDITO. In: FERREIRA, Aurélio Buarque de Holanda. **Mini Aurélio: Minidicionário da Língua Portuguesa**. Rio de Janeiro, 2000, p.193.

[8]ZERBINI, ALVES JR., RIBEIRO, ALVES e LEMOS. **Percepção dos varejistas sobre a oferta de serviços financeiros nas lojas**. São Paulo. Monografia. Instituto de Administração – FIA. MBA Varejo Turma 10, 2004.

[9]ZERBINI, ALVES JUNIOR, RIBEIRO, ALVES e LEMOS, op.cit.

3.3. Aspecto social

Sob o aspecto social, crédito é uma questão de relacionamento, confiança, adjetivo de boa postura e reputação, importante para o acesso à sociedade e ao mercado financeiro.

Dessa forma, o crédito pode ser resumido como um conjunto de serviços com o objetivo de estabelecer relacionamento mercantil entre empresas e entre o mercado fornecedor e consumidor, responsável pelo incentivo à demanda de bens e serviços.

Os consumidores sempre buscam informações nos varejistas sobre disponibilidade de mercadorias, preços, condição de pagamento e de crédito, que conseqüentemente tem forte influência na decisão de compra.

Parente (2000)[3] informa que: "Serviços de transação são os serviços oferecidos pelos varejistas quando eles estão comprando na loja ou transacionando um negócio, incluindo o crediário".

Ainda segundo Parente (2000)[3],

> (...) o crédito ao consumidor vem se tornando um serviço essencial, muito valorizado, pois permite ao consumidor comprar no momento e pagar depois. Por meio do crédito as compras são estimuladas — tanto de produtos de alto valor como também a chamada compra por impulso. No Brasil, em virtude das altas de juros que têm prevalecido em muitos períodos de nossa economia, as condições de crédito oferecidas pelos varejistas exercem grande influência nas preferências dos consumidores. Os consumidores prestam muita atenção ao valor das taxas de juros cobradas pelos varejistas. Para muitos consumidores, entretanto, o valor baixo da prestação passa a ser um fator mais importante do que as taxas de juros que são embutidas nas prestações.[3]

Para Parente (2000)[3] os varejistas podem oferecer uma ou mais formas de crédito entre as quais:

Sistema próprio de crediário — É operado e administrado pela própria empresa ou por uma empresa financeira do grupo varejista ou terceirizado. Ao oferecer seu próprio sistema de crédito, o varejista estimula uma maior fidelidade e reforça o vínculo do consumidor com suas lojas.

---

[3] PARENTE, Juracy. **Varejo no Brasil.** São Paulo, Ed. Atlas, 2000. p. 277.

Sistema próprio de cartão de crédito — Sistema adotado por grandes empresas, como C&A, Grupo Bompreço, Carrefour, no qual o varejista opera com cartão de crédito sob seu nome ou terceiriza a operação.

Sistema de crédito de terceiros — O varejista aceita vários cartões de crédito de outras instituições financeiras.

Cheques pré-datados — Serviço muito utilizado no varejo brasileiro, em que o consumidor paga suas compras por meio de um ou mais cheques pré-datados.

Parente (2000)[3] informa o seguinte a respeito da questão do crédito:

> Hoje, não só os bancos, como também os varejistas e fornecedores utilizam o crédito como parte integrante de suas atividades. Numa concepção mais abrangente, o crédito deve ser visto como parte integrante do próprio negócio da empresa. (...) No varejo, de um modo geral, o crédito tem a função de facilitador da venda. O crédito, ao mesmo tempo em que incrementa as vendas do comerciante, possibilita adquirir o bem para atender a sua necessidade.
>
> Os consumidores em geral estão dispostos a pagar um pouco mais ao varejista que oferece crédito e outros serviços, como entregas em domicilio e aconselhamento técnicos de vendas.[3]

Portanto, no contexto da nossa proposta de estudo, estamos considerando o crédito direto entre as lojas e seus consumidores e também a interação das instituições financeiras e bancos públicos e privados como forma de incentivo à demanda, prestação de serviços e suas conseqüências nos resultados comerciais e financeiros do setor varejista de material para construção.

3.4. As formas de pagamento e a situação do crédito no varejo de material de construção

Tradicionalmente, no varejo temos como forma de pagamento os meios para se realizar o pagamento das compras na loja. Essas formas de pagamento podem ser divididas entre pagamento à vista e parcelado.

Podemos citar como pagamento à vista os seguintes meios:

- dinheiro (*cash*)
- cartão de débito (Transferência eletrônica de fundos, TEF)
- cheque

---

[3]PARENTE, op. cit., 2000. p. 278.

Para pagamento parcelado podemos citar os seguintes:

- cheque pré-datado
- cartão de crédito
- cartões próprios da loja
- financiamentos: bancos, financeiras, financiamento direto da loja ao consumidor.

Todas as formas são importantes e são muito utilizadas no varejo de material para construção, mas, tendo em vista a estabilidade econômica pós-real, o parcelamento de pagamento e a questão do crédito se tornou mensurável do ponto de vista de critérios de análise de valor de aquisição. Portanto, o valor do bem ficou mais visível com as taxas de juros inseridas no valor principal e assim a prestação ficou mais fácil de ser medida.

Desse modo, ressaltamos a forma de pagamento parcelada no contexto do tema do nosso trabalho, como segue.

3.4.1. O cheque pré-datado

Esta forma de pagamento é um financiamento direto da loja ao consumidor, e esses cheques são guardados pelo varejista ou trocados no mercado financeiro. É uma prática que se tornou muito comum em todos os segmentos do varejo, e também é muito utilizada no varejo de material para construção. Porém, com a popularização do cartão de crédito, está havendo uma queda significativa dessa forma de pagamento.

3.4.2. Cartões de crédito

A segunda "alavanca" identificada para fomento do crédito e financiamento é a popularização e expansão da base de cartões de crédito entre as lojas de materiais de construção. Esse formato de crédito já é bastante conhecido e está presente em muitas das lojas de materiais (segundo a Anamaco[10], existem hoje no Brasil cerca de 120.000 estabelecimentos de diferentes portes dedicados à comercialização de materiais de construção).

3.4.3. Cartões próprios da loja

A concessão de crédito utilizando cartões próprios das lojas ainda é uma forma de crédito muito pouco comum entre as redes de lojas de material para construção,

---

[10]**Ranking Nacional das Lojas de Material de Construção.** Revista da Associação Nacional dos Comerciantes de Material de Construção - ANAMACO, Ano XV – Edição n. 160, 2006.

bem como para todo o segmento varejista. Porém, trata-se de um recurso que vem crescendo pela forma estratégica de gestão de informações dos clientes das lojas, gerando assim uma base de informação extremamente importante para a gestão de relacionamento com o consumidor, o chamado CRM. O uso do cartão próprio demanda uma gestão muito complexa e sistemas de informações bem sofisticados, e o crédito pode ser gerido direto pela loja ou terceirizado através de instituições financeiras, assemelhando-se ao cartão de crédito, mas com a marca do varejista em parceria com a operadora (co-branding).

3.4.4. Financiamentos: bancos públicos e privados, financeiras, financiamento direto da loja ao consumidor

São os famosos crediários, em que financeiras, bancos e as próprias lojas oferecem os recursos mediante pagamentos parcelados, com taxas de juros e taxas de administração para pagamentos em prazos que variam conforme valor, perfil do consumidor etc. São formas que reduzem o risco do varejista quando o crédito é terceirizado, devido aos altos índices de inadimplência registrados no mercado.

4. Método

Este trabalho contou com três momentos de pesquisa, todos utilizando procedimentos da pesquisa exploratória. O primeiro momento foi dedicado a verificar a obtenção de crédito no varejo para produtos de material de construção. Utilizou-se para isso a pesquisa quantitativa.

E, em um segundo momento, buscou-se o entendimento a respeito da oferta e visão do crédito para o varejista. Isso foi realizado a partir de uma pesquisa qualitativa.

Por fim, em um terceiro momento verificou-se a oferta e a visão do crédito para os operadores de crédito. Esta pesquisa foi realizada utilizando-se parâmetros qualitativos. Finalmente, foi realizada discussão a partir da literatura e dos dados obtidos.

1º momento — Pesquisa quantitativa com consumidores

A pesquisa teve uma população de 400 consumidores pesquisados. Pelo critério Abipeme, identificamos que 74% dos consumidores são da classe A e B, 17,5% da classe C, e 8,5% da classe D.

O nível de escolaridade encontrado foi de 47% de nível superior completo e/ou pós-graduado, seguido de 26% com o ensino médio completo e superior incompleto, e de 20% de pessoas com o ensino fundamental completo e o ensino médio incompleto. Apenas 7% de consumidores com somente o ensino fundamental (1° e 2° ciclo) incompleto foram entrevistados.

A predominância dos casados foi de 71%, seguida de 20% de solteiros, 6% de divorciados e 2% de viúvos.

A seguir, a tabela de classe social encontrada na pesquisa com a divisão entre os *home center* e lojas:

Tabela 1 — Característica da população pesquisada em relação à classe social

	Segmento					
	Home Center		Lojas		Total	
23-Classe Social	Freq.	%	Freq.	%	Freq.	%
Classe - A 1	10	5,0	5	2,5	15	3,8
Classe - A 2	43	21,5	34	17,0	77	19,3
Classe - B 1	56	28,0	47	23,5	103	25,8
Classe - B 2	49	24,5	52	26,0	101	25,3
Classe - C	30	15,0	40	20,0	70	17,5
Classe - D	12	6,0	22	11,0	34	8,5
Total	200	100,0	200	100,0	400	100,0

Do total da amostra, 87% declararam possuir imóvel próprio, enquanto 12% possuíam imóvel alugado.

A grande maioria dos entrevistados estava realizando compras ou pesquisando com intenção de efetuar reforma. Esse número foi maior nos *home centers*, com 55% dos entrevistados, e menor em lojas, com 37,5%. Chamou-nos a atenção o fato de o número de entrevistados que estavam realizando compras ou pesquisando para construção ser baixo tanto em *home centers* como em lojas, em média 14% em cada um.

Segundo Kotler (2000)[11],

> segmentos de mercado são grupos de cliente cujas necessidades são satisfeitas por meio do mesmo composto mercadológico, porque possuem necessidades semelhantes e passam por processos de compra similares. Por exemplo, no setor de materiais de construção, supõe-se que o consumidor que esteja reformando sua casa apresente necessidades diferentes de alguém que esteja construindo.[12]

---

[11]KOTLER apud PROENÇA e MELO JUNIOR. **O Varejo de Material de Construção no Brasil.** São Paulo, 2000. p. 55.
[12]PROENÇA e MELO JUNIOR. *Op.cit.*

Utilizando a afirmação de Kotler (2000)[13], concluímos que os consumidores que estejam fazendo compra para manutenção também tenham necessidades diferentes daqueles que estejam fazendo compra para reforma e construção. O composto mercadológico das pequenas lojas deve ser diferente de *home centers*. As formas de pagamento e condições de financiamento estão presentes nesse composto mercadológico.

Das formas de pagamentos identificadas, houve um predomínio dos pagamentos no conceito a prazo (53,8%), contra 46,3% à vista.

A maioria da população entrevistada (62,6%) respondeu que as linhas de crédito oficiais são mal divulgadas ou muito mal divulgadas. Veja gráfico abaixo.

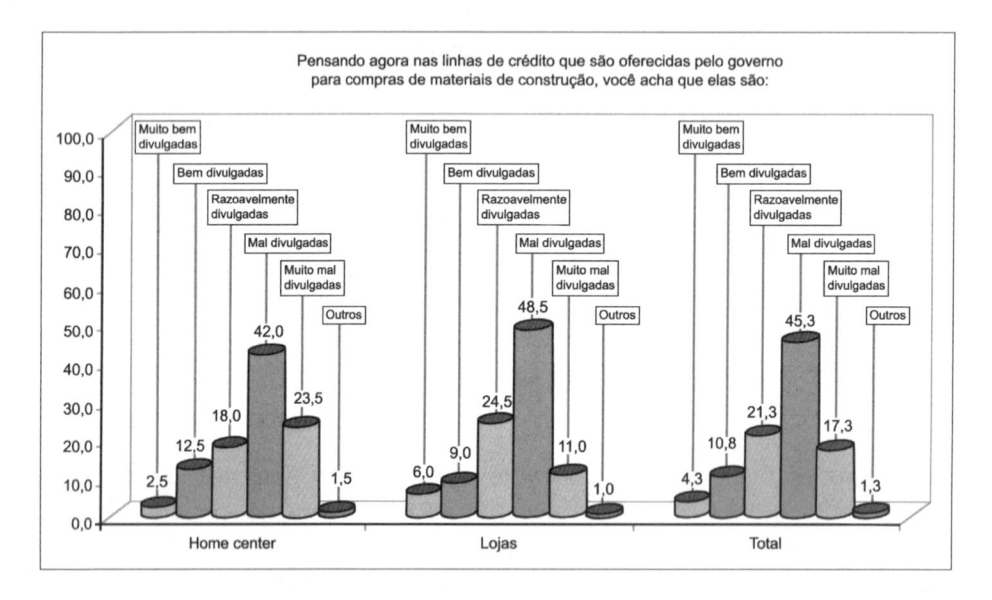

Quando analisamos qual a opinião em relação à facilidade para obtenção e acesso a essas linhas, as respostas para difícil e muito difícil acesso somaram 45,8%. Nem fácil nem difícil obteve um índice de 24,3% e muito fácil e fácil somaram 24,5%.

A seguir, demonstramos o gráfico dessas situações:

---

[13]PROENÇA e MELO JUNIOR. *Op.cit.*

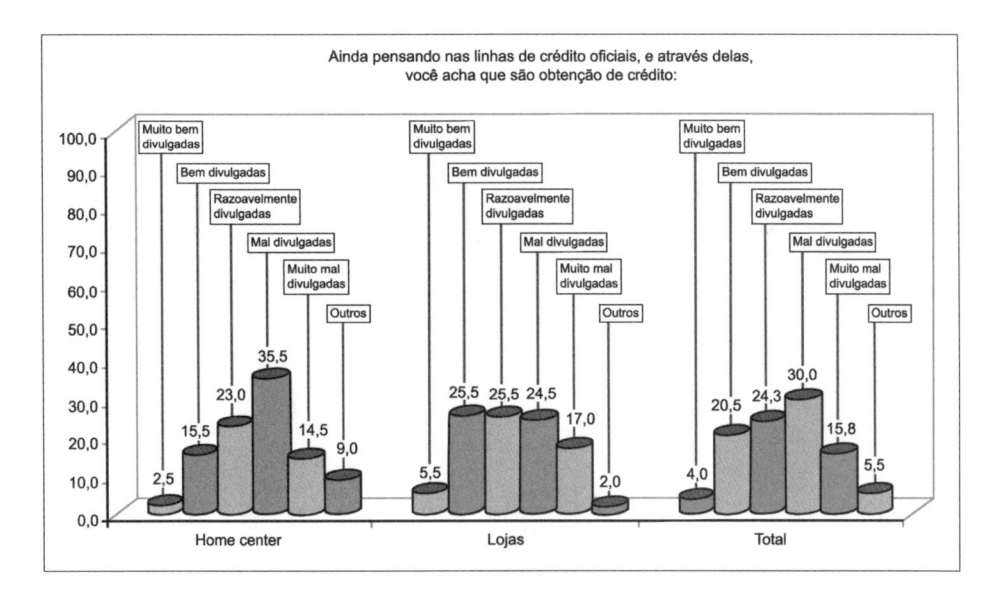

12 — As formas de pagamento no comércio de material para construção e a importância do crédito

Ainda pensando nas linhas de crédito oficiais, e através delas, você acha que são obtenção de crédito:

Home center: Muito bem divulgadas 2,5; Bem divulgadas 15,5; Razoavelmente divulgadas 23,0; Mal divulgadas 35,5; Muito mal divulgadas 14,5; Outros 9,0.

Lojas: Muito bem divulgadas 5,5; Bem divulgadas 25,5; Razoavelmente divulgadas 25,5; Mal divulgadas 24,5; Muito mal divulgadas 17,0; Outros 2,0.

Total: Muito bem divulgadas 4,0; Bem divulgadas 20,5; Razoavelmente divulgadas 24,3; Mal divulgadas 30,0; Muito mal divulgadas 15,8; Outros 5,5.

Quando abordados sobre a questão da comunicação e facilidade de acesso às linhas de crédito oferecidas por bancos e financeiras, a maioria da população entrevistada (59,3%, 237 entrevistados), respondeu que acha que essas linhas de crédito são bem e muito bem divulgadas As respostas para mal e muito mal divulgadas foi de 13,5%.

O Gráfico abaixo demonstra os índices de respostas em relação a este aspecto:

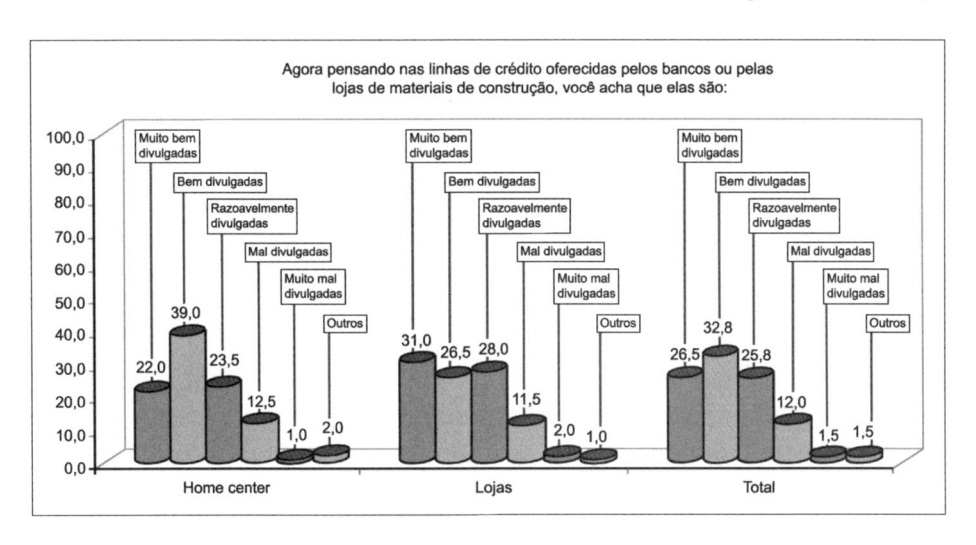

Agora pensando nas linhas de crédito oferecidas pelos bancos ou pelas lojas de materiais de construção, você acha que elas são:

Home center: Muito bem divulgadas 22,0; Bem divulgadas 39,0; Razoavelmente divulgadas 23,5; Mal divulgadas 12,5; Muito mal divulgadas 1,0; Outros 2,0.

Lojas: Muito bem divulgadas 31,0; Bem divulgadas 26,5; Razoavelmente divulgadas 28,0; Mal divulgadas 11,5; Muito mal divulgadas 2,0; Outros 1,0.

Total: Muito bem divulgadas 26,5; Bem divulgadas 32,8; Razoavelmente divulgadas 25,8; Mal divulgadas 12,0; Muito mal divulgadas 1,5; Outros 1,5.

317

Quando analisamos qual a opinião em relação à facilidade de obtenção e acesso a essas linhas de crédito 69,8% responderam que acham fácil e muito fácil. Veja gráfico a seguir.

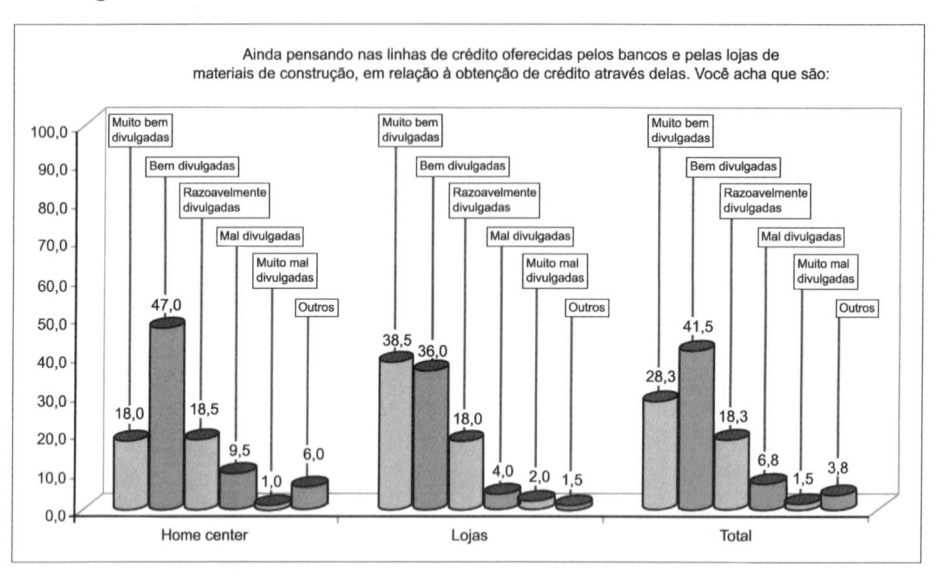

Ainda pensando nas linhas de crédito oferecidas pelos bancos e pelas lojas de materiais de construção, em relação à obtenção de crédito através delas. Você acha que são:

	Home center	Lojas	Total
Muito bem divulgadas	18,0	18,0	28,3
Bem divulgadas	47,0	38,5	41,5
Razoavelmente divulgadas	18,5	36,0	18,3
Mal divulgadas	9,5	4,0	6,8
Muito mal divulgadas	1,0	2,0	1,5
Outros	6,0	1,5	3,8

Quanto ao grau de importância que os entrevistados deram à taxa de juros, valor da prestação e prazo de pagamento, o maior índice de importância foi dado à taxa de juros, com 80,3%, colocando-a em primeiro lugar no *ranking* de importância quando se analisa uma linha de crédito.

O prazo ideal de financiamento foi na média de 7,8 vezes em entrevistados de *home center* e de 7,2 vezes em entrevistados de lojas. Quanto à taxa de juros ideal a média foi de 1,1 % a.m. em *home centers* e de 1,8% a.m. em lojas.

O que pudemos perceber nas entrevistas foi que, quando essa pergunta era feita, muitas vezes havia uma associação com o rendimento da caderneta de poupança o que nos leva a crer que esse índice é o índice aceitável pelo consumidor como juros embutidos no preço.

No questionamento referente a quem oferece a maior e quem oferece a menor taxa de juros para financiamento, verificamos uma grande concentração da maior taxa em cartões de crédito e menor taxa em financiamento oficial do governo.

Por esta análise, podemos concluir que na lembrança do consumidor os financiamentos oficiais são os que oferecem as melhores taxas, porem são os de pior divulgação e de maior dificuldade de acesso.

Podemos também concluir que há espaço para o incremento de financiamento de material de construção, principalmente se a comunicação for feita com o objetivo de ressaltar que o financiamento é da própria loja e não que é de alguma instituição financeira.

Finalizando, percebemos na pesquisa qualitativa com as instituições financeiras uma série de produtos dos bancos voltados para o varejo, porém esses produtos eram comunicados como sendo da instituição e reforçando a marca da instituição.

O que percebemos nas respostas é que na percepção do consumidor os financiamentos bancários têm uma taxa de juros alta.

2º momento — A oferta e visão do crédito para o varejista — Pesquisa qualitativa

Abordaremos neste tópico a visão dos varejistas a respeito das formas de pagamento e das linhas de crédito disponíveis para o consumidor do varejo de material de construção.

As formas de pagamento comumente encontradas entre todas as empresas entrevistadas foram: dinheiro, cheque, cartão de crédito e débito. O que podemos extrair dessas entrevistas com os varejistas é que a utilização de cheques é cada vez menor e a utilização de cartões de crédito e débito cada vez maior. Um dos varejistas ressalta em sua entrevista a vantagem da eliminação do fator de risco quando os cartões de crédito e débito são utilizados. Sob esse aspecto, é uma vantagem o crescimento das formas de pagamento eletrônicas. Porém, isso não é uma realidade para todos. Alguns varejistas encontram na forma de pagamento com cheques pré-datados uma maneira de aumentar a rentabilidade de seu negócio.

Em vez de utilizar capital de terceiros para financiar seus clientes e se focar totalmente na operação, eles preferem utilizar o excesso de capital de giro para financiar seus consumidores e também obter receita nessa operação. Porém, as questões levantadas são: Quanto obtenho de rentabilidade se aplico minha sobra de capital no sistema financeiro? Quanto posso cobrar de juros de meu consumidor financiando suas compras? Quanto maior for a diferença entre o que ele obtém de rentabilidade cobrando juros de seus consumidores e do quanto ele obtém de rentabilidade aplicando no sistema financeiro, maior a possibilidade de ele operar dessa forma. A realidade é que para esse tipo de varejista quanto maiores forem as facilidades de crédito e financiamento pior o ambiente para ele.

Outra forma de pagamento largamente utilizada no varejo é o crédito direto ao consumidor (CDC). O CDC é utilizado pelos grandes *home centers* como uma grande ferramenta de marketing. O anúncio do parcelamento em dez vezes sem juros realizado pelos *home centers* em São Paulo é o grande exemplo disto.

Segundo Porter (1989)[14],

> Uma empresa diferencia-se da concorrência, quando oferece alguma coisa singular para os compradores além de simplesmente oferecer um preço baixo. A diferenciação permite que a empresa peça um prêmio, venda um maior volume do seu produto por determinado preço ou obtenha benefícios equivalentes, com uma maior lealdade do comprador durante quedas cíclicas ou sazonais.[15]

Utilizando o referenciado por Porter, os *home centers* possuem uma vantagem competitiva em relação aos outros varejistas. O parcelamento ao consumidor de suas compras em dez vezes sem juros e a intensidade da mídia nesse item os coloca numa posição singular em relação aos outros varejistas.

O Construcard foi outra forma de pagamento comentada entre os varejistas. O que percebemos é que essa é uma ótima ferramenta tanto para os varejistas como para consumidores. Alguns varejistas comentaram que seria ótima a ampliação de utilização do Construcard pois o recebimento para eles é no conceito à vista e é ótimo para o consumidor pois a taxa de juros cobrada é baixa. Porém, esses mesmos varejistas comentaram que o Construcard possui um aspecto muito ruim para eles. Para obter o Construcard o consumidor deve ir até a Caixa Econômica Federal e realizar toda a operação necessária para a obtenção do crédito. Se esse consumidor chegar à loja já com todo o processo de crédito aprovado, a venda do varejista é ótima; porém, se esse consumidor tomar conhecimento dessa linha de crédito na loja e se decidir por realizar as compras com esta linha e não com as linhas de que o varejista dispõe naquele momento, ele normalmente perde a venda. Nesse caso, segundo o relato de alguns, dificilmente o consumidor retorna e realiza a compra no mesmo local.

Quanto à média de faturamento, a grande maioria das empresas apontou as vendas à vista em percentuais de 30% a 35% ficando a diferença de 70% e 65% para as vendas parceladas sob todas as formas, sejam com cheques pré-datados, sejam com CDC, Construcard ou boleto bancário/faturamento. O que ficou evidente nessa pequena amostra é que as grandes empresas não utilizam capital próprio para financiar suas vendas ao consumidor, enquanto todas as médias e pequenas empresas desta amostra utilizam esse recurso.

---

[14]PORTER, Michael E. **Vantagem competitiva**: Campos, 1989. 29ª ed., São Paulo. p. 111.
[15]PORTER, Michael E. *Op.cit.*

Segundo Cervi (2004)[16],

> Com toda a velocidade inserida no contexto organizacional das empresas, gerir com eficiência deixou de ser uma neurose de executivos revolucionários para se transformar na única opção de sobrevivência para as organizações participantes de mercados competitivos. O foco cada vez mais voltado para os mercados de *expertise*, na incessante busca por aprimoramento e identificação de vantagens competitivas, passou a orientar as empresas na definição clara de suas vocações, impedindo diversificações, ramificações e desenvolvimento de negócios fragmentados, e não afins. Não é possível a distribuição de energia/recursos da organização. Produzir muitas coisas boas já não é sinônimo de sobrevivência, é preciso ser o melhor ou estar entre eles no mercado em que se compete.[17]

Analisando sob o ângulo comentado por Cervi (2004), os *home centers* estão claramente focados em seu *core business*, atividade principal da organização. Eles identificaram claramente que seu negócio é a venda de material para construção e, portanto, o financiamento de seus consumidores é uma atividade a ser realizada por um terceiro.

Por outro lado, alguns médios e pequenos varejistas comentaram a importância de possuir o que eles chamam de parcelamento próprio. Segundo alguns desses varejistas, o consumidor não gosta de saber que suas compras estão sendo financiadas por um banco ou financeira. Principalmente em vendas nos quais estejam envolvidos não somente produtos, mas também serviços, o consumidor prefere a segurança de, na hipótese de qualquer problema, simplesmente ligar para a loja e avisar que bloqueará o pagamento dos cheques. Se houve uma financeira no processo de venda, a sensação do consumidor é que é muito mais complexo sustar um pagamento de cheque e corrigir um serviço mal realizado.

Na visão geral dos varejistas uma parte da população de consumidores de material de construção tem conhecimento das linhas de crédito. Há uma sensação, principalmente nas médias e pequenas lojas, de que a divulgação dessas linhas de crédito e financiamento não é bem realizada.

Há uma clara distinção nas respostas de *home centers* e lojas médias e pequenas quanto ao tema de responsabilidade da divulgação de linhas de crédito. Podemos entender que, pelo grau de importância do crédito no negócio dos *home centers*, a resposta deles a esse questionamento é que a responsabilidade deve ser compartilhada e há indicação até de ser 50% para cada um dos que compõem esse elo.

---

[16]CERVI, **O Mercado de Varejo de Material de Construção no Brasil**. São Paulo, 2004. p. 130.
[17]CERVI, *Op.cit.*

Os pequenos e médios varejistas acreditam que a responsabilidade dever ser totalmente dos concessores de crédito.

Apesar de todos os varejistas, sem exceção, exaltarem a importância do crédito como incentivador do consumo de material de construção, não é unanimidade que obter esse crédito seja uma tarefa simples para o consumidor.

Quanto ao aspecto de complexidade, podemos avaliar duas vertentes. A primeira é o crédito fornecido por bancos privados e financeiras. Essa forma é entendida como simples para aqueles consumidores que possuem um emprego com carteira assinada e, portanto, com fácil comprovação da renda. Segundo comentários desses varejistas, o consumidor da classe E e aquele consumidor que não consegue comprovar renda ficam de fora dessa possibilidade de crédito.

A segunda é o crédito fornecido por bancos estatais. Esse crédito, focado principalmente no Construcard, é comentado como sendo de difícil acesso e de grande complexidade para o consumidor.

Um dos varejistas comentou a *expertise* das Casas Bahia na concessão de crédito e outro varejista comentou a facilidade de financiamento de veículos. Em ambos os casos está subentendida a facilidade da operação do crédito. No exemplo das Casas Bahia, o varejista comentou a concessão de crédito para consumidores sem comprovação de renda. Na sua visão, essa forma de operar provocaria a inclusão de um grande volume de consumidores nesse mercado, o que favoreceria a ampliação do consumo. No exemplo do financiamento de veículos, o varejista comentou que mesmo consumidores com negatividade em seu cadastro são aprovados para obtenção de crédito. Esse é um aspecto extremamente importante, pois quando questionados sobre as dificuldades dos varejistas em oferecer crédito a seus clientes, uma das empresas respondeu que a maior dificuldade é não poder ingerir no critério de concessão de crédito. Parece-nos que se fizermos um paralelo entre os critérios de concessão de crédito para compra de veículos e compra de materiais de construção, os critérios para concessão de crédito ao comprador de veículos é muito mais flexível. Podemos imaginar que a alienação do bem, no caso o veículo, é o grande diferencial, porém não possuímos informação e ferramentas suficientes para essa afirmação.

De forma geral, todos os varejistas, independentemente do tamanho de seu negócio, acreditam que as formas de pagamento e linhas de crédito são importantes quando se quer segmentar seus mercados e definir o posicionamento estratégico.

Kotler (2000)[18], citado por Proença e Melo Jr., ressalta a importância da segmentação

---

[18]PROENÇA e MELO JUNIOR. *Op. cit.*

para que a empresa identifique os segmentos que compõem um mercado e defina os critérios a utilizar para escolher os mercados-alvo mais atraentes.

O ponto de partida para uma discussão sobre segmentação é o marketing de massa, pois nele o vendedor se dedica a produção, distribuição e promoção em massa de um produto para todos os compradores, indiscriminadamente. O marketing de massa pode não ser adequado para todas as empresas, pois a segmentação de mercado permite que a empresa direcione seus esforços para seu público-alvo, focalizando nos atributos que os consumidores consideram mais importantes. Quando se pratica o marketing de massa, considera-se que os consumidores são semelhantes, passam por processos de compra semelhantes e adotam comportamentos semelhantes, o que nem sempre é verdade.[19]

A diversidade de oferta de opções de pagamento nos parece alinhada com o posicionamento estratégico definido por essas empresas no mercado. Intuitiva ou organizadamente, as empresas buscam e entendem que a maior ou menor diversidade de opções de pagamento deve fazer parte do composto mercadológico para atuar nesse mercado do varejo de material de construção.

Na conclusão do trabalho, alinharemos essa visão dos varejistas à visão do setor financeiro e as necessidades e comportamento do consumidor identificado na pesquisa quantitativa.

3º momento — A oferta e visão do crédito para os operadores do crédito — Pesquisa qualitativa

Apesar de a amostra se resumir a um executivo da área financeira, realizamos uma análise e discussão sobre o tema e buscamos uma série de dados secundários através de pesquisa em *sites* a fim de enriquecer a discussão.

Na empresa entrevistada não há uma linha de crédito específica para o varejo de material de construção, mas há uma série de ações voltadas para esse varejo. Como exemplo podemos citar a parceria com a Leroy Merlin no cartão *private label*.

O Bradesco, por exemplo, possui um CDC específico para o varejo de material de construção. Com taxas de 1,99% a.m. para os prazos de pagamento em até 12 meses, torna-se bastante atraente. O inconveniente dessa linha de crédito é que o consumidor tem de ir até uma agência bancária para conseguir fechar a operação de crédito. Em informações obtidas no *site* da Anamaco, verificou-se que a associação está lançando uma parceria com o Bradesco em que o consumidor/cliente já

---

[19]PROENÇA e MELO JUNIOR. *Op. cit.* p. 55.

recebe um limite no seu cartão de crédito para compras de material de construção, porém essas compras só podem ser realizadas em lojas associadas à Anamaco. O Banco do Brasil também possui um CDC voltado para o varejo de material de construção, porém, conforme informado em seu *site*, sua taxa de juros depende do relacionamento do consumidor com o banco, variando de 2,3% a 7,9%. A vantagem do CDC do Banco do Brasil é que o limite para operações é disponibilizado no cartão de relacionamento com o banco, o que facilita bastante a operação, porém restringe a operação a somente seus clientes.

Outras linhas oferecidas pelos bancos para compra de material de construção são o Pró-lar, da Nossa Caixa, que utiliza recursos da Companhia do Desenvolvimento Habitacional (CDHU) e é destinado a famílias com renda de até R$ 4.500, e o Construcard.

No caso do Pró-lar, houve uma parceria com a Anamaco e o tomador do crédito recebe cartão magnético para efetuar compras em lojas credenciadas por ela.

A linha de crédito da Caixa Econômica Federal-Construcard, parece ser a linha de crédito com maior nível de conhecimento e penetração no varejo de material de construção. Ela é citada tanto na pesquisa com os consumidores quanto na pesquisa qualitativa com os varejistas. Há duas modalidades de Construcard. A mais usual é a que utiliza recursos da caderneta de poupança e do BNDES, possui limites de crédito entre R$ 1.000 e máximo de R$ 180.000, variação essa que está atrelada à capacidade de pagamento do solicitante, taxas de juros de 1,96 % a.m. e prazo de pagamento de até 36 meses. A outra modalidade é o Construcard-FAT que utiliza recursos do Fundo de Amparo ao Trabalhador (FAT). Nessa modalidade, a taxa de juros é mais atraente, ficando em 9,6% ao ano, porém seus limites variam de R$ 3.000 a R$ 12.000 e o sistema de amortização utilizado é o Sistema de Amortização Constante (SAC). Nas duas modalidades de Construcard há necessidade de garantias, seja por aval seja por fiança e se o relacionamento com o banco for de pouco tempo haverá a necessidade de garantia real, podendo ser necessária a hipoteca de bens.

Segundo comentário do executivo entrevistado, o Unibanco pretende no futuro lançar uma linha de crédito para compra de material de construção com as mesmas características do Construcard. Segundo ele, como os recursos são do BNDES, é possível o Unibanco ou qualquer outra instituição atuar no mercado com estes recursos. A pergunta que se faz é: por que os bancos não utilizam esses recursos do BNDES e criam linhas de crédito com taxas mais atraentes e, portanto, mais adaptadas ao perfil do consumidor brasileiro? A resposta que o executivo deu a essa pergunta é que simplesmente todo este processo é uma questão de prioridades em função de escala de negócios. E ele acredita que essa é uma visão do setor financeiro como um todo e não somente do Unibanco. Na visão dele, o varejo de material de construção possui uma série de características que vão desde a dificuldade de se comunicar com o setor, pois, não possui uma associação forte a exemplo da Abras e Apas, até o perfil do consumidor que não tem como comprovar renda ou é autônomo. Os valores envolvidos em operações de reforma ou construção são normalmente altos e, portanto, os bancos exigem garantias para minimizar o risco.

No varejo de São Paulo, não encontramos nenhuma outra experiência de cartão *private label* além do Leroy Merlin. Falando em cartões de *co-branding*, encontramos as experiências de Leroy e Telhanorte e depois encontramos uma rede de material de construção no Rio Grande do Sul que também utilizou esse conceito — trata-se da rede Tumelero, com sede em Porto Alegre.

Analisando os *sites* de bancos, percebemos que já em 2005 a carteira de crédito estava em grande crescimento. No primeiro trimestre de 2005, em relação ao mesmo período do ano anterior, a carteira de crédito para pessoas físicas do Banco do Brasil cresceu 21,3%.

O que pudemos extrair dessas informações é que uma das formas que os bancos estão buscando para aumentar suas receitas é o crédito ao consumidor. A escala ou o tamanho do varejo de material de construção é que vai impulsionar a criação de produtos financeiros mais flexíveis e adaptáveis a este varejo.

5. Conclusão

Em todos os setores do varejo brasileiro, o crédito passou por mudanças significativas do ponto de vista financeiro, social e, mesmo cultural. Isso se deve a mudanças ocorridas nos hábitos de consumo de crédito da população, principalmente no segmento de bens duráveis. A cultura inflacionária mudou a partir do Plano Real e a percepção do consumidor sobre taxa de juros, crédito, parcelamento de compras etc. está mais madura. A estabilidade da economia com a manutenção dos baixos níveis de inflação e a recente e constante redução das taxas de juros criou um ambiente favorável para o aumento da oferta de crédito.

O avanço das grandes redes tem estimulado o conceito de compra parcelada, com a tentativa de incentivar hábitos de consumo para reforma e manutenção, levando ao consumidor novas experiências de compra, com foco principalmente nas classes mais privilegiadas, freqüentadoras de lojas de material de construção.

No comércio varejista de material de construção, algumas práticas de crédito ao consumidor, como dez vezes sem juros, têm atraído a preferência desse consumidor, que parece estimulado para as iniciativas de reforma e construção.

Em nosso trabalho, o perfil do consumidor encontrado entre os *home centers*, lojas médias e pequenas da cidade de São Paulo, foram das classes A e B (74,2%), pelo critério Abipeme, sendo 76% do sexo masculino.

Dados de nossa pesquisa demonstraram que 24,6% dos entrevistados em *home centers* não avaliam quanto de juro está sendo cobrado nas compras parceladas. Em lojas menores, esse mesmo índice cai para 5,5%, indicando que o processo de comunicação e divulgação, com o incentivo do parcelamento sem juros, tem sido eficiente.

As formas de pagamento preponderantes, utilizadas pela população pesquisada, continuam semelhantes nos últimos anos: dinheiro, cheque, cheque pré-datado e cartão de crédito. Apenas o financiamento informal, como o cheque pré-datado, está cada vez menor, pois os cartões de crédito têm conquistado parcelas significativas dessa população que optam pelo pagamento parcelado, quando não há juros na transação. Nas compras à vista, o pagamento em dinheiro (23%) ainda foi maior que o cartão de débito (13,3%), fruto de uma grande participação da manutenção como motivo de visita e compra, aliada ao poder aquisitivo dos entrevistados.

Já a questão do financiamento bancário, seja de bancos públicos, seja de privados, ficou em apenas 3,8% da preferência dos consumidores. O conhecimento da disponibilidade de crédito para reforma e construção existe em 64,8% da amostra pesquisada. Destas, a Construcard da CEF foi a mais lembrada com 51,7%, seguida do Banco do Brasil, com 24,7%.

O consumidor pesquisado acredita que a taxa ideal de juros que deva ser cobrada é de 1,1%, entre os entrevistados nas grandes redes, e de 1,8% nas lojas médias e pequenas. Portanto, a média de 1,5% apresentada como ideal está muito próxima das remunerações de mercado para aplicações financeiras. Para os varejistas pesquisados, essa é a taxa ideal para se financiar o consumo de material para construção, sob o ponto de vista de estímulo ao consumo do setor. Os varejistas também informaram que os consumidores possuem restrições quanto a obter o crédito com as financeiras e bancos privados, devido à sensação de que esses são mais onerosos.

Isso pode ser confirmado nas respostas dos consumidores quando questionados sobre quem oferece as menores taxas de juros, aparecendo o financiamento bancário em somente 4,5% das respostas.

As linhas de financiamento dos bancos oficiais, que disponibilizam crédito para o consumo de material de construção com as taxas ideais desejadas pelos consumidores, foram apontadas por nosso consumidor pesquisado como mal e muito mal divulgadas por 62,6% dos entrevistados, e de difícil acesso por 45,8% deles, o que demonstra que ainda falta um trabalho muito grande por parte do governo para estimular e disponibilizar o crédito para o setor, embora a maior parte da classe pesquisada tenha declarado não precisar desse financiamento, como motivo da não utilização dessa forma de pagamento.

Sendo assim, entendemos que embora a participação do público da classe C e D, tenha sido de apenas 28,4%, na freqüência da resposta mal e muito mal divulgadas, essas classes são as que mais necessitam dos financiamentos oferecidos por bancos oficiais. Esse mesmo público também informou que esses financiamentos são de difícil acesso.

Os bancos privados vêem esse segmento como muito atraente, porém entendemos nas respostas de nossos entrevistados que enquanto houver espaço para crescimento e utilização da sua disponibilidade de crédito para ser utilizado nesse setor aplicando taxas rentáveis, os bancos privados não criarão alternativas mais favoráveis ao consumidor.

Finalizando, concluímos que, conforme a visão dos consumidores, varejistas e sistema financeiro, algumas considerações devem ser feitas a fim de melhorar a oferta de crédito ao consumidor. São elas:

• A comunicação das linhas de crédito oficiais ao consumidor de material de construção deve ser mais bem divulgada, deixando claras as vantagens de taxa de juros e prazos oferecidos.

• Deveria ser estudada a criação de facilidades ao acesso das linhas de crédito oficiais.

• Deve haver maior integração entre bancos e varejistas para a criação de operações conjuntas nos modelos já reconhecidos de sucesso no varejo, como, Pão de Açúcar x Itaú; Casas Bahia x Bradesco.

• Criação de mecanismos de concessão de crédito a consumidores autônomos e pertencentes ao mercado informal.

• Oferta de crédito por meio eletrônico ou cartão magnético, no ponto-de-venda, a fim de que o cliente possa escolher, entre as opções, com qual operadora de crédito ele deseja trabalhar.

Bibliografia

BERRY. **O Mercado de Varejo de Material de Construção no Brasil – Ferramentas de Gestão.** São Paulo, 1978.

CERVI. **O Mercado de Varejo de Material de Construção no Brasil.** São Paulo, 2004.

CORRÊA, FIGUEIRA FILHO, SALGUERO, e USSUHI. **O Impacto no pequeno e médio varejo de materiais de construção com a expansão e crescimento das redes nacionais e a chegada dos grandes players internacionais.** São Paulo. Monografia. Instituto de Administração – FIA. MBA Varejo Turma 4. 2001.

CRÉDITO. In: FERREIRA, Aurélio Buarque de Holanda. **Mini Aurélio: Minidicionário da língua portuguesa.** Rio de Janeiro, 2000.

CRÉDITO. In: MICHAELIS, **Dicionário da língua portuguesa.** Disponível no site http//www.uol.com.br. Acesso em abril de 2006.

MARTINS, G. de A.; LINTZ. **Guia para Elaboração de Monografias e Trabalhos de Conclusão de Curso.** São Paulo: Atlas, 2000.

PARENTE, Juracy. **Varejo no Brasil.** São Paulo: Atlas, 2000.

PROENÇA e MELO JUNIOR. **O Varejo de Material de Construção no Brasil.** São Paulo, 2000.

PORTER, Michael E. **Vantagem Competitiva**. 29ª ed., São Paulo: Campos, 1989.

RANKING Nacional das Lojas de Material de Construção. **Revista da Associação Nacional dos Comerciantes de Material de Construção** - ANAMACO, Ano XV – Edição n. 160, 2006

Revista ANAMACO – edição setembro de 2005

SEMINÁRIO DA INDÚSTRIA BRASILEIRA DA CONSTRUÇÃO, 6, 2005.

SIMIONATO, Pedro. Depoimento concedido a Alexandre Augusto Penteado, Antonio Sérgio Zampieri e Osvaldo Ávila de Carvalho Neto. São Paulo, 2006.

OLIVEIRA FILHO, J. R. et. al. **Mercado de Varejo de Material de Construção no Brasil.** [S. l.]: DVS, 2004.

ZERBINI, ALVES JUNIOR, RIBEIRO, ALVES e LEMOS. **Percepção dos varejistas sobre a oferta de serviços financeiros nas lojas.** São Paulo. Monografia. Instituto de Administração – FIA. MBA Varejo Turma 10, 2004.